研究開発の
グローバル・ネットワーク

高橋浩夫著

文眞堂

まえがき

　本書の主要研究課題である研究開発のグローバルネットワークは企業の海外活動である販売・生産機能の現地化問題に次ぐ日本企業の今日的課題である。日本の代表的な多国籍企業は今や世界各地に拠点をもつグローバルな経営活動を行い，研究開発の国際化問題はそれを推進するための今後の必須の戦略課題である。このような問題意識のもとに本課題を探ってきたが，研究成果の一部として数年前に『研究開発国際化の実際』中央経済社刊，1997年を発表した。本書の内容は日本企業のアメリカでの研究開発活動とアメリカ企業の日本での研究開発活動を事例研究（日本企業：日本電気，キヤノン，ソニー，花王，日産自動車，アメリカ企業：IBM, HP, Xerox, Upjohn, 3Mの計10社）の形で取り上げ，それらを対比させて日米企業の研究開発の特徴を明らかにしたものである。本書の公刊の後，継続研究として内外の文献研究を中心にしながら，他にフィールド・ワークの幅も広め，アメリカのシリコンバレー，イギリスのサイエンス・パーク，シンガポールへと出かけ，現地の研究開発責任者とのインタビュー調査を重ねてきた。本書はこのような研究活動の中から研究開発の国際化問題を総合的に捉えて，論題「研究開発のグローバルネットワーク」を体系化したものである。

　さて，本書は以下のように全体は8章から構成されている。
　第1章　日本企業の国際化と研究開発の国際化問題
　第2章　研究開発の国際化問題の研究変遷
　第3章　研究開発国際化問題の基本的枠組
　第4章　研究開発国際化の目的・現況・研究成果
　第5章　研究開発の国際化とグローバルR&Dネットワーク
　第6章　グローバルR&Dネットワークの枠組と実際

第7章　グローバルR&Dネットワークのサイティング
　　　　―日本企業の欧米・アジアでの研究開発拠点―
第8章　結語と展望
エピローグ　研究開発のグローバルネットワークの経営学的背景

　以上の構成をみると本書の流れは第1章～第4章までは研究開発の国際化問題に関する基本的考察の部分，第5章～第7章までは国際化の進展した経営のグローバリゼーションの中で捉えるべき「グローバルR&Dネットワーク」の考え方・実際のフレームワークの部分と大きくは2つのカテゴリーに分けられる。まず，研究開発の国際化の基本的考察の部分では研究開発の国際化問題の背景，研究対象，研究変遷や研究開発の本質，研究開発の本国集中化要因，海外研究開発の要因（分散化要因），海外研究開発の発展段階・所有形態・設立目的，日本企業の海外研究開発の現況，研究成果について述べている。ここで捉えていることは，企業が研究開発の国際化問題を検討する場合の論理を明らかにした部分である。このような論理的根拠の解明は，本課題に注目した内外の研究者によってこれまでも断片的ではあるがいくつかの視点から考察されてきた。

　従って，これだけの考察だと本課題について断片的に行われてきた論理をここに一定の形で整理し，その範囲の中で「研究開発の国際化」問題を解明した言わば従来まで行われてきた研究の延長線上にある捉え方でしかない。とはいえ，本課題は国際経営の分野では未開拓の研究分野であり，これを内外の文献とフィールドサーベイ（アメリカ，イギリス，シンガポール）によってその論理の骨格を体系化した試みはそれなりに意義があるものと考える。

　ところが，今日のグローバル化した多国籍企業の研究開発の状況はどのような状況であろうか。日米欧の主要な多国籍企業の多くは世界の主要地域に研究開発拠点を設立していることはもちろんの事，他方では大学，研究機関，企業との共同研究，委託研究，企業買収による非買収企業の研究所との連携，研究開発のためのベンチャー企業投資，また人材面での相互交流，情

報通信ネットワークを活用した研究所の交流へと研究開発の国際化問題を捉える論理の枠組は広範囲にしかも多様な選択肢をもって複雑多岐な展開になりつつある。本書の第二のカテゴリーはこのような状況をアプローチする論理の枠組として「グローバルR&Dネットワーク」の視点から捉えようとしているところにある。これは第一のカテゴリーが「研究開発の国際化」という従来型の視点に対して、第二のカテゴリーは「グローバルR&Dネットワーク」という視点にたった新しいアプローチであると言って良い。そして、それは従来の研究開発の国際化の捉え方が本国・本社を起点にした研究開発活動を自前（社）の経営資源の論拠にたつ「クローズドR&D」に対して、後者はグローバルな研究開発活動の中で自社資源、さらには他社資源の活用という多様な選択肢の中でそれらを関係づける「ネットワークR&D」で捉えている点である。本書での主張はむしろ後者のカテゴリーで捉えられる「ネットワークR&D」こそがこれからの本課題をアプローチする論理であることを明らかにしたものである。このような視点にたつと、ここで捉えられるべきことは国際化とグローバリゼーションの概念のちがい、ネットワーク（組織）を説明するためのピラミッド型組織とネットワーク型組織のちがい、この組織形態に相応した「クローズドR&D」と「ネットワークR&D」のちがいとその捉え方、実際上の枠組、またそれを推進する人的側面とは何かを明らかにしている。そして、モデルケースとしてのIBMの事例紹介、最後に日本企業のグローバルR&Dネットワークを構成する欧米・アジアでの研究開発活動状況について述べている。

　そして、結論ではグローバルR&Dネットワークの方向性、日本企業のグローバルR&Dネットワークの現況、それらを推進する最後のコアは人間の知（知識創造）であることを指摘する。

各章の概要

　各章の内容を簡潔化して述べると次のようになる。

　第1章は本論題を捉える前提としての経営の国際化とは何か、日本企業の海外経営活動の推移、経営活動の現地化問題、そして現地化の進展に伴う研

究開発国際化問題の背景,研究対象が何であるかを述べている。

　第2章では研究開発の国際化問題に関するアメリカ,ヨーロッパ,そしてわが国における研究変遷について述べている。本課題に関する研究はアメリカ,ヨーロッパ,わが国共に1980年代後半から90年代以降に顕著に見られるようになるが,中でもアメリカはその先駆的研究が1970年代からすでに始まっていたことを跡づける。そして,わが国企業も海外での研究開発拠点が設立されはじめたのは本格的には90年代以降であり,このような動きの中で研究され始めたことを指摘する。

　第3章では研究開発国際化の基本的枠組みについて述べる。そこでは技術導入,技術移転,海外研究所の設立について述べている。次に企業における研究開発の本質,本国への集中化要因,海外分散化要因,海外研究開発の発展段階,所有形態——100％出資,合弁,買収——の特徴について述べている。

　第4章では海外研究開発拠点の設立目的,日本企業の海外研究開発の現況・研究成果について述べている。海外研究開発拠点の設立目的を3つのタイプから述べ,次に日本企業の海外研究開発の現況を欧米企業との比較の中で位置づける。最後に日本企業の海外研究開発の成果,研究成果を計る具体的な尺度を各種の調査結果から検分する。

　第5章では研究開発の国際化問題を「グローバルR&Dネットワーク」の構築という視点から考察する。これは企業の経営活動が国際化の段階からグローバリゼーションの段階へと進展したことにも対応して,海外研究開発活動もなぜ「グローバルR&Dネットワーク」の視点から考察する必要があるのかを経営組織の枠組の中から捉える。そして,そこでの組織とは従来のピラミッド型・垂直型組織から水平的・横断型のネットワーク組織に対応した「クローズドR&D」から「ネットワークR&D」への視点の変化の必要性を併せて考察する。

　第6章ではグローバルR&Dネットワーク検討の枠組としての知のネットワーク,つまり世界の最先端の研究開発地域(知の集積地:Knowledge Cluster)とのネットワーク,その指針となるわが国企業の外部経営資源の

活用状況，ネットワークを可能にした今日の情報通信手段の発展状況について述べる。次にグローバルR&Dネットワーク形成のコアとなる人的側面——ヒューマン・ネットワークの意義，研究開発における自由と統制の問題，研究開発リーダーの要件——について述べる。最後にグローバルR&Dネットワークの実証的ケースとしてIBMを取り上げる。

第7章では日本企業が海外研究開発拠点であるアメリカ・シリコンバレー，ヨーロッパではイギリス，アジアではシンガポールでの状況について述べる。これは日本企業が研究開発のグローバリゼーションの具体的姿態としてのR&Dネットワークをいかに構築しようとしているかを検証するためである。シリコンバレーは特に研究開発拠点を置くベンチャー的研究開発風土，イギリスでは大学が中心となって運営するサイエンスパークの状況，事例として日立製作所とエーザイ，アジアではシンガポール政府の科学技術政策局であるNSTB (National Science Technology Board) の方針と具体策，事例として松下とソニーを取り上げる。

第8章ではグローバルR&Dネットワークの行方を日本企業の動きの中から明らかにし，最後に研究開発の国際化を担うのは人間であり，そのための知識創造の仕組みをいかに構築するかがネットワーク論の本質であることを指摘する。

また，エピローグとして研究開発のグローバルネットワークの経営学的背景を述べた。これは筆者が経営学研究に興味をもったバックグラウンドにさかのぼって，社会科学の性格，経営学の学問的性格の中で国際経営分野のジャンルとしての研究開発のグローバルネットワークの意義を述べた。

参考文献は各章に注の形で書いてある。ここでは本書を執筆する際に直接的に参考にした内外の文献，そしてここ数年間で行ったインタビュー企業の一覧を記した。

感謝の言葉

さて，筆者は民間の研究機関を経て，大学の教職に就いてから今年でちょうど10年になる。研究機関に在職している時から企業の国際化戦略の問題に

興味をもっていたが,大学に奉職してからは特に研究開発の国際化問題に注目してきた。大学という職場で講義や学生との交流,大学院生の指導など忙しい中にも空いた時間を有効に活用してアメリカ,ヨーロッパ,アジアにある日本企業の研究開発拠点のフィールド・サーベイを行ってきた。私の研究の原点はまず企業を訪問し,現場を確かめる事から始まる。現場である企業を訪問すれば人との出会い,その場の状況,企業の悩み,そして未来をいだく人々の夢が体に何かと伝わってくる。本書は基本的にはこのような現場訪問をベースとしているが,加えて近年国際経営研究の分野で関心が出てきた本課題に関する最新の論文,著書等も極力参考にしたつもりである。しかし,フィルールド・サーベイによる研究だけでは片手落ちである。それを普遍的なものとして理論化するのが研究者に与えられた使命であろう。本書がこのような課題に答えているかどうか心配である。

　ふり返ると本題の研究を今日まで行うことができたのも多くの先輩,研究仲間,そしてインタビューに応えていただいている数多くの実務家の方々のお陰である。まずもって,キャンパスは若い息吹きで私にはフレッシュなカルチャーを与えてくれている勤務先である白鷗大学,そして経営学部の諸先生,同大学ビジネス開発研究所の方々にお礼を申し上げたい。特にビジネス開発研究所には本研究に際し,数年間にわたる少なからぬ支援をいただいた。また,本研究のような多国籍企業の経営戦略課題をいつも議論している多国籍企業研究会諸先生,特に同研究会会長　小林規威先生(慶応義塾大学名誉教授・淑徳大学国際コミュニケーション学部長),同研究会東部部会長　竹田志郎先生(横浜国立大学名誉教授・日本大学教授),同研究会西部部会長　安室憲一先生(神戸商科大学教授),国際ビジネス研究学会会長　岡本康雄先生(東京大学名誉教授,・文京女子大学教授)また,本書の最後の結論となっている「知識創造」とは何かを教えていただいた野中郁次郎先生(一橋大学大学院教授)にはいつも研究上の多大のアドバイスをいただいている。この場を借りて感謝の意を表する次第である。またこの他に国際経営研究者の集まりである Academy of International Business の会員である欧米諸国の諸先生からも有益なコメントをいただいた。

さらに，本研究ができたのも多くの研究会に参加し，そこでの議論が有益となって幅広い研究のネットワークができた。社団法人　企業研究会の企画部長の勉強会である「明日の経営戦略を開発する会」，社団法人　科学技術と経済の会の「グローバリゼーション研究会」，通産省工業技術院国際協力課とテクノリサーチ研究所が主催した「国際共同ニーズサーベイ」の課題に関する研究会，中央大学企業研究所（現在，客員研究員）での先生方との研究交流，そして50社近くに及ぶ企業訪問調査（巻末に訪問企業名銘記）を通してのインタビューに応えていただいた実務家の方々，また本インタビューの成果の発表機会を与えてくれた『研究開発マネジメント』誌（アーバンプロデュース発行）にも感謝の気持ちを表したい。これらに関する方々は貴重な資料を提供してくれたり，海外研究所の訪問に際しての多大の労をとってくれた。

　本書の出版に際しては文眞堂の前野隆氏，前野弘氏には格別のご理解をいただき快く引き受けてくれたことに，心から感謝を申し上げたい。出版事情の厳しい折り，本書が両氏の期待に沿うものであることを願いたい。

　最後に私の家族に感謝したい。妻美千子は最初から最後まで原稿の打ち込み，そして何回にも及ぶ修正を行ってくれた。また，二人の子供（千賀，浩一郎）はあまり心配をかけることもなく，健康に成長してくれていることも研究に注力できた。

　このように本書は多くの方々の支えによって完成したものである。文章の表現やロジック等でまだ至らないところ，そしてその不備や欠点はすべて私の責任である。本書が日本企業の国際化・グローバル化の方向に少しでも貢献できれば幸いである。

2000年　初夏

高　橋　浩　夫

目　　次

まえがき

第1章　日本企業の国際化と研究開発国際化問題……………………1

1．日本企業の国際的経営活動 ………………………………………1
　(1)　経営活動の国際化……………………………………………1
　(2)　海外直接投資の推移…………………………………………3
2．多国籍企業の現地化政策 …………………………………………5
　(1)　経営活動の現地化と経営資源の活用………………………5
　(2)　情報的経営資源の活用―研究開発の現地化問題―　………6
3．研究開発投資の推移と研究開発国際化論の研究対象 …………8
　(1)　研究開発投資の推移…………………………………………8
　(2)　研究開発国際化論の研究対象………………………………9

第2章　研究開発国際化問題の研究変遷……………………………13

1．アメリカにおける研究 …………………………………………13
　(1)　1960年代～1970年代 ………………………………………13
　(2)　1980年代以降 ………………………………………………16
2．ヨーロッパにおける研究 ………………………………………19
　(1)　1970年代～1980年代 ………………………………………19
　(2)　1990年代以降 ………………………………………………20
3．日本における研究 ………………………………………………22
　(1)　大学研究者による調査研究 ………………………………22
　(2)　研究機関による調査研究 …………………………………24

第3章 研究開発国際化の基本的枠組 ……………………………30

1．企業における技術の国際的関係 ………………………………30
  (1) 技術導入 ……………………………………………………30
  (2) 技術移転 ……………………………………………………31
  (3) 外国企業の日本研究所 ……………………………………32
  (4) 海外研究開発拠点の設立 …………………………………33
2．研究開発の集権化・分権化 ……………………………………33
  (1) 企業の研究開発の本質 ……………………………………33
  (2) 研究開発の集権化要因 ……………………………………35
  (3) 研究開発活動の分散化要因 ………………………………36
  (4) 研究開発国際化の諸要因 …………………………………37
3．研究開発国際化の発展段階と所有政策 ………………………40
  (1) 国際化の発展段階 …………………………………………40
  (2) 海外研究開発活動の発展段階 ……………………………41
  (3) 海外研究開発の所有政策 …………………………………45

第4章 海外研究開発の目的・現況・研究成果 …………………50

1．海外研究開発の目的 ……………………………………………50
  (1) 研究志向 ……………………………………………………51
  (2) 市場志向 ……………………………………………………51
  (3) 共同開発志向 ………………………………………………52
  (4) 近年の日本企業の海外研究開発目的とタイプ …………53
2．近年の調査研究にみる2つのタイプ …………………………59
  (1) 研究開発の国際化に関する日米欧の比較調査 …………59
  (2) ホーム・ベース補強型研究所とホーム・ベース応用型研究所 …60
  (3) 研究開発拠点の立地 ………………………………………62
3．海外研究開発の指標と成果 ……………………………………64
  (1) 研究成果の指標 ……………………………………………64

(2) 研究成果 …………………………………………………66
　4．日本企業の研究開発国際化の位置 ……………………………69

第5章　研究開発の国際化とグローバルR&Dネットワーク …72
　1．研究開発の国際化とグローバリゼーションの視点 ……………73
　　　(1) 国際化とグローバリゼーションの概念 ………………………73
　　　(2) 研究開発の国際化とグローバリゼーション …………………75
　　　(3) グローバルR&Dの論理 ………………………………………78
　2．ネットワークの概念 ………………………………………………80
　　　(1) ネットワーク組織の視点 ………………………………………80
　　　(2) 垂直的ネットワーク組織の捉え方 ……………………………81
　　　(3) 水平的ネットワーク組織の捉え方 ……………………………83
　3．垂直的研究開発組織の視点 ………………………………………84
　　　(1) 研究開発の国際化—垂直的研究開発組織の論拠— …………84
　　　(2) 本社・中央研究所的発想の論理 ………………………………85
　4．グローバルR&Dネットワークの視点 …………………………86
　　　(1) 縦断的思考から横断的思考 ……………………………………86
　　　(2) クローズドR&DとネットワークR&Dの視点 ……………87
　　　(3) 集中化と分散化のネットワーク ………………………………89

第6章　グローバルR&Dネットワークの枠組と実際 ……………95
　1．グローバルR&Dネットワークの枠組 …………………………95
　　　(1) 知のネットワーク ………………………………………………95
　　　(2) 外部資源の活用 …………………………………………………98
　　　(3) 情報通信手段の活用 ……………………………………………99
　2．グローバルR&Dネットワークの人的側面 ……………………101
(1) ヒューマンネットワークの意味 ……………………………………101
　　　(2) 自律とコントロール……………………………………………102
　　　(3) リーダーシップ…………………………………………………103

3．IBMのグローバルR&Dネットワークの実際 …………………105
  (1) IBMの現況 ………………………………………………………105
  (2) IBMの製品開発体制 …………………………………………108
  (3) IBMの基礎研究開発体制 ……………………………………110
  (4) IBMのR&Dネットワークの形成基盤 ……………………113
  (5) IBMのグローバルR&Dネットワーク ……………………115

第7章　グローバルR&Dネットワークのサイティング
　　　　—日本企業の欧米・アジアでの研究開発拠点の立地— ………118

1．アメリカ—シリコンバレーを中心に— ……………………………118
  (1) シリコンバレーの現況 …………………………………………118
  (2) シリコンバレーの日本企業 ……………………………………120
  (3) ベンチャービジネスの経営資源 ………………………………123
  (4) 情報—多様なネットワークと交流— …………………………125
  (5) スタンフォード大学の存在と産学協同 ………………………127
  (6) プロフェッショナルな経営者市場 ……………………………128
  (7) ベンチャー・ビジネスを生み出すフレーム・ワーク ………130
  (8) シリコンバレーが教えるもの—日本企業への指針— ………131
2．ヨーロッパ—イギリスを中心に— …………………………………133
  (1) 近年のイギリス事情 ……………………………………………133
  (2) ヨーロッパにおける日本企業の研究開発投資 ………………134
  (3) ヨーロッパ（イギリス）における科学技術基盤 ……………136
  (4) イギリスのサイエンスパーク …………………………………139
  (5) 〈日立製作所〉のケース ………………………………………142
    (A)大学との共同研究 ……………………………………………142
    (B)エレクトロニクス企業のヨーロッパ研究開発動向 ………142
    (C)研究成果 ………………………………………………………145
  (6) 〈エーザイ〉のケース …………………………………………146
    (A)医薬品市場 ……………………………………………………146

(B)ロンドン大学との共同研究………………………………147
　3．アジア―シンガポールを中心に―………………………149
　　(1)　アジアの英語圏……………………………………………149
　　(2)　シンガポール経済…………………………………………150
　　(3)　NSTBのインセンティブ体制　………………………152
　　(4)　研究開発の人材……………………………………………156
　　(5)　日本企業のケース…………………………………………157
　　　(A)松下電器産業………………………………………………157
　　　(B)ソニー………………………………………………………162

第8章　結語と展望……………………………………………………168
　1．グローバルR&Dネットワークの方向性……………………168
　2．日本企業のグローバルR&Dネットワーク…………………171
　3．ネットワークと知識創造………………………………………172

エピローグ　研究開発のグローバルネットワークの経営学的背景…175
　　　　　　―社会科学と実践経営論の深化を求めて―

　1．社会科学の特性…………………………………………………175
　　(1)　科学とは何か………………………………………………175
　　(2)　社会科学と自然科学のちがい……………………………177
　2　経営学の本質　…………………………………………………178
　　(1)　実践論としての経営学……………………………………178
　　(2)　わが国における経営学……………………………………180
　3．企業の国際化と研究開発………………………………………182
　　　　―多国籍企業論と研究開発グローバルネットワーク論に関…182
　　　　連して―

付表1．インタビュー調査訪問企業名（アメリカ・イギリス・シンガ
　　　ポール・日本）………………………………………………186

2．インタビュー企業研究所一覧（日本企業のアメリカ，ヨーロッパ，アジアでの研究開発拠点）……………………………………188
3．インタビュー企業研究所一覧（欧米企業の日本での研究開発拠点）…192

邦語参考文献 …………………………………………………………196
外国語参考文献 ………………………………………………………200
索引 ……………………………………………………………………205

第1章
日本企業の国際化と研究開発国際化問題

　第1章でまず，研究開発国際化論を論述する基本的前提としての経営活動の国際化問題について考えてみたい。そこで第1節では企業における経営活動の国際化とは何かを基本的に認識し，その上で経営活動が本格化する海外での生産拠点の設立の動きを海外直接投資の変遷の中から跡づける。第2章では経営活動の国際化の具体的担い手である多国籍企業の現地化政策について現地経営資源の活用の視点から考察する。研究開発国際化問題は現地経営資源であるヒト・モノ・カネ・情報の中でも情報的経営資源の活用問題である。ここでは，情報的経営資源の視点から研究開発活動の現地化問題を明らかにしたい。第3章ではわが国企業の間で研究開発投資はどのように認識され，それが強化される方向にあるのかどうかを企業の研究開発予算の推移の中から捉える。そして，最後には本章で捉えようとする研究開発国際化論の研究対象は何が課題でどのような領域を考察しようとするのかを確認する。

1．日本企業の国際的経営活動

(1) 経営活動の国際化
　本書の課題は企業における研究開発の国際化問題を探求しようとしている。それではまず国際化とはどのような意味を指すのであろうか。
　企業が海外と交易関係を結ぶプロセスにはいくつかの段階がある。歴史的にみれば，その萌芽は古くは近代国家の成立以前に古代地中海沿岸の交易活動（物資の輸出入）にあったし，わが国でも古くから近隣諸国との物資の海

外取引関係があった。このようないわば貿易による物資の輸出入取引によって生じる，海外とのかかわり合いは，経済活動の初期の時代からあった。

わが国では，明治維新以来の経済ナショナリズム——貿易立国の精神——から戦後の輸出の振興・拡大，そして近年の「貿易摩擦」にいたるまで輸出を通じた海外とのかかわり合いは常に存在しており，島国であるわが国経済社会の宿命的課題であるということができる。

しかし，貿易は確かに海外とのかかわり合いをもつことではあるが，そのことによってただちに企業の国際的経営活動，すなわち「経営の国際化」が行われているとはいえない。貿易は海外との輸出入の取引によって生じる一時的な物資の移動であって，経営活動（販売，生産，財務，研究開発など）の全般が関与するわけではない。そこでは輸出入に携わる社内の特定部門（主に輸出部門）や特定の会社（わが国の専門商社）は海外との取引関係をもつが，それとの関係をもたない組織の他部門あるいは産業の全体的活動の国際化は進展しない。このようなことから海外との早くからのかかわりがあった企業の輸出部門や商社の役割は日本企業の国際化の先鞭をつけたところであることは間違いない。

その後，戦後における日本経済の飛躍的発展によってメーカーと呼ばれる製造業の海外進出は経営の国際化を強力に推進させるプロセスになる。経営活動の国際化は一般の企業が海外に販売会社や生産会社あるいは研究開発会社を直接的に設立することによって，本国本社との一体的な経営活動を行っている状態をいう。このような海外における現地子会社の設立は経済学的には「直接投資」とよばれ，投資先の事業を継続的に支配することを目的とした資本投下である。[注1]

海外における生産会社の設立は経営資源である人材（ヒト），設備（モノ），資本（カネ），情報の海外への移動・移転をともなうものであり，経営の国際化はこれらの活動によって本格的に始動する。経営の国際化の具体的担い手は「多国籍企業」であり，多国籍企業はこのような生産活動の海外移転をともなった本社と子会社（海外生産会社）との総体的な運営の経営形態を指している。[注2]

(2) 海外直接投資の推移

日本企業の海外進出は1960年代から世界各地に販売拠点を作り始め、70年代に電機メーカー(特にテレビ業界)が中心的に欧米先進国での海外生産を始めた。その後、80年代に入り、自動車・機械・精密機械・化学業界を中心に日本企業の海外生産活動は本格化し、特に1985年以降の急速な円高はそれをさらに加速させるものとなった。海外事業活動の指標を示す海外直接投資は、1989年に年間675億ドルというピークの時期を境に1992年には341億ドルと下がったものの、近年来は再度の円高でアジア諸国や中国への投資が増え海外投資は確実に延び続けている。(図表1-1) また、投資形態も新規投資、合弁、買収、資本参加、ベンチャーキャピタル等と多様な形態をとってきている。

さて、わが国の製造業の海外投資の推移を歴史的にみると、まず1970年代の初めから少しずつ行われてきたことがわかる。投資残高では1951～71年の20年間でやっと44億ドルだったものが、79年で投資残高は300億ドルになり、81年は年間90億ドル近くになった。

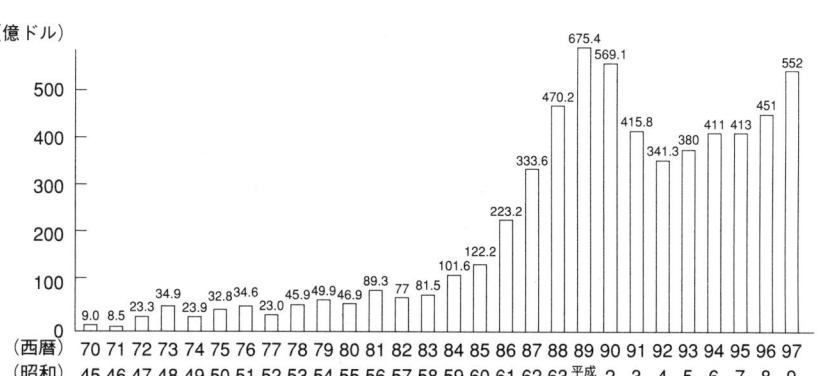

図表1-1 海外直接投資の推移

注:1995年よりドルベースの表示から自国通貨の表示へと変わった。円ベースでは95年度は4兆9,568億円、96年度は5兆4,094億円、97年度は6兆6,229億円になっている。これを1ドル120円で換算した場合には95年:413億ドル、96年:451億ドル、97年:552億ドルになる。

出所:大蔵省、海外直接投資総計資料より筆者作成。

日本の海外投資は1970年初頭まではあまり活発ではないが，72年の資本の自由化を契機に本格化し，73年には年度許可額が約35億ドルに拡大した。しかし，その拡大もつかの間，73年末の石油危機によって，1977年度まで海外投資は停滞し，78年度になると年間45億ドルを超え，これは前年比では63.9％の大幅増加となった。1980年は79年と比べるとあまり大きな変化はないが，78，79，80年度は連続3年間で各年度が50億ドル近いレベルで推移している。さらに，81年度はいっきに急増し，年間で89億ドルにのぼることになった。

　年代的にはわが国の海外投資が顕在化しだしたのは昭和53年以降，つまり1970年代後半からである。1970年代はわが国経済が高度成長から低成長に転換した時期である。第一次石油ショックにつぐ第二次石油ショックを減量経営によって乗り切った日本企業は，世界的な保護貿易主義の台頭によって，輸出志向の海外戦略から離脱して直接投資を促進せざるをえない状況に直面する。

　1980年代に入ってからは海外投資はさらに増え続けることになる。80年代に入ってからの海外投資の急激な上昇の背景には，85年9月のG5以降の円高の進展によって，日本企業の海外投資が経営戦略の有力な手段に組み込まれることになったことである。また，80年代に入ってから欧米先進国との貿易摩擦がいっそう深刻化したことも，企業の海外進出を促す要因になった。さらに近年，日米欧を中心とする世界経済の相互依存関係により緊密化が進展し，企業の国境を越えたグローバルな経済活動が容易になったことがあげられる。量的には年間の投資額が100億ドルを超えたのは1984年度で，その後85，86年にかけて急上昇し，86年度は前年比82.7％増の223億ドルに達した。86年度末の累計額も1,059億ドルと1,000億ドル台に到達した。87年は333億ドル，88年は470億ドル，89年は675億ドルと毎年100～200億ドル規模の上昇を続けた。ところが，89年度をピークにバブル経済は崩れ，90，91，92年と3年間は減少している。これは世界経済の低迷もあるが，欧米への投資は一巡したことにも起因する。それらの地域に代わって，近年ではアジアや中国への投資が活発になり長期的にはこの傾向はいっそう延びてくると思

われる。

2. 多国籍企業の現地化政策

(1) 経営活動の現地化と経営資源の活用

　経営活動の国際化の進展に伴って現地化問題が多国籍企業の経営戦略で重要な課題となってくる。現地化は，進出先での経営資源を内部経営活動に取り入れること，端的には外部経営資源の組織内部化のプロセスである。

　日本企業の経営活動の国際化の進展の中で，経営の現地化問題が議論される背景には，進出企業の多くは，現地経営資源をあまり活用せず，それらの主要部分の全てを本国本社に依拠してきたことが一つの問題となっている。

　それでは具体的に経営資源とは何を指していうのだろうか。通常，われわれが経営学で経営資源といえば，ヒト・モノ・カネそして情報の4つであるといわれる。すなわち，現地経営資源におけるヒトといえば，ワーカーレベルやミドル，トップ・マネジメントレベルの工場立地に伴う機械設備や原材料・部品の調達。カネといえば，現地での経営活動に伴う資本金や資金調達。さらに情報といえば，見えざる資産としての技術や経営管理のシステムなどがこれに入るだろう。

　現地経営資源の活用は，消極的対応と積極的対応の2つの視点から考えられる。消極的対応の第1は，各国，各政府の保護主義の動きと相まって法的規制が強化され，これに対応する場合である。これは進出国，進出地域の産業を振興・育成するために，できるだけ現地の経営資源を活用させようとする国家の政策意図からこの種の法的規制が生まれる。法的な規制が強められれば進出企業は現地経営資源を活用して，本国本社からの経営資源の支援を制限することになる。

　第2は国際経済環境の変化により，主に各国間の貿易構造のアンバランスによって生じる貿易摩擦や，それに伴う為替変動下での対応の場合である。典型的な事例として，近年にみるわが国経済の急速な円高によって，現地の

経営資源を活用せざるを得ない状況である。これには積極的側面と消極的側面の両方の要因が考えられる。積極的活用という意味においては，為替変動によって生じた経済力の強い国が，経済力の弱い国の経営資源を活用して，多国籍企業全体としての国際競争力を高めようという動きである。一方，消極的な意味に解釈すれば，その変動による本社の経営資源の競争力が失われることによる不可避的な対策としての現地経営資源の活用である。

積極的な現地経営資源の第1は国際化の進展に伴う海外子会社の増大によって，それらの子会社を経営資源の活用という視点から，有機的に結びつけて（＝ネットワーク化）グローバル・レベルでの経営資源の相互活用を行うことである。例えば，A国の子会社では安い労働力を利用して，労働集約型の商品をつくり，B国の子会社では，優れた研究開発資源を活用して資本集約型，つまり付加価値の高い商品をつくり，またC国の子会社では，優れた生産技術を活用して量産品をつくり，それら相互に保有する経営資源の強みをネットワークとして活用しようとすることである。

第2は多国籍企業の経営行動や経営理念にかかわる部分である。つまり，多国籍企業の本来的使命・目的にかかわるものである。すなわち，多国籍企業の経営目的は短期的にみれば，グローバル・レベルでの競争力の強化であるが，長期的にはそれらの個々の活動を通して進出先国の発展に寄与することである。これは進出企業が現地経営資源を活用してその国の産業の振興や育成に協力することである。

現地経営資源の積極的活用は，多国籍企業の経営行動が本国本社の短期的メリットからではなく，長期的な意味から現地経営資源を活用しようとする基本姿勢から要請されてくる。

(2) 情報的経営資源の活用—研究開発の現地化問題—

ヒト・モノ・カネの経営資源は，経営活動を行う上で物理的になくてならない必要不可欠な経営資源だとすると，情報は，それを成功裡に行うために各企業に秘められた技術や経営管理のノウハウを指すものということができよう。[注3] 例えば，海外に生産工場をつくる場合にヒト・モノ・カネは物理

2．多国籍企業の現地化政策

的に必要不可欠な要件だが，そこでどのように優れたものをつくるかは，生産管理のシステムや技術開発力がものをいう。優れた製品をつくる能力が各企業のもっている経営管理のノウハウであり技術である。

各企業のもっている技術と「物理的に不可欠」なもの（ヒト・モノ・カネ）とを組み合わせて，一つの優れた製品をつくる。特有の技術はその企業に専有化されている非公然の情報，つまりその企業にだけに内包される意味情報である。これは一般・公然情報の形でわれわれがだれでも共有できる形式情報とは内容を異にする。[注4]この両者は経営活動にとってどちらが重要かということではなく，両者は相互に関連し合いながら新しい価値を造ってゆく。

現代においては，物理的に不可欠な資源と共に，むしろこのような見えざる資源としての情報的経営資源こそが，重要な意味をもっている。ここで，企業のもつ特殊・非公然の情報について考えてみると，生産会社の生産管理の技術力もあるが，販売会社にとってはマーケティングのための顧客の信用やブランドイメージ，流通チャンネルの支配力もある。

販売会社の設立ということは，よりマーケットに近い良質の情報を探り，自社特有の情報的経営資源の蓄積を行うための多国籍企業の経営戦略の一環である。本国本社で戦略を考えるよりもよりマーケットに近く，またそれを構築できるヒトの活用が重要な意味をもってくる。意味情報として企業に蓄積される媒介変数は究極的にはヒトであり，そのヒトをどのように確保・育成するかである。これは一般的には，現地情報資源の活用のためのヒトの確保が第一の選択肢となる。

生産会社の場合も，やはりその生産管理のノウハウや技術開発力の具体的担い手，つまり意味情報をもっているのはヒトである。日本の多国籍企業の強みである生産技術や生産管理のノウハウは，当初日本から移転され，日本人による管理が行われた。

しかし，近年の経営活動の国際化の進展は，最終的にはその国でのソフトやハードの開発，新製品，新技術の開発が必要であり，そのためには，研究開発拠点の設立による技術者，研究者を活用することが余儀なくされてく

る。研究開発の現地化問題もこのような経営活動の国際化の進展の中で捉えることが今日的課題となってきている。

3. 研究開発投資の推移と研究開発国際化論の研究対象

(1) 研究開発投資の推移

さて、それでは経営活動の国際化の飛躍的発展の中にある今日の日本企業の研究開発への取り組みはどうなっているのであろうか。ここでは、これを捉える一つの指標として近年における研究開発投資の推移をみてみよう。

民間企業の研究開発動向を捉える指標として図表1-2のような科学技術庁の研究開発動向調査の平成11年度報告『民間企業の研究活動に関する調査報告』(資本金10億円以上、2,056社対象、回答企業1,312社回答率63.8%)がある。(注5) これをみると、1985年以降、わが国企業の研究開発投資は1990年までは毎年伸び続け、1990年度のバブル経済崩壊期マイナスに転じたが、ここ数年来1995年度からは立ち直って推移している。不況期の中にあっても企業の競争力の源泉は技術力であり、そのための研究開発投資は積極的な姿勢であることが読みとれる。

わが国企業の研究開発投資のエポックは1985年以降、つまり平均的な製造

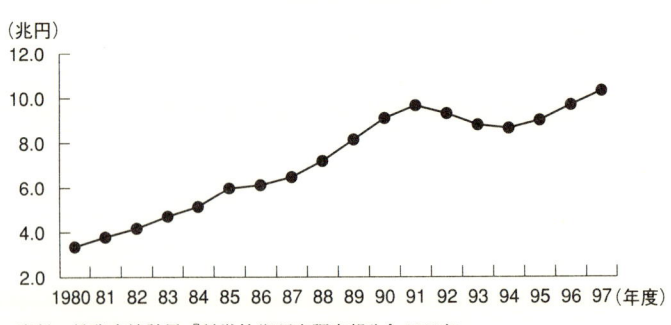

図表1-2 民間企業の研究開発予算の推移

資料：総務庁統計局『科学技術研究調査報告』1998年。

業で研究開発投資が設備投資を上回ることになったことを境にしている。研究開発投資が設備投資を上回るようになったという現象は，企業の競争力の差が技術力や製品開発力の差として現れ，企業の研究開発に対する考え方が，それまでの生産技術の革新（プロセス・イノベーション）から製品開発の革新プロダクト・イノベーション）に移り，そのための研究開発投資を各社が積極的に行い始めた。

技術立国を標榜してきた日本の産業が再びよみがえるには，企業の技術開発力の強化によって国際競争力のある新しい産業を生み出すことである。わが国政府もバブル崩壊後の不況長期化の中でそれを克服するためには技術開発力の強化を最大の産業政策にしている。そのために1996年閣議決定による科学技術基本計画が策定され，独創的・革新的技術の創成を目指した科学技術に関する研究開発の推進に膨大な予算が配分されてきている。

21世紀を迎えた日本の産業は一層熾烈な国際競争の中におかれている。国境を越えた地球規模での企業間競争，すなわち"メガコンペティション"の様相は今後益々本格化するであろう。このような中に，21世紀の日本の産業が国際競争に勝ち抜くためには新しい産業を創出しなければならない。そのための研究開発は企業にとって不可避の課題である。

この科学技術庁の調査は研究開発の国際化の動向についても報告している。これによると，研究開発拠点の海外進出については，90年代初期にはかなりの勢いで延びたが，このところ横ばいで目だった動きはないが，医薬品業界については海外拠点の新設，機能強化がみられると指摘している。ただ，海外での研究開発は経営活動の国際化のさらなる進展に伴ってトレンドとしては増大の傾向にあり，業種的には電機，自動車，化学・医薬などが中心的になると指摘している。[注6]

(2) 研究開発国際化論の研究対象

① 研究対象

研究開発国際化問題はわが国企業の間では近年，それも1990年代以降に検討されはじめた課題であるが，これは国際経営あるいは多国籍企業の研究者

の間でもこれまであまり関心が注がれてこなかったと言って良い。このような言わば「研究開発国際化論」の系譜を文献研究の視点から整理したチェングとボロン（Joseph L. Cheng & Douglas S. Boron）は，そのタイトルにあまり関心が注がれてこなかったことに言及して国際経営の研究において無視されてきたトッピクス（neglected topics）であるとして，今日の研究開発の国際化論の問題背景と今後の課題を展望している。(注7)

ところが，このタイトルないしトピックスは近年，特にここ数年では多国籍企業の海外研究開発に関するアンケートやインタビュー，実態調査を通して，いくつかの新しい研究報告がなされてきている。（第2章参照）

さて，それでは研究開発の国際化問題は何を研究対象とするのであろうか。まず，研究開発の国際化問題の研究対象は企業の国際的経営活動の一環である海外での研究開発活動である。海外での研究開発活動は企業の国際化戦略である本国本社の研究開発活動の一環であり，それは今日のグローバル化した企業は内外が一体化した活動の一つとして捉えられる。近年の企業の国際的活動は本国から海外へと一方通行の経営資源の流れではなく，海外から本国へ，そして海外が相互に結びついて機能するいわば，「グローバリゼーション」の段階にある。この段階に研究開発の国際化問題は本国本社の研究開発活動と海外のそれとが一体化し，相互に結びついて機能するグローバルな研究開発活動をいかに効果的にマネジメントするかが課題となる。（第3章参照）

研究開発の国際化は多国籍企業論の販売，生産，財務活動と同様に研究開発の機能戦略の部分であり，それは本国本社の研究開発による海外への単なる技術の伝授，技術移転とは異なり，研究開発活動に必要な経営資源の移転を伴う海外でのマネジメントの方法が課題となってくる。経営資源には進出先の人材，資金，技術，知識，情報などが含まれ，それらを活用しながら本国本社の研究開発戦略の一環として国際的な研究開発活動を行うことである。さらに，研究開発の国際化問題は海外に研究開発拠点を設立するという事だけではなく，海外の大学・企業との共同研究，委託研究，人材の派遣などの国際的な関わり合いをもつ研究開発活動の全てが含まれてくる。本書は

このような見地にたって，これらの課題に少しでも接近しようと研究開発の国際化問題を探求しようとしている。

② 研究・開発の定義について

ところで，本書で使用する研究開発（R&D : Research & Development）という概念であるが，一般的には研究と開発は発展段階や研究対象からそれらを区別している。研究・開発とは，事物やその生産方法についての新知識を生み出す活動と定義でき，科学や技術における研究と，設計ならびに原型（prototype）や生産工程の開発とからなる。[注8] 科学技術庁の定義によれば研究といっても，以下のように基礎研究，応用研究，開発研究に区分し，開発はあくまでも技術の実用化を目的とする研究活動で期待される成果は実用的な技術・商品であるとしている。[注9]

・基礎研究：特別な応用・用途を直接考慮する事なく，仮説や理論を形成するためもしくは現象や観察可能な事実に関して新しい知識を得るために行われる理論または，実験研究をいう。
・応用研究：基礎研究によって発見された知識を利用して，特定の目標を定めて実行化の可能性を確かめる研究およびすでに実用化されている方法に関して，新たなる応用方法を検索する研究を言う。
・開発研究：基礎研究，応用研究および実際の経験から得た知識の利用であり，新しい材料，システム，工程などの導入または既存のこれらのものの改良をねらいとする研究をいう。

また別に，科学と技術という分類もある。それは科学的研究が基礎研究に，技術的研究（もしくは製品または製法に向けられた応用化学的研究）が応用研究あるいは部分的には技術開発に対応する。技術開発は研究開発のうち製品化を前提とした特定の技術課題の解決のための活動である。従って，それは開発という点から将来の実際的利用を想定したものであり，純粋な科学研究とは性格を異にする。

このように研究開発と言っても，厳密にはその研究がどのような段階で何を対象としているのかによって研究と開発の概念が異なってくる。海外に研

究開発機能を設ける場合でもそれがどの段階で何を研究の対象とするのかによってその目指す目的,機能が異なってくる。つまり,海外生産活動に関連した生産技術,製品の改良・改善のための実用的な技術の開発なのか,それとも本国本社の研究開発戦略の一環である基礎研究・応用研究を目指すものなのかによって開発と研究のウエイトづけは異なってくる。しかし,企業の実際上の問題として研究と開発は相互に密接な関連をもっており,それらを別個に切り離すことはできない概念である。つまり,研究は開発を促し,開発は研究を必要としているように,それらは相互補完関係である。したがって,本書では研究と開発はいっしょのものとして「研究開発」を用い,研究開発の国際化問題もこのような含意をもったものとして考察する。

注
1. 竹田志郎編著『国際経営論』中央経済社,1994年,16-18頁。
2. 多国籍企業の定義にはさまざまな見解がある。多国籍企業は海外での生産活動を行っていることがまず基本である。しかし,それは何ヵ国以上で,海外売上比率,あるいは海外資産の割合はどれくらいと数量的基準から捉える場合があるが一定の見解はない。一般的には多国籍企業はその活動状況からみて世界市場への進出目的から海外子会社を設立し,数ヵ国に直接投資(海外生産拠点)を行う形で,本社による会社的な戦略の中に組み込まれている国際的な企業活動の総体である。拙著『国際経営の組織と実際』序章:多国籍企業の海外直接投資参照,同文舘,1998年。
3. 伊丹敬之『経営戦略の論理』日本経済新聞社,1980年。
 伊丹敬之は経営資源をヒト・モノ・カネが「物理的に不可欠」な経営資源とし,情報は「うまく活動を行うために必要」な経営資源であると指摘している。
4. 野中郁次郎『知識創造の経営』日本経済新聞社,1990年,65-67頁。
5. 科学技術庁技術政策局編『平成10年度 民間企業の研究開発活動に関する調査報告』1999年。
6. 科学技術庁技術政策局編『平成9年度 民間企業の研究活動に関する調査報告』1998年,34-42頁。
7. Joseph C. Cheng & Douglas S. Boron, "The Management of Multinational R&D: A Neglected topic in international business research", *Journal International Business Studies*, First Quarter 1993, pp. 1-18.
8. 大阪市立大学経済研究所,明石芳彦・植田浩史編『日本企業の研究開発システム』東京大学出版会,1995年,3-30頁。
9. 科学技術庁『科学技術要覧』各年。

第2章
研究開発国際化問題の研究変遷

　まず初めに本書で捉えようとしている研究開発の国際化問題に関して，それがいつ頃から研究者の間で課題とされてきたかについて跡づけたい。そこで本章では研究開発の国際化問題に関するアメリカ，ヨーロッパ，そしてわが国における研究変遷について述べる。本課題に関する研究はアメリカ，ヨーロッパ，わが国共に1980年代後半から90年代以降に顕著に見られるようになるが，中でもアメリカはその先駆的研究が1970年代からすでに始まっていた。アメリカは60年代から多国籍企業による海外での経営活動は始まっており，60年代後半には海外のいくつかの国に研究開発拠点を設立している。(第1節)ヨーロッパでは地域的に同じくするヨーロッパ各国間での研究開発活動の萌芽は70年代頃からあったが，ヨーロッパ企業が本格的にアメリカ，日本に研究開発拠点をもち始めたのは80年代後半90年代になってからである。(第2節)そして，わが国企業も海外での研究開発拠点が設立されはじめたのは90年代以降である。ヨーロッパ企業もわが国企業もこのような動きの中で研究開発の国際化問題に関心が注がれるようになった。(第3節)以下はアメリカ，ヨーロッパ，日本における本課題に関する研究変遷である。

1．アメリカにおける研究

(1) 1960年代～1970年代
　多国籍企業(Multinational Corporation：MNC)の研究が経営学や経済

学の視点から本格的な研究が行われ始めたのはアメリカが先駆的であり，時期的には1960年代後半頃から70年代にかけていくつかの論文や著書が発表され始めている。

まず，アメリカにおける多国籍企業の萌芽的行動は，第二次大戦後の1950年代から60年代にかけてのカナダやヨーロッパ投資の中にみられる。アメリカ企業は第二次大戦後，隣国であるカナダそして，ヨーロッパ各国に経済復興を目的として積極的な海外投資を行った。特に1957年EEC (European Economic Community：ヨーロッパ経済共同体)の形成を契機にアメリカ企業のヨーロッパ投資は積極的に行われることになった。このようなあまりにも活発化し始めたアメリカ多国籍企業によるヨーロッパ投資への経済的影響は「アメリカ多国籍企業によるヨーロッパ支配」だとして，フランスのジャーナリスト，セルバン・シュレーベルは『アメリカの挑戦』(*The American Challenge*, 1968) を著し，そのことがアメリカ多国籍企業の経営行動に多大の関心を呼び起こさせる契機となった。[注1]

多国籍企業の研究も，ヨーロッパへの直接投資を起点としてこのころから本格的な研究が産業界や大学研究者の間で行われることになった。

このようなアメリカ企業の海外での経営活動をめぐる多国籍企業への関心はその後急速に高まり，その活動の是非や投資国に与える影響，多国籍企業のマネジメントについての研究がさまざまな分野の研究者から多面的に行われるようになった。

1960年代の多国籍企業に関する研究書はいくつかあるが，代表的にはRobinson, R. D., *International Business Policy* (1969), Kindeleberger, C. P., *The International Corporation* (1967), Kolde, E. J., *The Multinational Company* (1968), Farerweather J., *International Business Management* (1969), Dymsza W., *The Multinational Business Strategy* (1972), などによる研究成果が1960年代終わりから70年代初めにかけて公刊され始めた。また，当時からアメリカのビジネス研究の分野でリードしていたハーバード大学のビジネス・スクールは1965年にフォード財団の支援で「多国籍企業研究プロジェクト」を設置し，数年にわたって多国籍企業の研究を題材的に行っ

1. アメリカにおける研究

た。ここでの調査研究の成果は Raymond Vernon による *Sovereignty at Bay — The Multinational Spread of U. S. Enterprises* (1971), Stopford, J. M. and Wells, L. T., Jr., *Managing the Multinational Enterprise* (1972) の形で発表されている。これらの研究はアメリカ多国籍企業の海外での経営行動, 子会社の役割, 組織, 現地国との摩擦などを捉えている。この時は, 研究開発や技術戦略については Farerweather や Dymsza の著書の中でもほんの数ページを割いて述べているにすぎない。フェアウェザーは第5章「研究開発プロジェクトの分担」で研究開発が海外に分散化する諸要因をあげ, またディムザは第7章「生産, ロジステックス, 技術および人事戦略」で研究開発の集権化, 分権化問題に若干触れている。

70年代になって, 多国籍企業が海外で行っている研究開発に注目し, その初めての調査研究を行ったのはアメリカで著名な経営者団体である The Conference Board である。これは1966年～75年までのアメリカ多国籍企業の海外子会社の研究開発活動を中心的に捉えている。ここでは特に IBM をはじめとするコンピューター業界や製薬学界を中心に取り上げている。この報告書は Creamer, D. B., *Overseas Research and Development by United State Multinational*, The Conference Board (1976) に著されている。この時にはすでに研究開発の国際化に関する集権化, 分権化の議論が行われている。それとほぼ同じ時期に Ronstads, R. C. は1977年に *Research and Development abroad by U. S. Multinational* を著し, アメリカの多国籍企業7社の海外研究開発拠点55社を調査研究しその形態別分類を行った。これは海外研究開発の役割をパターン化したその後の研究のベースとなっている。そこでのパターン化の第一は技術移転研究所 (TTUs: Transfer Technology Units), 第二は現地技術研究所 (ITUs: Intigenous Technology Units), 第三はグローバル製品開発研究所 (GPUs: Global Product Units), 第四は全社的技術研究所 (CTUS: Corporate Technology Units) である。

また, 1977年に Terpstre, V. は *Columbia Journal of World Business*, Winter に "International Product Policy: The Role of Foreign R&D" の論文を発表し, 研究開発の集中化問題に論点を置きながらも, 研究開発の海

外分散化の諸要因と将来方向について述べている。1979年の Mansfield, E らの研究では海外研究開発費が企業全体の研究開発費に占める割合が高くなることを示し，1960年の2％，1970年の10％，そして1980年には12％を超える事を予想している。

(2) 1980年代以降

80年代になると Behrman, J. N. and Fisher, W. A. は海外研究開発についてアメリカ企業35社とヨーロッパ企業18社のインタビュー調査を行い，*Overseas R&D Activities of Transnational Corporation* (1980) を著している。そこでは，企業が海外進出し現地市場に適合した製品開発のための海外研究開発の必要性，また海外研究開発の姿勢基準として経営スタイル——国内志向企業，現地志向企業，グローバル志向企業——からの形態別特性との関連でその是非を述べている。この後，Stobaugh, R. and Wells, L. T., Jr. は *Technology Crossing Boarders* (1984) を著し，Rondstat の4つの海外研究開発のタイプを基礎にしながら，アメリカの多国籍企業7社（Union Carbide, Corning Glass, Exxon Chemical, Exxon Energy Business, IBM, CPC International, Otis Elevator）の海外研究開発状況とそれらの発展形態を考察している。また同時期に Romeo, A., *Overseas Research and Development by U. S. Based Firms* (1985) を著している。この研究は主にアメリカ企業の海外研究開発をどのような研究目的——基礎研究，応用研究，開発研究——で行っているかを捉えている。70年代から80年代にかけてはアメリカの産業界はドル高のもとで発展途上国への生産移転による空洞化，日本製品との競合の中で経済は低迷し，アメリカ多国籍企業は苦境に立たされた。しかしながら，一旦海外での生産活動をはじめたアメリカの多国籍企業は，販売，生産活動の次のステップとしてさらなる経営活動の現地化のために海外での研究開発問題が課題となってきた。

90年代になるとアメリカの多国籍企業による海外研究開発だけでなく，ヨーロッパや日本企業の動きを含めた調査研究が行われてくる。Erickson, T. は "Worldwide R&D Management Concepts and Application" (1990),

1. アメリカにおける研究　　　17

そして Julian, S. and Keller R. の "Multinational R&D Siting – Corporate Strategies for Success"（1991）などの論文はこの視点から捉えている。前者は多国籍企業のカテゴリーをグローバル・インターナショナル・マルチナショナルの3つのタイプに分け，各々のタイプに沿った研究開発のマネジメントが必要なことを指摘している。後者は海外研究開発を市場志向：Market-Oriented Reasons と研究開発志向：R&D Oriented Reasons の2つに分け，各々の志向に沿った研究開発そして，立地や進出方法などについても述べている。また，Bartlett, A. & Ghoshal, S. は *Managing Across Boarders*（1989）の著書の中で研究開発の国際化を多国籍企業の類型化を通してその方向性を提示している。本書の研究対象は欧米企業そして日本企業における3つの業種——日用雑貨品，家電，通信機器——に属する9つの多国籍企業のマネジャークラス以上の236名にインタビューした結果に基づいている。そこでは従来の多国籍企業のタイプをマルチナショナル，グローバル，インタナショナルの3つに分けた上で，本調査から言えるこれからの多国籍企業のタイプとして「トランスナショナル企業」であることを提唱している。トランスナショナル企業の特徴はグローバルな経営活動の中での各事業単位が創発的にイノベーションを行い，それを研究開発のグローバリゼーションの視点から知識の共同化・ネットワーク の再構成として捉えている。

次に90年代中期以降の主だった研究をみると，次のような成果が発表されている。

(a)　Walter Kuemmerle

ハーバード・ビジネススクールのキュメールは1995年，日本12社，アメリカ10社，ヨーロッパ10社の計32社の多国籍企業を研究対象に研究開発の国際化動向を調査している。これらの32社は国内外に238社の研究所をもち，その60％以上（156社）は海外に立地している。この研究はアンケート調査とそれをフォローしたインタビュー調査の両方からなっている。[注2] この調査結果から海外研究開発拠点のタイプを2つ——ホーム・ベース補強型研究所とホーム・ベース応用型研究所——に分け，それぞれの特徴とマネジメント

の方法，それらの相互関係，成功のための諸要件——特に研究者，トップ・マネジメントの人事問題——について発表している。

(b) Richard Florida

カーネギーメロン大学の公共政策マネジメントスクールの経済開発センターのフロリダは1995年，アメリカにある外国企業——主にヨーロッパ・日本企業——200社以上に質問票を送りその90％以上（207社）を回収して調査分析している。[注3] そこでは研究開発の投資高，研究目的（基礎研究，応用研究，製品開発研究），科学者，エンジニア，博士取得者などの人的資源，そして本国の研究所との組織的関連性などを詳細に捉えている。そして，外国企業がアメリカに研究所を設立している目的，研究分野，マネジメントの方法を考察しながら，今後の研究開発の方向性を探っている。

(c) Manuel G. Serapio, Jr.

コロラド大学ビジネス・スクールのセラピオは1995年，アメリカ商務省技術局の日本担当（Japan Technology Program. Technology Administration U. S. Department of Commerce）と共同でアメリカに投資する外国企業の研究開発動向，さらに日本に投資しているアメリカ企業の研究開発動向を1990年以降から年代別に調査している。[注4] そして，その両側面から研究開発目的，研究所のロケーション，研究者数，研究組織，研究所のマネジメントのスタイル等を総合的に捉えている。そこでは，1994年末でみるとアメリカにある外国企業の研究開発拠点の中で日本企業が107社250ヵ所と一番多く設立されていることも指摘している。

(d) D. Eleanor Westney

MITスローン・スクールのウエストニーは1997年，ワシントンにあるIndustrial Research Institute（IRI）の協力でMIT-IRIの共同によるグローバルなテクノロジーマネジメントの研究を行った。この研究は1997年，海外に研究開発センターをもつ43のアメリカの多国籍企業を対象に146の質問事項を送り，それに回答したアメリカにある研究所のトップとアメリカ以外にある研究所のトップ71人からのものを研究の対象にしている。[注5] そこでは研究開発の国際化に関する従来までの考察に疑問を投げかけ，研究開発の

国際化問題は各々の拠点（unit）に関する研究から研究開発のグローバルなネットワークの枠組でこそ捉えるべきだと主張している。そして，研究開発のグローバルなネットワークのアプローチとしてモデルを6つ──(i) Home-based R&D organization, (ii) Multiple home bases, (iii) World-wide lead center, (iv) Regional bases, (v) Regional technology headquarter, (vi) Flexible network, "Heterachy"──を提示し，各々の特徴──利点と欠点──を述べている。研究開発の国際化問題は企業の技術開発戦略の中で捉え，それをこれらのモデルに依拠しながら，それぞれの利点・欠点を認識した上で検討すべきだとしている。

2．ヨーロッパにおける研究

(1) 1970～1980年代

ヨーロッパ企業による海外研究開発の動向については Frank, L. G., "European Business Strategies in the United Stated (1971)[注6] の中でヨーロッパ企業の70％がアメリカで研究開発の展開を行っていると指摘している。Hedland, G and L. Otterbak, The Multinational Corporation (1971) はスウェーデン企業の10％が1971年時点では海外研究所を設置しているに過ぎなかったが，1982年には28％に達している。[注7] この文献からわかることはヨーロッパの代表的多国籍企業は主に，1970年代から80年代にかけてアメリカに研究開発拠点を設立していることである。

80年代後半になると Hakanson and Zander は International Management of R&D − The Swedish Experience R&D Management (1988) を著している。この研究の中心は4社のスウェーデン企業の海外研究開発の実態である。[注8] また，Ghoshal and Bartlett's は Creation, Adoption and Diffusion of Innovation by Subsidiaries of Multinational Corporation (1988) で66社のアメリカ・ヨーロッパ企業の海外研究開発に関する研究調査を発表している。[注9] さらに，De Meyer and Mizushima は Global R&

D Management（1989）の中で7社のヨーロッパ企業の研究開発に関するケース研究を行っている。[注10] また，イギリスのレディング大学の Pearce, R. D. は研究開発の国際化問題に早くから注目し，それを専門的に探求している。レディング大学はヨーロッパの大学の中では国際経営研究が盛んなところであり，ダニングをはじめ多くの著名な研究者を輩出している。国際経営研究の中でも Pearce は1989年に *The Internationalisation of Research and Development by Multinational Enterprises* を著している。ここでは主にイギリス企業の海外研究開発について述べているが，同時に研究開発ホスト国の問題についても触れている。また，次に Pearce は Singh. S. と共著で *Globalizing Research and Development*（1992）を著し，日米欧の多国籍企業の海外研究開発について世界の大企業500社を対象とした綿密な研究成果を発表している。[注11]

(2) 1990年代以降

　レディング大学経済学部のパパナタッセとピアースは1989年から90年にかけて，世界の主要な多国籍企業の本社研究所と各事業部門の623研究所に質問表を送り，回答してきた245研究所をベースに分析している。[注12] 本調査はその関連調査として1992〜1993年にかけては JETRO（日本貿易振興会）ロンドン事務所の協力を得て，イギリスにある日本企業の研究開発拠点（48社に質問表，回答19社）を特に調査したものである。そこでは，日本企業のヨーロッパ，特にイギリスでの研究開発拠点の設立の動向，研究開発拠点の役割について述べている。この中で，日本企業のヨーロッパでの海外研究開発機能は生産活動に関連した製品の改善・改良的なものが多く，本格的な研究者・科学者による基礎研究領域の研究は少ないことを指摘している。企業のグローバルな研究開発戦略からみれば，日本よりも優位性をもつイギリスでの基礎研究領域においては人材をもっと有効に活用すべきではないかと主張している。また，スイスのセント・ガレン大学（University of St. Gallen）の技術経営研究所のガスマン（Gassmann）とゼットヴィツ（Zedtwitz）は1994年から97年にかけてスイス・ドイツ企業16社，アメリカ

企業5社,日本企業10社の技術志向の多国籍企業——合計31社,165人にインタビュー調査した結果を報告している。そこでは研究開発国際化動向や要因,そしてグローバルな研究開発を効率的にするための組織構造——オーバーレシング構造 (overlaying structure) と呼んでいる——を提唱し,アメリカのIBM,日本の花王,スイスのロシュ(製薬会社)をモデルにしながら実証研究を行っている。(注13)

本研究書は研究開発の国際化問題に関してヨーロッパの研究者が実務家と共同して取り組んだ貴重な成果である (総ページ数630)。内容は理論と事例からなっており,実務家にとっても極めて有益である。事例は上記の企業の他にデュポン,シリング (Schering),チバ (Ciba),ネスレ,ゼロックス,キヤノン,ヒューレット・パッカード,SAP,ユニシス,ABB,ダイムラーベンツ,シンドラー (Schindler),日立,ライカ マイクロコピー (Leica Microcopy),MTUである。事例はそれぞれの企業で研究開発の国際化を推進している責任者が自社の事例を紹介する形でその現状を述べている。

さらに,エポックな出来事として1993年15ヵ国から成るEU: Europe Union (ヨーロッパ連合) 統合後,ヨーロッパ各国の間で起こる企業買収,合併,提携による研究所相互の連携問題である。中でもスウェーデンの多国籍企業は (ABB, Saab-Scania, SKF, Volvo, Ericssonなど) は研究開発のための経営資源を自国外に求めてヨーロッパやアメリカ企業に研究所を設立したり,そのための企業買収も行っている。企業買収により買収企業と被買収企業の国際間にまたがる研究開発のネットワークをどのように構築するかは研究開発の国際化にかかわる重要課題である。この課題に関してオーストリアのKrem MBAとCentral EuropeのDirectorであるLars Hakansonは1995年 "Learning through Acquisitions—managementand integration of Foreign R&D Laboratories" の論文を発表している。これは主にスウェーデンの多国籍企業による企業買収と被買収企業との研究開発の連携プロセスを実証研究を通してモデル化したものである。(注14)

また,1999年にはストックホルムのスクール・オブ・エコノミックス

(Stockholm School of Economics) の Henrik Bresman と Robert Nobel, それから，ロンドン・ビジネススクール (London Business School) の Julian Birkinshaw は AIB (Academy of International Business) の機関誌である *Journal of International Business Studies* に "Knowledge Transfer in International Acquisions" を発表している。これは Hakanson の論文を発展させたものであるが，提携，合弁，買収による国際間での知識のトランスファーをそのための手段，経路，コントロールの規模などの推進要因――(Communication, Visits and Meeting, Articulability of Knowledge, Time elapsed, Size of Unit (contorol) ――から考察し，それを買収企業から被買収企業へ，反対に被買収企業から買収企業へと知識がトランスファーされてゆく仕組みをいくつかの仮説をたてて，実証研究 (Eka Novel, Alfa Laval, ABB の各社) を行っている。(注15)

3. 日本における研究

筆者は国際経営を専攻する大学関係者の研究学会である「多国籍企業研究会」や「国際ビジネス研究学会」の会員の1人であるが，これらの学会で研究開発の国際化・グローバル化問題に関心をもっているのはごく少数の研究者であると言って良い。(注16) 国際経営論というと機能的な側面から組織，人事，財務，調達，マーケティング等と言うように，それらの視点から考察した研究成果は多いが，研究開発問題についてはあまり取り上げられていない。研究開発の国際化問題は国際経営研究の新しい領域であり，わが国では今始まったばかりであると言っても良い。

(1) 大学研究者による調査研究

研究開発の国際化に関する研究は，近年わが国の研究者の間でも関心が注がれ，いくつかの研究発表がなされてきている。広田俊郎 (1986年)，林倬史 (1989年)，亀井正義 (1990年)，根本 孝 (1990年)，岩田 智 (1994

年),榊原清則(1995年),中原秀登(1997年),浅川和宏(1997年),吉原英樹(1999年),石田英夫(1999年),有村貞則(1999年)らは著書や論文の形で発表してきている。

林倬史は『多国籍企業と知的所有権―特許と技術支配の経済学』森山書店(1989年)で,特許と関連した研究開発の国際化問題にいち早く注目した研究者の一人である。特に第6章「多国籍企業の国際R&Dネットワークと企業内国際技術移転」では海外研究開発の役割を述べている。

根本孝は『グローバル技術戦略』同文舘(1990年)で,研究開発の国際化問題を日本企業の国際化の戦略課題として最初に取り上げ,特に在米日系企業の研究所,そして外資系企業の日本研究所の実態から考察している。

岩田智は『研究開発のグローバル化：外資系企業の事例を中心として』文眞堂(1994年)の中でサブタイトルにあるように,特にわが国で活動する欧米外資系企業の研究開発拠点に焦点をあて,アンケートとインタビュー調査によってその内容を構成している。

榊原清則は『日本企業の研究開発マネジメント』千倉書房(1995年),において日本企業の研究開発を日米比較の中で人材,共同研究の視点から捉えている。そして,第4部では研究開発の国際化問題をアメリカ企業の国際製品開発事例との比較の中で考察している。

中原秀登は『企業の国際化戦略』千葉大学経済研究叢書(1998年)で,この問題への長年の研究成果を体系的に整理し,それを理論と実証をもって詳しく分析した優れた研究を発表している。この研究は『研究開発のグローバル戦略』千倉書房(2000年)に集大成された。

浅川和宏はフランスの INSEAD で研究し,ヨーロッパを拠点に日本企業のヨーロッパにおける研究開発拠点を調査しながら仮説の検証を行っている。発表論文は "External International Linkages and Overseas Autonomy Control Tention: The Management Dilemma of Japanese R&D Europe", *IEEE Transaction on Engineering Management*, vol. 43, No, 1, February 1996.

吉原英樹は研究開発の国際化問題に早くから関心をもっていた1人である

が，1998年，デビッド・メセ，岩田智と共同研究し，アンケートやインタビュー調査による研究成果を発表した。特にここでは日本企業の海外での研究開発が本当に成果に結び付いているかどうかに注目している。論文は「海外研究開発の進展と成果」『国民経済学雑誌』第179巻第6号，1999年である。

石田英夫は特にHRM（ヒューマン・リソースマネジメント）の視点から海外研究開発における人材の問題を研究している。論文は『国際経営とホワイトカラー』中央経済社（1999年）第7章「研究開発のグローバル化と人材マネジメント」である。

これらの著書からもわかるように研究開発の国際化問題は1980年代にほんの少数の研究者によって取り上げられたものの，本格的な研究が行われ始めたのは90年代以降，ここ数年の時期である。

(2) 研究機関による調査研究

図表2－1は日本企業の研究開発の国際化問題に関する調査報告を民間の研究機関が発表したものである。以下はこれまでの研究機関によるアンケートやインタビューによる調査報告である。

わが国の大企業の研究開発の国際化の動向について，一番最初に調査研究したのは未来工学研究所の報告書である（1985年）。ここでは上場企業389社から回答を得ているが，そのうちの6.7％にあたる26社がこの時点で何らかの形の海外研究開発拠点をもっていると答えている。そして，業種的には電気機械，自動車，化学の3つが積極的な展開を行っている。また将来的には48社にあたる12.3％が新設やその拡大を考えている。

次の年（1986年）には日本開発銀行が同じような調査を行っており，資本金10億円以上の対象企業712社，回答会社数325社では8％にあたる企業が海外に何らかの研究開発拠点をもっていると答えている。業種的には輸送機械，化学，医薬がそれを先向して行っていると指摘している。

また日本長期信用銀行と機械振興協会経済研究所は現段階のわが国の代表的企業の海外研究所の事証研究を行っている。前者は電機6社，自動車4社，医薬5社である。後者は，鉄鋼1社，医薬3社，自動車2社，中堅企業

3社である。ここでは業種的特性から見た研究開発の国際化のねらいや，現段階で行われているその具体的機能について詳しく述べている。

さらに機械振興協会の研究では1990年に『統合EC』（1992年）を意識した日本企業のヨーロッパ投資動向の中で特に，研究開発のEC圏内での設立動向を調査している。そこでは米国での研究開発拠点と比較してヨーロッパでは現地ユーザーや現地市場対応のための設立がほとんどであると述べている。また，長銀経営研究所が1995年，80年代後半からの円高による海外生産拠点のアジア・中国への移転にともなう生産活動の国際分業や研究開発の今後についての報告を行っている。さらに，筑波大学政策科学研究所のOdagiriと未来工学研究所のYasudaは1990年，第4回の通産省の海外投資総覧をもとにし，日本企業の海外研究開発活動の調査を行っている。そこでは，1,563の親会社（回収率47%）と海外子会社6,362社（回収率72%）から回収し，この回答による海外の研究所は170社，220の海外研究開発拠点である。ここでは日本企業の海外研究拠点の立地，研究目的，研究内容等をクロス分析しそれらの相互関連性を分析しながら，研究開発の国際化問題の方向性を探っている。(注17)

これらわが国における研究成果を通して言えることは，日本企業の海外研究開発の割合は極めて少なく，今ようやく動き始めたということである。また，海外研究所の設立場所は欧米の先進国が大部分であり，業種的には自動車，電機，化学，それと製薬業界の限られた業種であることがわかる。

図表2-1　研究開発の国際化に関する調査結果一覧表

調査機関名	調査について	調査目的	調査結果の概要
未来工学研究所	・調査の名称「我が国と先進諸国の研究開発投資を伴う国際的研究開発活動に関する調査研究」1985 ・発表時期　1985 ・調査対象　上場企業389社の回答 ・調査方法　アンケ	科学技術庁の委託による研究開発の国際化動向を調査	・業種別にみると，海外研究開発拠点づくりに積極的な姿勢がみられる主な業種は，「電機機械工業」，「自動車工業」，「化学工業」の3つである。なお，「素材型業種」と「加工組立型業種」を比べると，「加工組立型業種」の方が設置を推進している企業が多い。ただし，5年後の増加の割合は「素材型業種」の方が高い。 ・規模別にみると，概設の65.4%，設置・拡大予定の68.8%が「大規模」企業である。ま

| | | | ート調査 | | た，「中規模」と「小規模」を比較すると「小規模」企業の方がより積極的な傾向がみられる。
・海外研究開発拠点の設立の有：26社（回答企業389社の6.7％）
・海外開発拠点の設置・拡大の予定の有（5年後）：48社（回答企業388社の12.3％）このうち，現有機関の充実・拡大の予定の有が7社，したがって，現在，研究開発活動の多国籍化に積極的な取組姿勢をみせているところは67社。 |
|---|---|---|---|

日本開発銀行	・調査の名称「動き始めるわが国企業の海外研究開発」
・発表時期　1986
・調査対象　日本開発銀行設備投資アンケート調査対象企業（資本金10億円以上）712社
・調査方法　アンケート調査	1980年代に入ってから海外直接投資の増大に伴う先進的国際企業（電機，機械，自動車）の研究開発体制のあり方を，研究所の海外立地の視点から調査した。	回答した製造業全体の8％の企業が何らかの研究開発拠点を持っている。業種別にみると，輸送機械の保有率（19％）が高く，化学，医薬品（5％）や非鉄金属（6％）などの素材型は低い。これらの差は各業種の海外進出の差を反映している。地域別には米国が67％，西欧が17％と米国集中の傾向がある。海外研究所の設立は今，緒についたばかりでこれからの課題である。今後は海外生産立地の増大とともに，生産現場の技術情報重視，現地市場ニーズの高まり，技術保護主義等の視点から研究所の設立は多くなるだろうと予測している。
日本長期信用銀行経営研究所	・調査の名称「R&Dのグローバリゼーション」～国内企業から世界企業への道～
・発表時期　1991
・調査対象　電機，機械，自動車，医薬品産業に属する代表的企業15社
・調査方法　個別企業のインタビュー調査と各種企業統計から分析
↓
電機，機械6社
自動車4社	先進的国際企業の研究開発の現地化の動向をつかむ	①日本の製造業の海外R&D（研究開発）拠点設立は，経営活動のグローバル化に伴い，1980年代中期以降急速に増加した。
②こうした急激な国際化は，集中的・効率的だった日本企業のR&D活動の強みを失わせかねない。開発・設計，基礎研究の海外分散はある程度必要だが，応用研究は日本本社の近くで行うべきだ。
③90年代は，世界に分散した拠点の成果を拠点間で活用し合う体制が確立し，現地R&D活動の独自性が次第に強化されよう。現地と日本の研究マネジメントが融合し，R&D活動の現地への貢献を通して，世界企業に近づく努力をなされよう。

3．日本における研究

	医薬5社		
機械振興協会経済研究所	・調査の名称 「経営のグローバル化と研究開発戦略」 ・発表時期 1990 ・調査対象 鉄鋼業，電機，機械，自動車産業および中小・中堅企業のサンプル調査 ・調査方法 個別企業の実態調査 　鉄鋼業1社 　電気3社 　自動車2社 　中小・中堅企業3社	経営グローバル化が進む先進的な国際企業の研究開発の国際化を調査	研究開発の国際化の全般的動向の調査研究ではなく，鉄鋼業，電機機械産業，自動車産業，中小・中堅企業の各社にみる個別研究とその中から得られた日本企業のR&Dのグローバル化のゆくえ—通商摩擦，市場変化への迅速な対応，グローバル企業の必然的課題—を捉えている。事例研究では日本鋼管，東芝，日立製作所，松下電器産業，日産自動車，マツダ，サムコインターナショナル研究所，レオン自動機，ローランド社における海外研究所の紹介がなされている。
機械振興協会経済研究所	・調査の名称 「我が国企業研究開発の国際化の動向とEC統合」 ・発表時期 1990 ・調査対象 　1）ECの主要8産業の動向調査 　2）日本企業の研究開発の国際化に関して148社のアンケート調査 ・調査方法 ㈶政策科学研究所内に設置した「欧州企業研究開発動向委員会」の討議とアンケート，ヒヤリング調査	政策科学研究所への委託調査 ↓ 1992年のEC統合を科学技術面から捉えるとともに，日本企業の研究開発の現状を考察する	わが国の研究開発拠点の海外立地先は，米国が主体で，欧州が続いている。近年急速な海外展開志向を反映して拡大，新設の意向が明確であり，欧州でもEC統合対応を裏付けて進出意欲が強い。わが国企業の海外拠点は全体として小規模（平均17.1人）である。米・欧の拠点は機能面では全体として類似しており，情報収集や販売・生産サポートが中心であるが，米国の方が欧州より多機能である。情報収集，基礎研究やリエゾン，教育の機能，とくにソフトウエア開発機能は米国の方が多い。現地市場にむけた開発では欧州の方が多い。今後の機能拡充意向は欧州の方が強いが，基礎研究やリエゾン機能では米国の方が拡充志向は強い。拠点進出先の決定にあたっては，重要な市場や研究人材，提携企業資源，自社生産拠点の存在が重要視されている。進出ユーザー対応や現地要請への対応といった立地理由はほとんどECにおいて見られる特徴である。
未来工学研究所	・調査の名称 「研究開発の国際的構造の実態に関する調査研究」 ・発表時期	科学技術庁の委託による研究開発の国際的動向の調査	研究開発をめぐる国際的な相互関係が深まるなかで，各国の研究開発活動の実態を把握しようとした。この認識にもとづいて，日本・アメリカ，西ドイツ，イギリス，フランスの先進五か国およびNIEs，ASEAN諸国の科学技術統計

	第一部 1990 第二部 1991 ・調査対象 文献調査・統計分析・国内外企業のヒヤリング		を整理し、これを分析して各国比較を行っている。またわが国の海外研究開発活動の実態を調査し、国際的研究開発活動をめぐる諸問題について研究している。
日本長期信用銀行経営研究所	・調査の名称 「我が国製造業における国際分業—アジアとの共存に向けて」 ・発表時期 1995年1月 ・調査対象 1994年のアンケート調査とヒヤリング（101社回答）	企業が国内拠点と海外拠点とにどのような国際分業を意図しているかを生産やR&Dの面から調査	①大幅な円高で工場が海外にシフトする動きが急である。工場と研究開発拠点間の技術連鎖が弱まり、日本の製造業の強みが失われるのではないかという心配があるが、その心配はない。 ②海外生産が多いのは、比較的技術連鎖の必要性が薄い汎用大量生産品である。これらの製品でも国内外の研究開発拠点と工場間で積極的な技術交流が行われている。 ③将来はR&Dの国際分業が行われることは確実である。しかし、アジアでのR&Dはその一部である。

注

1. Jean-Jacques, Servan-Schreirer, *The American Challenge*, Atheneum Publishers, New York, 1968. (林信太郎・吉崎英男訳『アメリカの挑戦』タイムライフ・インターナショナル, 1968年)。
2. Walter Kuemmerle, "Building effective R&D capabilities abroad", *Harvard Business Review*, March-April 1997, pp. 61-70.
3. Richard Florida, "The globalization of R&D: Results of a survey of foreign affiliated R&D laboratories in the USA", *Research Policy*, 26, 1997, pp. 85-103.
4. Manuel G. Serapio, "Japanese U. S. direct investments in the electronics industries,, Japan Technology Program. Technology Administration U. S. Department of Commerce and the Japan U. S. Friendship Commission, 1995.
5. D. Eleanor Westney, "Research on the global management of technology development", *Business Review*, Vol. 46, No. 1, 1998, pp. 1-21. また、OHP資料は1998年9月11日、筆者がワシントンDCにある Industrial Research Institute Inc. を訪問して入手、資料名は "Managing technology for global competitiveness big ears and strategic leaders: developing capabilities in golobal technology management", 1996年10月21日、ワシントンDCでの Industrial Research Institute 主催の会議で発表したもの。
6. L. G. Frank, "European Business Strategies in the United States", *Business International*, 1971.
7. G. Hedland and L. Otterback, *The Multinational Corporation*, Kent State University, 1971.
8. I. L. Hakanson and U. Zander, "International Management of R&D—The Swedish Experience", *R&D Management*, Vol. 18, No. 3, 1988.
9. Ghoshal and Bartlett's, "Creation, Adaption and Diffusion of Innovations by Subsidiaries of Multinational Corporations", *Journal of International Business Studies*, Fall 1988.

10. De Meyer and Mizushima, "Global R&D Management," *R&D Management*, 19, Feb. 1989.
11. R. D. Pearce and S. Singh, *Globalizing Research and Development*, The Macmillan Press, 1992.
12. M. Papanastassia and R. D. Pearce, "Internationalization of R&D by Japanese Enterprise", *R&D Management*, 24, Feb. 1994.
13. R. Boultellier, O. Gassmann and M. Zedtwitz, *Managing Global Innovation*, Springer, 1999.
14. I. L. Hakanson, "Learning through Acquisitions—Management and Integration of Foreign R&D Laboratories) —", *International Studies of Management & Organization*, Vol. 25, Nov. 1-2, 1999.
15. H. Bresman, J. Birkinshaw and R. Nobel, "Knowledge Transfer in International Acquisitions", *Journal of International Business Studies*, 30・3 (Third Quarter), 1999.
16. アメリカでも多国籍企業の研究開発に関する研究は近年のトピックスであると指摘している。オハイオ州立大学のチェング (J. L. Cheng) とバージニア工科大学のボロン (D. C. Bolon) は AIB (Academy of International Business) の機関誌である *Journal of International Business Studies*, First Quarter 1993に "The Management of Multinational R&D: A Neglected Topic in International Business Research" と題する論文を発表した。この主題が示すように多国籍企業の研究開発マネジメントが国際ビジネス研究において，一つの無視されて来たトピックスとして，この研究の課題と今後の方向性について問題提起を行っている。(本書の第2章5節参照)
17. Hiroyuki Odagili, Hideto Yasuda, "The determinants of overseas R&D by Japanese firms: an empirical study at the industry and company levels", *Research Policy*, 25, 1996, pp. 1059-1079.

　Research Policy, vol. 28, No. 2-3, March 1999による次のような研究開発の国際化問題の特集を行っている。論文テーマと執筆者は次の通りである。
Special Issue:
The Internationalization of Industrial R&D
① J. Cantwell and O. Janne, "Technological globalization and innovative centres: the role of corporate technological leadership and locational hierarchy".
② P. Patel and M. Vega, "Patterns of internationalization of corporate technology: location vs. home country advantages".
③ R. D. Pearce, "Decentralised R&D and strategic competitiveness: globalized approaches to generation and use of technology in multinational enterprises (MNEs)".
④ W. Kuemmerle, "Foreign direct investment in industrial research in the pharmaceutical and electronics industries—results from a survey of multinational firms".
⑤ I. Zander, "How do you mean 'global'? An empirical investigation of innovation networks in the multinational corporation".
⑥ J. Niosi and B. Godin, "Canadian R&D abroad management practices".
⑦ O. Gassmann and M. Zedtwitz, "New concepts and trends in international R&D organization".
⑧ A. Gerybadze and G. Reger, "Globalization of R&D: recent changes in the management of innovation in transnational corporations".
⑨ O. Granstrand, "Internationalization of corporate R&D: a study of Japanese and Swedish corporations".

第3章
研究開発国際化の基本的枠組

　本章では研究開発国際化の基本的枠組みについて述べる。まず，第1節は企業における技術の国際的関係についてである。技術の国際的関係はすでに確立された技術を海外から取り入れたり（技術導入），他方ではその技術を海外に移転（技術移転）する必要性もでてくる。さらに，研究開発のために相手国の経営資源を活用しようとすることもあれば（海外研究所の設立），逆に相手国の企業が当該国の経営資源を活用することもある。（外国企業の当該国研究所）。これらの相互関連性は技術が各国間で移動したり，相互に相手国の（技術的）経営資源を活用して研究開発を行おうとする技術の国際的関係の中で捉えることができる。第2節は企業における研究開発の本質とは何か，そしてそれがなぜ本国に集中しようとするのかを捉える（研究開発の集約的要因），次に本論の中心的課題である研究開発機能を海外に分散する要因は何かを言及する。第3節は，企業の国際化の発展段階とそれに伴う研究開発の発展段階について述べ，次に企業が海外に研究開発拠点を設立する場合の所有形態——100％出資，合弁，買収——の特徴について述べる。

1．企業における技術の国際的関係

(1) 技術導入

　最初に，企業における技術を国際的関係の中で考えてみたい。技術の売買・取引にかかわる海外との関係は，日本企業が海外とかかわり合いをもった百数十年前から存在していた。それは日本企業の国際化の始まりであった

1. 企業における技術の国際的関係

図表3-1 企業における技術の国際的関係

国(企業) \ 技術	技術成果	技術開発資源
日本	技術導入 ↓↑	(外国企業の)研究所 ↓↑
外国	技術移転	(日本企業の)海外研究所

⇒ 技術の移動　　⇒ 経営資源の利用

1960年代後半の製品輸出以前の時期, つまり戦後まもない欧米からの技術導入を通した技術の国際的関係の中でみることができる。明治維新 (1867年) を契機に欧米からの機械文明——産業革命の伝播——が紹介され, 後進にあったわが国の産業技術の多くが海外からの技術導入によって今日の機械文明である日本近代化の基礎を築いた。この意味からすれば, 当時, 自主技術をもたない多くの産業分野は欧米からの導入技術がその発展のルーツであった。長い年月と研究投資によって開発された欧米諸国の技術を次から次へと取り入れながら, 日本的な技術へと応用・改良し, 近代日本の産業技術基盤を形成した。近年, 欧米諸国から指摘されている"基礎研究ただ乗り論"には歴史的にこのような多くの産業領域における技術の基盤となる"基礎技術"は欧米に依拠し, 応用・開発のみの開発技術に終始してきたことへの批判である。

　海外からの技術導入は, 当時の日本の産業技術との大きな格差において, まず"技術先進国"である欧米からの技術導入が政府・産業界の大きな関心事となった。そこでの経済発展の基礎に据えたものは海外から導入した機械文明の利器であった。この場合の技術は, 図表3-1のように海外から技術成果を導入する, いわば"技術導入"のカテゴリーである。

(2) **技術移転**

　その後, 歴史的にみれば明治, 大正, 昭和, 戦後の時期に欧米から技術導

入を基礎にしながら，わが国産業の自主技術開発によって，多くの産業分野での技術発展は著しく進歩した。特にそれらの産業分野の中でも国際競争力をもつに至った鉄鋼，造船・繊維等の重厚長大型産業，そしてその後に続く，電器・機械・自動車等の生産技術の進歩は日本製品の優れた特徴として国際的な信頼を集めることになる。海外からの日本製品に対する技術的評価が高まる中で，今度は海外（特に発展途上国）からの要請でわが国の技術を海外に伝授する，いわゆる"技術移転"を行う程に技術が進歩した。この時期は，1970年代におけるアジア諸国への海外生産拠点の立地とも相応する。

つまり，これは，主に技術をもたない発展途上国への技術輸出——プラント輸出や技術指導，ライセンシングなど——の形で行われる。技術導入が海外から日本に入ってくることに対して，技術移転は日本から海外に技術が流れていくケースである。（図表1-1）

技術移転は多くの場合，先進国が発展途上国にテクノロジー・トランスファー（technology transfer）しながら，その国の産業育成を支援していく国際協力の意味も含んでいる。

(3) 外国企業の日本研究所

このカテゴリーは外国の企業が日本にある経営資源を利用して，日本に研究所をつくるケースである。つまり，外国企業の研究開発機能が日本につくられることで，日本が外国企業の研究開発基地になるのである。これは近年，外資系企業の多くが日本に研究所を設立する動きの中にみることができる。早くは1960年代始めにRCA（Radio Corporation of America，現在はGEに買収されている）の日本研究所を横浜につくったのが最初である。

その後，日本アイ・ビー・エムは1971年，神奈川県藤沢市に開発研究所，次に90年代になって大和市に基礎研究所を置いた。このようなアメリカ企業の日本研究所はヒューレト・パッカード（HP），テキサス・インスツルメンツ（TI），データ・ゼネラル（DG），ダウケミカル，ファイザー，メルク，デュポン，3M，AT&Tなど近年になってその数を増やしてきている。

また欧州企業ではICI，バイエル，ヘキスト，ローヌ・プーラン，チバガ

イギー，ヘンケル，シーメンス，トムソン，オリベティなどがわが国に研究所をもっている。これは日本企業が海外に研究所をつくるケースと対をなすものであり，日本の研究開発資源が外国企業にとって国際技術戦略の重要な位置づけになっているものと考えられる。[注1]

(4) 海外研究開発拠点の設立

ところが，技術の国際的関係は単なる技術の移動だけでなく，進出先である相手国の経営資源を利用して研究開発を行おうとする方法がでてくる。これは海外進出相手国にある経営資源としてのヒト，モノ，カネ，情報を利用し，その国で研究開発を行うことである。海外で研究開発を行うことは，そこにある経営資源を有効に活用することであり，グローバル企業の研究開発戦略の一環として位置づけられる。本書における中心課題はこの領域の研究である。そうすると海外研究所をなぜつくるのか（研究開発の目的），何をそこで研究するか（研究開発の対象），つくる場合の進出形態はどうか（進出方法・所有政策），またどこに設立するか（立地条件），海外研究所のマネジメントをどうするか（人材の登用・研究開発費用・リーダーシップなど），そして，今度は世界の各地域に立地した研究開発機能をどのように統合し，効率的な仕組みをつくってゆくか等のさまざまな局面がより具体的な運営上の課題になってくる。

2．研究開発の集権化・分権化

(1) 企業の研究開発の本質

一般的に企業の経営活動は市場のニーズ（needs）や自らが保有する技術のシーズ（seeds）を開拓・研究し，それを新しい製品（商品）の形として開発し，生産・販売活動へと結実させてゆくプロセスである。ただ，その場合に意識する市場の対象は基本的には，まず本国（home country）で認知される製品開発であり，最初から海外市場を対象とするものではない。つま

り，このことは多国籍企業といえども，もともとは自国を本拠地としたナショナル企業（national firms）が海外活動へと発展したものであるから，その前提としてまず国内市場で購入される"バイ・ナショナル・ポリシー"（buy national policies）が優先し，多くの場合，最初から海外でのマーケティング活動や生産活動を考えているものではない。(注2) このことからすると，多くの多国籍企業は生産活動の海外拠点を築いたとしても，研究開発の海外現地化には消極的であり，それは生産やマーケティング活動と比べれば本質的に本国に集約している。研究開発の本国集約化に関して，多国籍企業の研究で先駆的な研究者であるフェアウェザー（J. Fareweather）は著書：『国際経営論』（邦訳名）［原文タイトル＝international business management：1969］の中の章「研究開発の国際化」の部分で，研究開発の海外現地化―分散化の諸要因を指摘しながらも，「多くの多国籍企業の最大の武器は研究開発のプログラムであり，現地の圧力にそう簡単に屈服するとは思われない。」と研究開発が多国籍企業の革新的な部分（集権化）であることを指摘している。(注3) このような研究開発が多国籍企業の中枢部分であり，海外への分散化は容易になされないという指摘はこの分野に詳しい研究者・実務家には共通した認識となっている。

　例えば，わが国でもこの分野の研究や実務に携わった斎藤優や植之原道行は「基本的に技術というのは企業の競争優位性の源泉である。だから最後まで出さないんだ」「産業が海外進出する場合，まず市場の国際化から始まり，次に生産の国際化，資本の国際化，そして最後に技術の国際化であると言われている。では，なぜ技術の国際化が一番最後になるのか，技術は特に生産企業にとっては企業戦略の核になる部分であり，なるべく出したがらない。自分でガッチリつかんで差別化を最後までやりたいというのが，日本だけでなく国際企業の思惑だろう。」(注4)

　技術革新をめぐる国際（企業）間の競争が激しくなればなるほど，技術は経営戦略や一国の産業政策で極めて重要な意義をもってくる。技術革新こそが経済発展の原動力であり，その具体的担い手である企業の技術戦略は経営の戦略的中枢部分である。この意味からも今日の経営戦略は技術の将来動向

を見極めることが重要な課題となってくるし,研究開発の国際化問題もそのような視点から集中・分散化の諸要因を検分した上で,その必然性を明らかにしてゆかなければならない。つまり,ここでの課題はなぜ多国籍企業は研究開発の国際化問題が議論されなければならないのかと言うことである。

(2) 研究開発の集権化要因

　販売や生産活動の国際化,つまり,それらの拠点を海外に設けようとする場合には,各々の活動の背景・目的・理由,マネジメント等の方法が検討される。ただ,これまで国際経営の研究分野で指摘されてきたことは研究開発は販売や生産活動の国際化と異なり,企業にとって経営戦略の中枢を担う部分であり容易には国際化に屈しないことであった。このことは本質的に研究開発は本国本社に従属させるべき集権化の考え方が背景にある。その特徴とは,研究開発は一定の規模と範囲が必要だという「規模と範囲の経済性(scale and scope of economy),同一言語による容易なコミュニケーション,ノウハウの保護,国内での経験効果などが指摘される。これは他方から考えると,研究開発を海外で行うことの難しさ,そしてそれをためらう要因でもある。INSEAD(フランスにあるビジネス・スクール)のデマイヤーは研究開発の国際化,つまり国際的分散化に伴うその難しさの理由を次のように指摘する。「研究開発は規模と範囲の経済学(economics of scale and scope)で特徴づけられる。これは研究開発を行う場合,一定の規模と範囲＝広がりがなければならないこと,具体的には研究者のクリティカル・マス(critical mass)を必要とすること。この背景には研究開発は過去の経験の上につくられるという考えがある。従って,研究開発を分散することは企業のこれまで培ってきた(歴史的な)知識ベースを統合し,守ることが難しくなるのである。」[注5] つまり,研究開発活動はうまく構造化できるものではなく,人と人との多くのコミュニケーションの中から生まれてくるものである。コミュニケーションは何千キロも離れた海外での活動を組織化することは到底できるものではない。研究活動は企業が競争業者に対して秘密裡に行う戦略的な手順に近いものであり,そのことはもし研究開発活動が地域的に

みて集中していればそれを管理することはそう難しいことではない。研究開発のプロセスは目には見えない重要な資産である。見えない資産を戦略的にコントロールすることは，研究開発活動が分散化している場合は難しいのである。

(3) 研究開発活動の分散化要因

上記のことは研究開発の国際化に関連した海外研究活動の難しさを指摘したものであるが，それではなぜ企業は海外での研究開発活動を行おうとするのであろうか。

この課題はおそらく，研究開発の国際化を考える場合の主要課題として内外の研究者から多く論じられてきた。例えば，根本 孝は研究開発の分散化要因について海外の地域特性に適合する製品開発，海外の研究者や技術の獲得，科学技術動向の収集，ホスト国政府の影響，海外子会社の要請，研究開発コストをあげ[注6]，中原秀登は海外研究所の設置要因として情報の収集，技術サービス，市場ニーズへの対応，研究人材の活用，研究開発資源の最適活用，開発の現地化をあげている。[注7]

これについて，筆者は次のような2つの要因から考えている。まず第1に研究開発の国際化の目的・理由としては企業の国際化活動のさらなる発展のためには，進出した現地の市場（ローカル・マーケット）のニーズに対応した技術支援やそこでのローカル・マーケットに対応した製品の改良・改善のためであること。今度はさらに一歩進めた現地での独自性のある製品開発が必要になってきたこと。このことは，人的資源管理の面からみても生産活動におけるブルーカラーの雇用と異なって知識労働者と言われる技術者・研究者を雇用する国際化の新しい段階に入ってきていることである。

第2は，国際化の進展した今日のグローバルな経営活動を考えた場合，企業の研究開発に必要な経営資源の確保には，グローバルな視点からみた世界の最先端の技術が集積しているところと接点をもち，そことの関連性をもつことが必要になって来たことである。つまり，この動きは主に先進国地域にある知識集積地（knowledge cluster）と言われるサイエンス・パーク等に

研究開発拠点を設立し，そこで確保した研究者・技術者を活用して自社の全社的な研究開発戦略の中に取り込もうとする方法である。例えば，情報技術関連分野の研究では世界の最先端に位置し，多くの研究者・技術者，研究施設が集積しているアメリカのシリコン・バレーにわが国の情報通信会社が研究所を設立する動きや[注8]，同様な目的で製薬会社が世界の最先端で専門的な研究で業績を上げている欧米の大学研究者との共同研究，あるいはその周辺に研究施設を設立する動きである。前者の場合は，わが国の先進的国際企業がさらなる現地化対応のために海外での研究開発問題が必然的な課題となってきたこと。これに対して後者はむしろ本社の研究開発戦略の一環としてグローバルな経営活動の中での研究開発資源の再配分をどうするかが課題となっている。（後述：第4章第1節「海外研究開発の目的」を参照

(4) 研究開発国際化の諸要因

それでは，研究開発の分散化，すなわちここで捉えようとしている研究開発の国際化要因は企業の国際化戦略の中で，どこにその理由が見い出せるのであろうか。まずチェングとボロンの考えを紹介しよう。[注9]

① 研究開発国際化研究の必要性
・多国籍企業の今日までの基本的考え方は，研究開発は自国をベースとした活動であるということと，それは国内で安全に守られるべきものであるという信念があった。しかし，研究開発の国際化による多国籍企業の発展への影響は，その関連性を正当化させるものとなっており，そのことが研究開発の国際化を必要なものにしている。
・(1989年のフランコ（Franko, L. G.）の研究で）6つの主要な産業における83社の多国籍企業の研究で，企業成長率の視点からみると，研究開発の革新的能力はグローバルな競争力の鍵となっている。このことにもかかわらず，国際企業における研究開発のマネジメントの研究はこれまで国際経営研究者の間ではほとんど注意が払われてこなかった。しかし近年は経営革新のためには研究開発をグローバルに展開するための能力は多国籍企業の生き残りや成功にとって基本的なものとなってきている。

・国際技術移転という幅広い文脈の中でみると，海外子会社による研究開発活動は進出国の技術発展やグローバル経済の中での競争力に重要なインパクトを与えている。多国籍企業の研究開発の効果的なマネジメントは世界的な技術発展をすすめるうえで重要なステップである。

② 研究開発の国際化の研究要因・多国籍企業の研究開発関心の貢献要因

歴史的にアメリカの多国籍企業の発展推移をみると研究開発活動は本国で行われるべきものと考えられてきた。特にアメリカの多国籍企業は自国の国内市場が世界で最も大きく，そこには豊富な研究開発資源があると考えられてきた。しかし，最近はいくつかの研究開発の海外進出要因がでてきた。それを A. 条件，B. モチベーション，C. 環境要因から次のように述べている。

(a) 条件

・技術情報の収集やそのための通信網の改善は国際的なコーディネーションや統合化を促進し，このことは多国籍企業の研究開発を推進するのに好ましい環境をつくっている。

・新興経済諸国（NIEs）や発展途上国での整備された社会，経済，技術資源は研究開発設備の確立のための必要なインフラ要件を整えてきている。

・国際特許の統一化や効率化を目指す特許協力条約の締結によって多国籍企業の海外研究開発を可能にする契機となった1978年の「Patent Cooperation Treaty」がある。これは，一つの国への出願によって，同時に複数の国々への出願が可能となった。

(b) 動機

・優れた才能のある研究者・科学者などの重要な人的資源を求めようとすれば，それは世界のどこかの国から探すことができる。これはその専門分野において優れている研究開発資源を自国以外のところで探そうとしている企業にとってはきわめて重要である。

・一国以外に研究開発設備をもつことによって，多国籍企業は新しいアイデア・製品・プロセス等の多様な幅広い流れを獲得することができる。これは企業の革新プロセスに対して大きなインパクトを与えることになる。

・多国籍企業は海外研究開発拠点間での国際分業を通じて（ITTのマイク

ロプロセッサーの開発のように）立地特益（location-specific advantage）を生かした研究開発ができる。これはそれぞれの研究開発子会社にある異なった専門的技術，知識，経営資源を活用することによるイノベーションのプロセスを細分化することができる。
・多国籍企業の発展段階と関連して研究開発を海外に設立することで，ローカル・ニーズへの責任をさらに改善することができる。
・多国籍企業に対して外国政府が与える研究開発投資のためのさまざまなインセンティブ——研究開発グラント，税控除，無利子ローンなど——が与えられている。

(c) 環境要因

・多国籍企業の海外生産や販売活動の増大はその効果的な事業活動のために恒久的な研究活動の現地化を必要としている。つまり，それらの活動にともなう技術移転やローカル・ニーズへの対応を必要としているからである。
・多国籍企業の海外研究開発のいくつかの成功事例は競合他社がそれを見習い，同じような機能強化を考えるようになる。IBMの日本研究所の成功事例のように"リーダー追随"のパターンをとる。
・アメリカやその他の国（例えばスウェーデン）における科学者やエンジニアの不足は，必要とする有能者を活用できる海外の研究開発拠点に研究開発段階のいくつかを移転しようとしている。
・アメリカ以外の国が特許をとっているということは決してアメリカだけが特許の先進国ではないことを意味している。
・海外投資受け入れの条件として，研究開発拠点を設立させようとする政府の圧力がある。つまり，医薬品業界の認可の場合には現地での研究開発活動を要求する政府による指導（規制）がある。
・1992年以降のEU統合による"フォートレス・ヨーロッパ,「障壁なきヨーロッパ」"はEU標準を開発するニーズやEUスポンサーによる共同プロジェクトの推進は，アメリカやその他の非ヨーロッパ諸国の多国籍企業に研究開発の必要性を促している。

3. 研究開発国際化の発展段階と所有政策

(1) 国際化の発展段階

　多国籍企業の初歩的段階はまず第一段階の輸出活動から始まる。[注10] 輸出活動では商社や現地のディストリビューターを通じて市場開拓が行われる。ある程度の現地市場が形成されたところで，本格的なマーケティング活動を行うための販売拠点が設立される。

　第二段階は，本社の国際事業組織で海外市場での販売活動を中心とした輸出部，海外部，海外営業部などが担当する海外事業活動の最初の足がかりとなる段階である。

　第三段階になると，輸出や販売拠点の設立で築いた市場を確保するための方法として生産の現地化が要請されてくる。これは現地の雇用確保や貿易摩擦に対応した国際事業戦略の本格的な意思決定が要求される段階である。1970年代のカラーテレビの現地生産や80年代の自動車業はこの段階である。次に第四段階は現地における製品の信頼度が高まるにつれて従業員数も相当数にのぼり，製品をメンテナンスするサービス体制の整備，さらにヒト，モノ，カネの経営資源や経営管理システムの現地化の要求が強くなってくる。製品開発においても，日本から導入したものだけでなく現地のニーズに合った新しい製品コンセプトの開発が要請されてくる。

　近年の国際事業の戦略課題である研究開発の現地化要請は，この段階から生まれている。具体的には，海外子会社の研究開発拠点（開発研究，応用研究，基礎研究，グローバル技術開発研究のいずれかが考えられる）をその製品特性に合わせて設立し，現地の技術的自立能力を高めるための要件を整えることが必要となる。現在，研究開発の国際化問題はわが国の先進的国際企業の戦略課題であり，発展段階の必然的プロセスとして要請されてくる。
（図表3－2参照）

3. 研究開発国際化の発展段階と所有政策　　　　　41

図表3-2　多国籍企業の発展段階

発展段階 (特徴)	自 国 内	主要海外市場	推進組織
I.(輸出)	R&D／製品開発／製品／マーケティング／販売／アフターサービス	ディストリビューター	○輸出部 ○貿易部
II.(直接販売・マーケティング)		自社販売会社	○海外部 ○海外営業部
III.(直接生産)		現地生産 販売・アフターサービス	○海外事業部 ○国際部
IV.(自己完結型海外事業)		完全インサイダー化 完結したビジネスシステム	○製品+地域 +国際事業本部
V.(グローバル・インテグレーション)	★　★ R&D, 財務, 価値観, CIの共有		○グローバル・マトリックス組織 ○グローバル・ヘッドクォーター

出所：図式化はマッキンゼー社資料。

(2) 海外研究開発活動の発展段階

　研究開発活動が企業の国際化の発展段階からすれば第四段階のあたりから芽生えてくることをここではみた。次に，それでは海外での研究開発活動はどのような発展段階を歩んでゆくかを捉える必要がある。これは，企業の国際化の発展段階と同様に，研究開発の国際化も一つの発展段階が考えられるのではないかということである。この発展段階をどのように区分するかはいくつかの見方がある。まず，この問題で先駆的な研究を行ったロンスタットはアメリカの多国籍企業の海外研究所の役割と発展段階を次のような4つに特徴づけた。[注11]

　(a)　技術移転拠点（Transfer technology units：TTU）
　本社から海外子会社に製造技術を移転する目的でつくられたもの
　(b)　技術現地化拠点（Indigenous technology units：ITU）
　現地市場向けの新製品や改良品を開発するための拠点
　(c)　グローバル製品開発拠点（Global technology units：GTU）
　世界市場に向けての新製品・新技術を開発するための拠点

(d) 全社的技術開発拠点（Corporate technology units：CTU）
全社的にまたがる長期的・探索的技術開発を目的としたもの

ロンスタットは以上の4つの海外研究開発拠点を分けた上で，発展段階からすると，技術移転→技術現地化→グローバル技術開発→コーポレート技術開発へと時間・年数の経過と共に進化発展していく傾向にあるとしている。

ロンスタットが調査した7社（IBM，ユニオンカーバイド，エクソン，コーニングなど）55ヵ所の海外研究開発拠点の内訳はタイプⅠ－37社，タイプⅡ－9社，タイプⅢ－5社，タイプⅣ－4社となっており，今から20年前ということもあって，当時の海外研究開発拠点は技術移転的のものが圧倒的に多かった。

筆者はこのような段階区分に対して，日本企業の国際化の発展プロセスと関連させ，以下のように5つの区分を行っている。

(i)技術情報の収集段階

経営の国際化活動は，まず海外への製品輸出や現地に販売拠点をつくることから始まる。この段階では本国で開発された製品を進出先で開拓することが第1の目的であり，研究開発に関連した活動と言えば，製品輸出や販売活動に関連したマーケット・リサーチや競合する相手企業の技術水準，技術動向に関する技術情報の収集が中心的な業務である。このために本社の出先として技術情報のためのリエゾン・オフィスなどが初めてつくられる。

(ii) 製品の改良・改良―応用開発段階

次に輸出や販売拠点の設立後，海外生産の段階になる。これはわが国企業の場合，1985年以降の急速な円高によって，海外生産拠点の設立は加速した。海外生産拠点の活動にはまず，それを稼働させるための技術問題が発生してくる。

生産活動には技術知識をもった技術者・エンジニアなどの専門家が必要とされる。本社派遣の技術者の常駐と現地の専門家とのインターフェイスは，研究開発の前段階であり，場合によってはその市場で本国製品（技術）がそのまま通用しない時には，現地に適応した製品の改良・改善や部分的な技術の修正が必要になり，生産拠点にはそのための技術部門が併設されることに

なる。

(iii) 実験・技術学習の段階

海外に小規模で実験研究施設のような形態がつくられるのはこの段階である。しかし，この段階の海外研究所は，海外において研究開発活動そのものを実施するというよりは，本社の技術戦略の一翼を担う初めての海外拠点としてさまざまな役割が課せられる場合が多い。例えば，自動車会社にみる資材の技術評価，購買拠点であったり，いくつかの業界に見られる技術導入やクロスライセンスの準備作業であったり，医薬にみられる研究委託の拠点等である。

(iv) 新製品開発の段階

現地における生産活動の拡大とともに，地域密着のインサイダー企業として新しい製品の開発が現地の技術者や子会社側の要請としても生まれてくる。この段階では，海外の研究開発拠点として本格的な経営資源が投入され，そこでの機能は強化される。ここでは一定規模の研究者・技術者が確保され，現地での研究開発成果である初めての新製品が開発されてくる。すなわち，多国籍企業が理想とする世界の主要地域での研究開発から生産・販売までの一貫した経営活動が行われ，概念的には本国本社の活動のクローン（複製）が部分的に海外にも一部できたことになる。

(v) 独自研究の段階

この段階は研究開発の国際化の最もすすんだ段階である。製品開発研究と同時に，現地の科学者・研究者を確保して基礎研究も行われてくる。研究開発の資源配分はグローバルな視点から検討され，各拠点で優位性のある資源を活用し，本社の研究開発戦略の一端を担う。ロンスタットの区分からすれば，第4の全社的技術開発拠点である。この段階にみるグローバルな研究活動は，日本企業の事例としては現在のところ本格的に行っているところはまだないといってよい。しかし，アメリカの多国籍企業の代表とされるIBM，フォード，GE，エクソンのような巨大企業にはこの段階の研究活動を見ることができよう。

さて，ここで，以上のような研究開発の進展度合を各段階での研究開発の

対象とそれに伴う投資費用を縦軸に考え,横軸には経営資源の現地化の度合――特に人材――を考えると,研究開発の国際化はそれらの両軸に広がりながら関連して進展してゆくものと考えられる。つまり,縦軸では研究開発

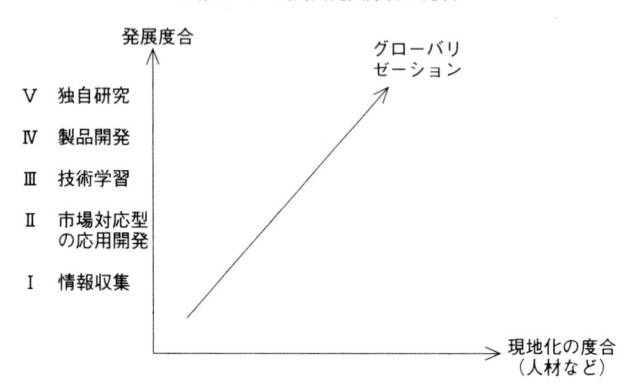

図表3-3 研究開発国際化の発展

発展度合
Ⅴ 独自研究
Ⅳ 製品開発
Ⅲ 技術学習
Ⅱ 市場対応型の応用開発
Ⅰ 情報収集

グローバリゼーション

現地化の度合（人材など）

図表3-4 海外研究開発のタイプ

Ronstadt (1978)	Pearce (1989) Hood/Yong (1982)	Hakanson/ Nobel (1990)	榊原清則 (1995)
・Technology Transfer Units (TTU)	・Support Laboratories (SC)	・Product Support Units	・技術偵察 (Technology Scouts)
・Indigenous Technology Units (ITU)	・Locally Integrated Laboratories (LIL)	・Market Oriented Units	・技術修正 (Technology Modification)
・Global Technology Units (GTU)	・International Independent Laboratories (IIL)	・Research Units	・技術移転 (Technology Transfer)
・Corporate Technology Units (LTU)		・Politically Motivated Units	・新製品開発 (New product Development)
		・Multi Motive Units	・研究開発 (Research and Development)

の対象・内容が進化してゆく過程である。これまで5つのステップで説明したように，最初は本社研究所の付随的な役割であったものが，本格的な研究所としての機能を強めてゆく。これに伴って，研究開発費用も増大する。横軸は経営資源の現地化の度合いである。経営資源としての人材，設備，資金は海外研究開発子会社の役割が大きくなるに従ってその配分は増大する。研究開発のグローバル化がすすんだところは，世界各地での研究開発資源を活用しながら研究内容も進化してゆく。(図表3-3)

このような研究開発の国際化の発展段階別特徴は，同じような視点から何人かの研究者によっても唱えられてきている。

例えばイギリスのPearceやHakanson，榊原清則[注12]なども同じように考察を行ってきた。それを図表3-4で各々の主張するタイプ，発展段階の区分をまとめると次のようなそれぞれのタイプになる。

(3) 海外研究開発の所有政策

企業が海外にどのような所有政策（Ownership Policy）で進出するかは国際経営戦略を考える上での重要な課題である。具体的には進出企業が設立に必要な資金を100％自社で出資するのか，それとも進出先の相手企業と組んで相互に出資する合弁会社形態を採るのか，また進出先にある既存企業を買収（M&A）するのかという大きく3つの方法がある。そこで海外研究開発会社の設立の場合もこれと同様の事を考えてみよう。

そこで，ここでも企業進出の場合と同様に100％による単独進出，合弁，企業買収による方法から特徴づけてみよう。[注13]

(イ) 単独設立による方法

まず，自社が100％の資本をもって単独で海外に研究所を設立する場合は単独独立である。自らのリスクと責任で研究所を設立するわけであるから，研究内容の自由度やその機密が漏れることはない。

筆者のこれまでの訪問調査では，この形態が一番多い。その場合の研究所設立の資本構成比率は，日本の親会社が100％出資する場合と，進出企業の地域本社（統括会社）もしくは，そこでの販売・製造会社が共同で出資して

いる場合の2つがある。つまり，新規の場合は，まったく何もないゼロから現地に研究所を設立するのではなく，販売や製造会社をすでに設立し，そこでのマネジメント・ノウハウを積んだうえで研究所の設立の是非や立地場所（サイティング）を行うケースが多くみられる。

製造業の場合，研究所の運営は工場の生産技術と密接な関係がある。そのために会社は工場内部もしくはそれに併設させる形で研究所を設立し，将来的に分離，独立していく形態がみられる。この場合の研究所の設立は，本社のグローバルな経営構想に基づく，米国地域における研究開発→生産→販売という一連のビジネス・システムを自己完結させようとする，トータルな経営戦略の中で位置づけられる。

ただ，新規の進出は欧米のような先進国では可能だが，開発途上国では外資比率が，法制上あるいは現地政府のガイドラインによって規制されていることが多い。したがって，この方法による発展途上国への進出は難しいとされている。

(ロ) 企業買収による方法

企業買収は販売会社，生産会社のある一部を買収する場合もあるが，会社全体の一括買収である場合が多くなっている。その場合は，研究所も全体の一部門として買収されることになる。

つまりこの場合は，最初から研究所そのものを買収することが目的ではなく，企業の一括買収に伴う全体活動の一部門として付随してくるものである。企業買収のねらいは，買収企業が被買収企業の何らかの強みを獲得することにこそ意義がある。そのなかには相手企業の技術力—研究所の強さも条件に入ってくる。つまり，その会社の販売（流通）の強みとか，生産ラインの強み，さらには，研究開発力の強みなどを活用することを買収企業のターゲットと考えている。

(ハ) 合弁による方法

この方法は明確な研究開発目的をもって，それを生み出すために相手企業と組んで研究開発を行う，一種の共同研究である。

ここではキリン・アムジェン社は米国のベンチャー企業である。アムジェ

ン社は赤血球を増やす因子であるエリスロポエチン（EPO）の開発を行っていた［ライフインダストリー］の推進と位置づけて，バイオサイエンス（医薬・種苗）の事業分野を育成しようとしていた。このような中で，キリンはその手がかりを得るために，アムジェン社との共同開発によってEPOによる腎臓薬を開発するための研究合弁会社，キリン・アムジェン社を1983（昭和58）年に米国で設立した。

共同研究ではキリンからも研究員を派遣し，EPOの開発やそれが人体に及ぼす臨床試験の研究，さらには試験薬の製造設備，製薬工場の設計，建設，運転に至る各段階も共同で行った。

EPOの開発による腎臓薬は，1990（平成2）年初めに日本と米国で製造

図表3-5 研究開発拠点設立の所有形態別特性

	単独	買収	合弁
進出の特徴	・生産に付設した技術的サービスから発展 ・上記のことを発展させ分離・独立した形態	・企業買収に伴う研究所の獲得 ・被買収企業との研究開発の相互補完を期待	・研究開発目標が明確になっていること ・研究開発コストが軽減される
立地の決定	・研究開発目的に合わせた独自の選択（国・地域・都市等）	・被買収会社の研究所の立地に依拠	・パートナーの意向が反映されて決定
支配力	・100％出資なので親会社のコントロール可能	・資本の100％支配であっても，経営者のコントロールは難しい	・出資比率にもよるがパートナーとの力のバランスをとるのが難しい
研究開発着手の準備期間	・研究開発資源を自社で全部まかなうので本格段階まで時間がかかる	・買収会社との相互調整で比較的早期に着手	・研究目標が明確なために迅速に着手可能
技術流出	・独自技術が流出するおそれはない	・買収会社と被買収会社での技術留保	・パートナーに流れる
資金負担	・親会社による全額の負担	・親会社による全額の負担	・パートナーとの折半出資
問題点	・全部自社で行うのでリスキーなことが多い ・研究リーダーや研究者の人材確保が最大の問題	・買収企業と被買収企業とのコンフリクトが起きる：研究開発風土，研究開発の仕組み，報酬等について	・研究開発の独自性の低下 ・研究開発成果利用の拘束 ・自由な事業活動の拘束

承認許可を得て，現在「エスポー」という商品名で発売されている。これは同社の医薬品事業の花形商品である。

合弁方式による研究開発のメリットとデメリットについては本件の開発プロジェクトに携わった宮台昇（当時のキリンビール取締役）が次のように指摘している。

まずメリットとしては，代表的なものとして次の5つを述べている。
①補完効果がある。　②開発期間が短縮できる。③研究開発費が節減できる。
④リスクが減少する。⑤研究開発部門が活性化する。

一方，デメリットとしては，代表的なものとして次の7つがあげられている。
①研究開発成果の独自性低下。②事業化・成果利用上の拘束。③自由な企業活動の拘束。④自由な研究活動の拘束。⑤自社販売力の構築が遅れる。⑥事業独立の障害になる。⑦利益の手取りが減る。

つまり合弁という異なった単位が一緒になることによる相乗効果の反面，お互いの利害の調整が難しいことは避けられない。（図表3‐5）

注
1．外資系企業の日本研究所の活動状況については，1993年に中原秀登が「外資系企業によるわが国研究所設置の現状と課題—対日直接投資と研究開発の国際化との関係において—」「経済論集」第6巻第2号，千葉大学，1993年，また，岩田　智は主に日本チバガイギー，新キャタピラー三菱，アプライド・マテリアルのケースとアンケート調査による研究成果を発表している。「研究開発のグローバル化—外資系企業の事例を中心に—』文眞堂。筆者は1994～6年までの2年間半，計13社を訪問調査しケースにまとめて連載した。『研究開発マネジメント』1994年2月～1996年4月まで，アーバン・プロデュース，また本ケース・スタディーと日本企業のアメリカでの研究開発活動をまとめたものが拙著『研究開発国際化の実際』中央経済社，1996年がある。
2．Vern Terpstra, "International Product Policy—The Role of Foreign R&D", *Columbia Journal of World Business*, Winter 1977, p. 26.
3．John Fareweather, *International Management*, Mcgraw-Hill.（戸田忠一訳『国際経営論』ダイヤモンド社，1975年，233頁。）
4．斎藤　優『技術開発論』文眞堂，1998年，1頁；斎藤　優・伊丹敬之編著「技術開発の国際戦略」東洋経済新報社，1986年，258-288頁；植之原道行「新しい技術概念の創出と研究開発のグローバリゼーション」『Business Research』1987年11月号，（社）企業研究会。
5．A. de Meyer, "Management of an International net-work of industries R&D Laboratories", *R&D Management*, 23, Feb. 1993, p. 18-20.
6．根本　孝『グローバル技術開発論』同文舘，1990年，29-30頁。

7. 中原秀登『企業の研究開発戦略』千葉大学経済研究叢書，1998年，158-165頁。
8. 例えば，シリコンバレーの状況については，David J. Teece, "Foreign investment and technological development in Silicon Valley", *California Management Review*, Winter 1992, pp. 89-106, Graig S. Galbraith, "High Technology location and development: The case of Orange County, *California Management Review*, Fall 1985, pp. 98-109, など。

また，クラスター（Cluster）をハーバード・ビジネススクールのマイケル・ポーターは「特定の分野で競争において類い希な成功を収めている（一地域に集中した）集団，相互に関係する企業と特定分野での研究所と地理的集積」としている。つまり，「クラスター」とは特定の分野において相互に関連のある企業や競争上大きな意味をもつ研究所などの機関が一つの場所に十分集積されている状態である。クラスターには大学・シンクタンク・職業訓練施設・業界団体などの専門的訓練・教育・情報・研究・技術の支援などを提供する機関，突き詰めれば政府も含まれると指摘する。シリコンバレーはこのようなハイテク産業の知識集積として捉えられる。地域固有の資源を活用し活力を維持しようとする外部経済性に注目した集積の研究が注目される。Michael E. Porter, "Clusters and the New Economics of Competition", *Harvard Business Review*, Nov.-Dec. 1998, p. 78.
9. Joseph C. Cheng & Douglas S. Bolon, "The Management of Multinational R&D: A neglected topic in internatinal business research", *Journal of International Business Studies*, First Quarter 1993, pp. 1-18.
10. 拙著『国際経営の組織と実際』同文舘，1998年，13頁。
11. R. C. Ronstadt, "International R&D: The establishment and evolution of research and development abroad by seven US multinationals", *Journal of International Studies*, vol. 9, Spring-Summer 1978, pp. 17-24.
12. 榊原清則，エレノア・ウエストニー「技術戦略の新展開と技術マネジメント」『ビジネス・レビュー』Vol. 37, No. 2, 1990年，51-63頁。
13. Scott D. Julian, Robert T. Keller は "Multinational R&D Siting-Corporate Strategies for Success", *The Columbia Journal of World Business*, Fall 1991の中で進出形態を4つに分けている。①Greenfield Investment, ②Joint Venture, ③Foreign Acquisition, ④Global Matrixである。最後のグローバル・マトリックスは海外に多数の研究所が進出し，それが各事業部の研究所と地域とのマトリックス組織で運営されていることを指す。米国の多国籍企業は④の形態も考えられる。

また，Jack N. Behrman と William A. Fischer は1978年時点の35社のアメリカ企業と18社のヨーロッパ企業の調査で海外研究開発活動設立の方法として，①当初の技術支援から発展したもの，②直接設立したもの，③買収によるものと分け，一番多い進出形態としては①であり（23社），次が③の（18社），三番目が②の（11社）であることを述べている。したがって，企業買収による研究所の獲得も欧米の多国籍企業では1970年代から行われていた。"Transnational Corporations: Market Orientations and R&D Abroad", *Columbia Journal of World Business*, Fall 1980.

第4章
海外研究開発の目的・現況・研究成果

　本章では海外研究開発拠点の設立目的，日本企業の海外研究開発の現況・研究成果について述べる。まず海外研究開発拠点の設立目的を3つのタイプから述べ，併せて同様な視点からアプローチしたキュメール（ハーバード・ビジネス・スクール）のタイプ分けも紹介する。（第1節，第2節）
　第4節は，日本企業の海外研究開発の現況を欧米企業との比較の中で位置づける。そこでは近年の国際経営の戦略課題となってきた日本企業の海外研究開発が，欧米企業の比較の中でみるとどの辺まで進展しているのかを確認する。第5節では現在の時点で評価した場合の日本企業の海外研究開発の成果について，アウトプットがあるのかどうか，また研究成果を計る具体的な尺度は何を指標とするのか，各種の調査結果から検討する。

1. 海外研究開発の目的

　まず，本節の前提となる実態面から調査研究は，筆者が1993〜94年にかけてアメリカにおける日本企業の研究開発拠点の訪問調査を行ったことに基づいている。この調査研究を通して海外研究開発の目的を3つのタイプに分けた。まず一つは海外の研究開発資源を活用することを主な目的とする研究（R）志向タイプ，2つ目は海外市場に対応した製品の改良，改善，応用開発を目的とする開発（D）志向タイプ。3つ目は相手企業と研究開発目標を設定してプロジェクトを推進する場合の共同開発である。[注1] 以下この各々の特徴について述べたい。

(1) 研究志向

これは海外での研究開発資源を活用する,いわば本来的な研究志向のための拠点の設立である。業界的にみると,生命科学や環境科学などの基礎研究を重視する化学・医薬分野,さらに情報通信やエレクトロニクス関係の先端技術分野は,わが国よりも欧米の方が進んでおり,そのためにそことの接点をもつことを目的とする。例えば,花王が,当初(1989年)設立していたロスアンジェルスの研究所を同社がオハイオ州で買収したアンドリュー・ジャーギンズ社の研究所に統合し,アメリカにある研究開発資源を活用した基礎研究のための研究所を新設した部類である。また,プリンストンにある日本電気の基礎研究所 (NEC Research Institute) も同様の目的で設立されている。花王は同社の強みである日本での基礎研究の成果を,アメリカ市場に適合したさらなる基礎研究活動を行っている。他方,日本電気はC&C (Computer & Communication) の領域であるコンピュータや情報通信の分野でアメリカでの優れた研究開発資源を活用しようとしている。

また,医薬業界では,近年アメリカやヨーロッパに研究所をつくる動きがいくつかみられるが,この分野は日本よりも欧米の方が進んでいるといわれている。このために欧米にある研究開発資源を活用する形で研究開発のための接点をもつケースが多い。この場合,医薬業界はアメリカやヨーロッパに大規模な研究施設をつくるというよりは,大学等で著名で権威のある研究者とのコンサルタント契約,大学との共同研究や大学の施設の共同利用を行うという形をとっている。

(2) 市場志向

これは自動車や電機業界に見られる現地のローカル・マーケットに対応した顧客ニーズの把握,およびそれに対応した商品開発のための研究開発拠点,いわば開発 (D) オリエンテッドのタイプである。各国の生活習慣,文化,歴史的背景によって微妙に異なる顧客,消費者のニーズ・価値観のちがいに対応した製品開発には,必然的に開発機能の部分——自動車・電機で言

えばデザイン，設計，応用，開発——の現地化が必要である。

例えば，わが国の自動車会社が海外に研究所を設立するケースは，この志向である。これは，多国籍企業の発展プロセスからしても，生産工場の次のステップとして，現地のローカルマーケットに適応した製品の設計・改良のための拠点づくりが必然的な要請となっている。自動車や電機業界の商品は「ユニバーサルな機能を持つコンポーネント」と，「地域性の濃厚な文化的所産である感性」という2つの要素の組み合わせから成っている。この場合，ユニバーサルな部分を支える基礎研究や応用研究は本国に集約化するにしても（研究開発の集権化），感性の面であるデザイン分野では，市場の多様なニーズに最も敏感に対応しなければならない。また，自動車は各国の法規制，道路事情，気候条件によって異なる環境対応型の商品である。ローカル・マーケットに対応した商品開発には，現地のパーツメーカーとの共同開発が必要だし，企業自身もそのための研究所をつくる必要がでてくる。

また，電気・精密機器では，本来的にローカル・マーケット密着型の商品企画が必要である。電気ではデザイン，設計，セールス・エンジニアリング機能の充実が求められる。他方，コンピュータやその周辺装置ではコンピュータ・アプリケーションや半導体のAsicデザインなど，現地ユーザー・ニーズにいかに対応するかが重要である。さらに，情報通信機器も，わが国の企画や使用方法と異なる場合が多い。このように，現地のマーケットニーズに対応した製品開発機能のための拠点が必要となってくる。

(3) 共同開発志向

これは海外の企業と組む——パートナーシップ——ことによって相手の技術を相互に学び取ること，言い換えれば共同開発を行うために研究所を設立することである。この場合は，すでに相手企業との販売，生産，研究開発などに関する何らかの基本合意ができており，それを本格的に行うために研究所を設立するのである。

例えば，日産自動車がミシガン州デトロイト郊外のファーミントンヒルズ (Farmington Hills) でNissan Research Development (NRD) を設立し

たきっかけは，日産とフォード社との親会社間の基本提携による，アメリカにおけるミニバンの共同開発プロジェクトがあった。そこで両社は補完できる技術を出し合って，将来の市場が見込めるミニバンの開発拠点を設立することで同意した。この開発目的もあって，日産はアメリカ各地の何カ所かに機能分散していた研究施設を統合し，それを強化する形でNRDを開設した(1991年)。

このほかに，キヤノンのヨーロッパにおけるレーザービームプリンター(LBP)の開発もある。これはコンピュータ周辺機器であるレーザービームプリンターの需要がEU地域にあることから，その開発を行うための合弁会社をイタリアのオリベッティ社との間でつくったケースである(社名：オリベッティー・キヤノン・インダストリアーム)。開発拠点はイタリアのトリノ市につくり，現地の開発要員を100人ほど採用して新製品をつくり，現在はその製品を生産・販売している。つまり，ここでの研究開発目的は，レーザービームプリンター開発を行うことが主なる目的で，それによるヨーロッパでの新しい生産・販売体制の構築をも目指した。

共同開発志向の研究所の設立は，一定の明確な研究開発の目的があり，その技術（製品）に対する将来の需要が見込める場合に行われる。開発のために新たな研究所をつくる場合もあるが，相互の研究開発資源を共同利用しながら，当初の開発目的を達成する。これによって両者の研究開発費用を削減できるほか，両者の生産ラインや販売ルートも活用できる。共同開発志向は形態として合弁による資本出資を伴う会社設立の場合もあれば，資本出資を伴わない単なる技術交流のようなゆるやかな提携の場合もある。研究開発の基本としての研究(R)よりも，製品の開発(D)に重点が置かれる。図表4-1は各々の研究開発目的のタイプとその目的に適合した業種，研究所の設立誘因，拠点の設立特性をあらわしたものである。

(4) 近年の日本企業の海外研究開発の目的とタイプ

海外研究開発拠点がどのような目的で設立をしているかをみるために筆者は1995年から1997年までの「日本経済新聞」紙上に発表された企業の海外研

図表4-1 海外研究開発の目的とタイプ

タイプ	業種	設立の誘因	拠点
研究志向型 (Research Oriented)	・医薬 ・化学 ・コンピュータ・サイエンス ・その他	・先端技術へのキャッチ・アップ ・大学等との共同研究 ・優れた研究者の獲得 ・先端技術情報の収集	・研究学園都市（サイエンス・パーク） ・大学を中心とした近隣地域 ・専門的な科学者，研究者が確保できるところ
市場志向型 (Market Oriented)	・エレクトロニクス ・機械 ・自動車 ・その他	・セールス・エンジニアリング機能の充実 ・顧客ニーズへの対応 ・各種法規制への対応 ・ソフト技術の開発活用	・大都市，大消費地付近 ・工場に隣接した所 ・ソフト開発拠点
共同研究志向型 (Joint Research Oriented)	・航空・宇宙 ・業種間の戦略提携	・大規模プロジェクトのリスク負担 ・相互の研究開発目標が明確 ・相互の研究開発資源の強みを利用	・既存の施設の利用 ・相互の取り決めで決定

究開発拠点の設立に関する記事を拾い出したのが図表4-2である。この表で示されている会社数は合計32社である。32社を業種別，拠点（地域）別，そして設立目的別に分けて考えてみると次のようになる。

　まず，業種別にはエレクトロニクス，コンピュータ，半導体は各8社，次に製薬5社，化学4社，自動車関連3社，情報・通信2社の順になる。エレクトロニクス，自動車業界は早くから日本企業の海外進出のパイオニア的役割を果たしたが，海外研究開発でもそれらの業界は他業界と比べて積極的である。80年代後半以後，コンピュータ，半導体，化学業界（製薬も含む）は海外進出を積極的に行っており，それらの業界でも研究開発の海外拠点設立には進歩的な傾向がみられる。初めて進出を決定した情報・通信（NTT・IDOなど）の海外研究開発拠点の設立は，新しい動きである。

　地域別に見ると，海外研究開発拠点の設立はこれまで，先進国といわれるアメリカ・ヨーロッパ地域が中心であったが，この表から見るとここ2年間だけ見てもアジア（中国も含む）への研究開発拠点の設立は10社である。ア

1. 海外研究開発の目的

図表4－2(1) 1995-96年にかけて設立された「日本企業の海外研究開発拠点」の動向

会社名	設立場所	設立年	研究目的、規模、研究スタッフなど
ミネベア M	タイ工場内にR&Dセンター。	1995年9月	バンコク近郊のバンパイン工場敷地内に3階建、総面積6,800m²のR&Dセンターを設立。当初、従業員は15人、2年後に50人以上の規模、投資額は2億円。ユーザー企業の現地での部品調達強化に対応する。タイで生産するハードディスク装置（HDD）用モーターやベアリングの音響試験、分析、清浄度評価を実施し、日本の現地進出企業からの製品に対する要望に好応、品質分析、将来は品質改善を行なう。
シャープ M	シンガポールに半導体設計センターを開設、ジャーマン・エレクトロニクス・シンガポール内に開設、投資額は2百万シンガポールドル。	1995年9月	ASEANを中心とした半導体の顧客向けにASIC（特定用途向けIC）などの設計、技術を支援。タイ工科大の新卒者を中心に技術者11人採用でスタート。
日本ビクター M	シンガポールに地域本社設立、同地域の販売、生産を統括するだけでなく、商品開発や研究開発まで行なう計画。（JVC・アジア）日本ビクターの100％出資。	1995年7月10日の日経発表	1994年から据え置き型VTRでカラオケ機能を前面に打ち出した「アジア仕様」の製品開発を進める。などのアジアの地域本社に移転することで、現地化を徹底させる。今後は商品開発機能をアジアの地域本社に移管させる。生産活動に直結した研究開発機能などの移転も進める見込み。
タキイ種苗 M	南フランスに第二の研究開発拠点を開設。運営はタキイの100%出資の子会社、現グループ（本社アビニョン）資本金4億円、（もう一つの開発拠点はオランダにある）。	1995年7月	現地の気候にあったハイブリッド（一代雑種、F1）品種を開発を始めた。研究農場は現地の地域の共同で運営している。買収額は約5百万円、約4千万平方メートルのビート、ルイ、ハウスなど300平方メートルの実験室などの研究施設を備えている。今後は新品種の開発をトマトなどの果菜類に直結した研究開発体制を今後強化する。
日産自動車 M	欧州向けの先端技術研究センターを英国工場敷地内に設立。欧州でこれまでの個別の研究開発を集積。クレイ・リサーチ社と協力関係を築く。	1998年	欧州向けの新型ステーションワゴンを開発、これに伴って、日本品輸出にしている「アベニール」のワゴン車の開発に取り組む。輸出先として同社の研究開発施設も主要500平方メートルでも今後開発体制を今後強化する。
富士通 R	イギリスに「ニッサン・ヨーロピアン・テクノロジー・センター」（NETC、ベッドフォード州）。	1996年3月末	イギリスに「富士通欧州情報技術センター」3億円。コンピュータの先端技術などこの分野での基礎的なテーマから取り組む。ネットワーク技術や利用技術の先行する米国国際に対応する。
住友化学工業 M	マレーシア、住友ペトロケミカルペナンに1996年秋頃までに研究開発拠点設立、投資額は20億円。	1996年中	同社はこれまで研究開発拠点を国内に集中してきたが、今後は世界各地で製品開発できそれぞれ製品開発をする国々との一環。電気材料の急成長が期待される東南アジアで各地域固有の気候や害虫に対応した殺虫剤の研究開発を進める。
大日本インキ化学工業 M	中国、青島市、青島市内の高科技工業園内に敷地6万6千平方メートル、樹脂・染料名称は3期目間で整備を建設、最新の分析機器を導入、初期投資額は7億円。	1996年	中国向けの汎用用樹脂などを中心に低価格品を主にジャネットなど規模の方針に。21世紀には200人規模の所に。応用顔料分野で事業展開し、上海、深圳、中山、常州の5カ所に6工場を持つに中国でコスト、人件費の低い中国で言語処理や画像認識分野の研究者を中心に当初20人大の研究開発拠点を展開を進める。
ジャストシステム R	アメリカ・ピッツバーグに「ジャストシステム・ピッツバーグ・リサーチ・センター」（JPRC）設、資本金100万ドル。	1996年	日本語ワードプロセッサー「一太郎」で知られるジャストシステム（本社、徳島市）はピッツバーグ・カーネギーメロン大学のラジュレディ教授を所長兼CTO（最高技術責任者）に迎えた。AI（人工知能）を応用した言語処理や画像認識分野の研究員はカーネギーメロン大出身の研究者を中心に当初20人で研究スタート。
エーザイ R	アメリカ・ノースカロライナ州（EPI、ニュージャージー州）に「エーザイ・ファーマコロジー」（EPI、ニュージャージー州）医薬品製剤研究所を併設した医薬品工場の建設に着手。	1996年	1998年初頭にまず製剤研究を開始。99年に米国で販売予定のアルツハイマー症治療薬の生産を始める。敷地面積は21万平方メートル、施設の総面積は約8千平方メートル、総投資額は約40億円。研究員は当初40人、99年に60人の予定。

55

第4章　海外研究開発の目的・現況・研究成果

会社名	設立場所	設立年	研究目的、規模、研究スタッフなど
沖電気工業 M	アメリカ、カリフォルニア州サニーベール地区にマルチメディア機器用ICの設計開発センターを新設、投資額数億円。	1995年秋	アメリカで顧客が求める各種機能を半導体チップに集積する「システム・オン・チップ」技術の専門拠点として位置づけ、画像、音声処理用ICならびにマルチメディア機器に必要な高付加価値ICの需要を掘り起こす。
曙ブレーキ工業 M	自動車部品メーカーのアケボノ「アケボノ・アメリカ」がミシガン州のエンジニアリング・センターが1996年同州内に6万3千平方メートルの用地を取得。2000年までに計40億円投資。	1997年半ば	自動車部品メーカーの海外生産拠点が加速する中で、本格的な海外研究開発拠点の設立。日米欧にしてR&Dグローバルネットワークを築く。
松下電器産業 M	海外研究所の再編成——アジアと欧州の研究所をすでに独立法人として、海外の主要な研究所をすべて会社組織で運営する。		新設するのは「パナソニック欧州研究所」と「パナソニック・シンガポール研究所」など研究所総合回線）。資本金は1億円。ほかに、イギリス、アメリカ、台湾に既設研究開発会社を持っている。5社はすべて独立法人に。これに伴い人員も大幅に増え、従来130名だった現地採用は200人に。前年度比の4倍以上、今後は日本の中央研究所の像下にあったが、今後は日本本社を親会社とし国内研究所と同格の本社直結とし、各研究所の相互の交流を緊密にする。
NEC R	アメリカとカリフォルニア州サンノゼ市にマルチメディア技術の研究開発拠点を開設。「マルチメディア・C&Cリサーチ・ラボラトリーズ NEC, USA」。ドイツ、ベルリン市に「C&Cリサーチ・ラボラトリーズ NEC, ヨーロッパ」。	1995年7月 9月	アメリカとドイツにマルチメディア・データベースの構築と検索技術の研究を進める。アメリカでは音声や動画像を駆使したデータベースの検索技術の研究を進める。当初は日本人スタッフ2～3人を含む10人。将来は120人。ドイツでは大容量マルチメディアデータを高速で通信できる技術の開発に注力する。当初は5人でスタート。
三菱電機 R	フランス、イギリス、アメリカの3カ国に通信・放送分野の研究子会社を設立。	1995年9月	フランスの研究はブルターニュ地方のレンヌに設立。欧州の携帯電話規格［GSM］方式などの次世代の通信技術を研究する。イギリスはロンドンに研究子会社を設立。デジタル放送向けの映像、ニュージャージー州に研究子会社を設立。アメリカではボストン郊外にも研究子会社を設立。ニュージャージー州にも研究所を持ち研究体制を強化する。ルニーの研究開発体制を欧米での研究現地法人化を収めたアメリカ国内のマルチメディア技術を強化し、各拠点とも研究所を現地採用を中心に10人前後でスタート。一年後には20～30人に増やす計画。海外の研究者は現在計50人だが3年後には4倍の200人体制に拡大。
中外製薬 R	アメリカ、サンフランシスコに「中外バイオファーマシューティカルズ」。	1995年7月	1989年にアメリカに買収したブローアメリカの治験業務を担当する子会社。フローラケミカル社を改組し、そこに研究開発部門を設けてこれを主たる研究組織とし、主に分子生物学を中心に研究に着手。研究要員は基本的にはアメリカ人が日本人より多く、当初65人でスタート。21世紀に向けオリジナリティーを持った新薬の開発を行う。
ユーデン R	アメリカ、サンフランシスコ。	1998年をメドに移転	次世代無線技術の開発。場所は現在の場所にて一本陣で隣接地に拡張。次世代無線技術の基礎研究であるサンディエゴ・リサーチ・アンド・デベロップメントを大幅に拡張。約8万5千平方メートル。
TDK M	ヨーロッパ（イギリス）とアジア（シンガポール）。	1996年後半	電子デバイス関連品の開発。今後進める。ヨーロッパの拠点はロンドンで、デザイン中心。将来は30～30人規模でスタート。東南アジアに拠点はシンガポールに設置。同国の通信コンピュータ関連産業育成と合致させ、R&D関連活動を行うなど。電子デバイス関連の開発だけでなく、R&D部門の国際化も推進する。携帯電話など通信機器向けの回路部品の開発。設計から中心に。将来は30～30人規模でスタート。東南アジアに拠点を設置。同国の通信コンピュータ関連産業育成と合致させR&D関連活動を行うなど。

（R…研究志向　M…市場志向　J…共同開発志向）

出所：高橋志夫「日本企業の海外研究開発戦略の動向」『研究開発マネジメント』1996年12月号。

1. 海外研究開発の目的

図表4-2(2) 1995年〜97年にかけて設立された「日本企業の海外研究開発拠点」の動向

会社名	設立場所	設立年	研究目的、研究スタッフなど
日本移動通信(IDO) R	拠点の名称は米国IDOラボでワシントン州シアトル。	1997年	携帯電話を利用したマルチメディアや同種の利用等の高い無線電話業者との行動研究にも取り組む方針。将来は米携帯電話業者は研究開発担当役員をはじめ5人程度のスタッフが常駐する。
日立テレコム(日立製作所の通信機器部) R	米国法人の日立テレビコムがテキサス州リチャードソンに研究開発拠点を開設。	1996年	リサーチングおよび開発では通信会社や通信機器メーカーの大手企業から集積し、当面、研究開発要員を約20人配置する。先通信分野の標準的な技術であるSONETなどに対応した製品開発につなげる。
日立製作所 R	米国法人、ヒタチ・コンピュータ・プロダクツ・アメリカ(オクラホマ州)がテキサスにある研究部門に電子取引専門の研究チームを新設。	1997年9月	日本にある電子取引関連の研究拠点を米国法人に移す。ソフトウェア、電子取引、ビデオ電子会議を集結し、国際標準に合わせた技術開発を行う。研究開発要員を1998年3月までに30人にする。
シャープ M	シャープ・エレクトロニクス・マレーシア(セランゴール州)に開発部門が大量入居する新ビルを建設。	1997年中	シャープの海外での研究開発体制を強化することの一環。アジア・米国・中国でも研究開発要員を強化、マレーシアではテレビ・ビデオの基本設計やデザイン、試作品の開発を行う。人員も50から65人に拡大する。
ローム R	インドにも研究開発拠点開設のための連絡事務所を設立した。名称はローム・リサーチ台湾(資本金1億台湾ドル)。	1997年7月	LSI(大規模集積回路)の開発を手掛けるため、今後、台湾・インド・アメリカ・アジアでの研究開発ネットワークを構築。
ソニー R	ソニーコンピュータサイエンス研究所はパリに日本以外では初の研究拠点設立。	1996年11月	パリの研究所で「複雑系」と呼ばれる先端的な研究分野で世界的な権威であるルーク・スティールス白由大学教授を所長に迎え、既視系の研究とコンピュータ技術への応用可能性を及ぶ。
塩野義製薬 R	「ジェナーキ・バイオサイエンス」マサチューセッツ州ボストン。	1997年7月	免疫や脳・中枢神経系・疾患、癌などの新しい治療薬の開発中心に有望な新規化合物を探索する。当初は米国人研究者を中心に30人でスタート。将来は50人規模の陣容。
NTT M	マレーシアに「NTTMSC(マルチメディア・コリドール)」を設立、資本金11億円。MSCの中核都市「サイバージャヤ」に98年末までに研究所建設。人員は30人。	1998年末まで	アジアでのマルチメディア通信の研究開発拠点を本格化。マレーシア政府のMSC計画に参加する。さらに、アジア各国の主要取引業者と共同で「アジア版情報ハイウェー」構築実験を開始する。
住友化学工業 M	米国の農薬販売会社ベーランドUSA(カリフォルニア州ウォールナット・クリーク)の事務所に住友化学も二社で開設。	1996年6月	米国での殺虫剤事業を強化するため、当初は米国・カナダ・メキシコ向けに家庭用および防疫用殺虫剤製品、2〜3年以内に技術的な整備、製品の登録業務を担当。
本田技研工業 M	タイに「ホンダ・R&D・サウス・イースト・アジア」を設立、資本金1,500万バーツ(約5千万円)。	1997年11月	東南アジアでの二輪車の研究開発拠点。現在、本田技研研究所のパシフィック事務所を格上げする。需要を拡大している東南アジアでの商品企画・安全対策への対応を充実させる。現在、30名を50名の陣容に拡大。
吉富製薬 R	英国のグラスゴー大学構内に「吉富神経科学研究所(YRING)」を設立。	1997年10月	精神神経科学領域における新薬の研究開発を行う。当初研究員は10数人、ほかにグラスゴー大学の学者を研究員として迎える。
石川島播磨工業 J	[共同研究] アメリカの複合材メーカーのスパルタ(カリフォルニア州)など米国企業3社とミサイル構造機など軍用にも転用可能な先進複合材料の共同開発に合意。	1996年4月	クリントン政権のもとでの軍民安全保障強化の一環として、民間ベースでの技術転用強化の対象として3社合併、ミサイルなどの強度を高める先端軽量化合材の研究開発。研究期間は1997年秋までの18か月。

会社名	設立場所	設立年	研究目的、研究スタッフなど
松下電器産業 J	〈共同研究〉北京市にR&Dセンター設立。松下電器（中国）公司の本社内に設立。	1996年11月	中国の研究機関（中国 児康復研究中心と中国科学院声学研究所）と共同開発する中国には2千万人以上もの聴覚障害者がいるため：R&D拠点を設け、研究する。研究目的は聴覚障害者向けの訓練システムを設計、研究する。研究員は2000年までに50人にする。
武田薬品工業 J	〈共同研究〉英国のスミスクライン・ビーチャム（SB）とコンビナトリアル・ケミストリー技術分野での共同研究に調印。	1997年4月	武田は1995年6月にヒト遺伝子情報のデータベースを利用した新薬開発でSBと提携。コンビナトリアル・ケミストリー技術は多種類の化合物を効率的に自動合成する技術で、新薬を合成する可能性があると期待されている。間がこれまでの3～5年から1年以内に短縮できる可能性があると期待されている。

出所：図表4-2(1)に同じ。

32社の業種・地域・目的別

業種	エレクトロニクス	8
	コンピュータ・半導体	8
	製薬	5
	化学	4
	自動車	3
	情報・通信	2
	ほか	1
拠点（地域）	アメリカ	12
	アジア	10
	ヨーロッパ	7
	ほか	3
設立目的のタイプ	研究志向（R）	15
	市場志向（M）	14
	共同開発志向（J）	3

ジアの中でも，シンガポールの拠点進出が目立っている。シンガポールはアジアの中でも研究開発に必要なインフラが整っており，研究者・技術者の採用もほかのアジア諸国と比べて良いのである。シンガポール政府が労働集約的産業よりもアジアの頭脳センターとして，資本集約的産業の誘致にさまざまな優遇策を講じて力を入れていることも，要因のひとつである。この傾向は，今後の研究開発の国際化を考える上で，一つの方向を提起しているように思う。(第7章第3節参照)

また，設立目的別に分けると研究志向型が15社，市場志向型が14社，共同開発志向が3社となっており，研究と市場志向はほぼ半々ぐらいであることがわかる。

2．近年の調査研究にみる2つのタイプ

(1) 研究開発の国際化に関する日米欧の比較調査

さて，研究開発拠点の設立目的を以上の3つの視点から考察したが，最近このような問題意識に立った研究調査結果がアメリカで発表された。本章では，このアメリカでの研究調査報告に言及しながら，筆者の意見も交えて今後の海外研究開発の目的をもう一度検討してみよう。

発表された論文は，「ハーバード・ビジネス・レビュー」(*Havard Business Review*, 略称 *HBR*, 1997年6～7月号) に掲載されたハーバード・ビジネス・スクールのキュメール (Walter Kuemmerle) の論文「海外研究開発の効率的構築 (Building Effective R&D Capabilities Abroad)」である。(注2)

本研究は日本，アメリカ，ヨーロッパの多国籍企業32社を調査研究の対象にしている (アメリカ企業10社，日本企業12社)。研究調査の方法は質問表によるアンケート調査とそれをフォローするためのインタビュー調査の両方をベースにしている。業種別には13社が製薬業，19社がエレクトロニクス関連企業である。それらの32社は合計国内外に238社の研究所を持っており，

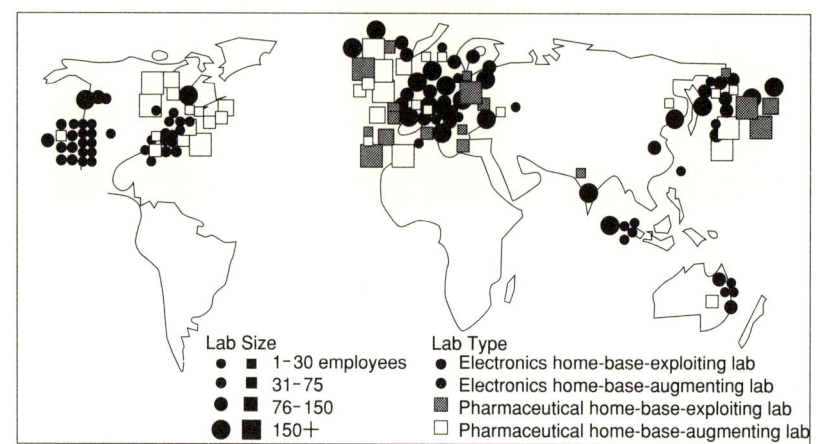

図表4-3 Laboratory Sites Abroad in 1995

Lab Size
- ● ■ 1-30 employees
- ● ■ 31-75
- ● ■ 76-150
- ● ■ 150+

Lab Type
- ● Electronics home-base-exploiting lab
- ● Electronics home-base-augmenting lab
- ▨ Pharmaceutical home-base-exploiting lab
- □ Pharmaceutical home-base-augmenting lab

出所：Walter Kuemmerle, "Building effective R&D capabilities abroad", *Harvard Business Review*, March-April, 1997.

60%以上（156社）は海外に立地している。

業種的には製薬とエレクトロニクスに限られているが，これらの業界は日米欧の多国籍企業であるとともに海外研究開発が最も進んでいるという理由から，その研究対象として選んだものと思われる。対象とした各研究所の人員規模は，小さいところで30名以下，大きいところで150名以上，平均すると約100名である。図表4-3は，キュメールが研究対象とした研究所の規模について図解したものである。

本研究は32社のアンケートとインタビュー調査をベースにした企業の海外研究拠点の現状分析を通して，それを進める上でいくつかの課題や提言（アドバイス），つまり，海外研究開発の効率的な仕組みをいかに構築していったら良いか（Building Effective R&D）を述べている。

(2) ホーム・ベース補強型研究所とホーム・ベース応用型研究所

さて，キュメールは，海外研究開発のタイプを大きく2つに分け，調査対象にした32社はそのどちらかのタイプであるとしている。そして，それらの2つのタイプの海外研究開発はその進展度合いによってマネジメントの仕方

2. 近年の調査研究にみる2つのタイプ

が異なり,各々に対応した対策が必要なことを述べている。

2つのタイプとは,「ホーム・ベース補強型研究所」(Home-Base Augumenting Laboratory Site) と「ホーム・ベース応用型研究所」(Home-Base Exploiting Laboratory Site) である。前者はホーム・ベース,つまり本国本社の研究開発体制を強化する一環として海外研究開発拠点を設け,本社のグローバルR&Dネットワークの一つに組み入れようとするものである。したがって,このタイプではホーム・ベースにはない海外での科学的優位性(Sceintific Excellence)を活用するものであるから,研究所の立地場所の選定(Location Siting)——どこに研究所を設立するか——が重要な戦略課題になる。業種的には製薬業がこのタイプに入るであろう。これは,前述した筆者の研究開発拠点の設立目的からすると「研究志向」のタイプである。これに対して後者はホーム・ベース(本国本社)にある技術を海外の生産拠点にトランスファー(技術移転)することに始まって,現地市場適応のため改良,改善,次には独自の新製品開発へと発展させていくタイプである。このタイプの研究所はR(研究)よりもD(開発)を重視し,そのためには現地の生産・販売拠点の近くに立地する。ここでの重要な戦略課題は,ホーム・ベースでの技術支援を受けながら市場ニーズに対応した製品開発をいかに的確に推し進めていくかである。業種的には,エレクトロニクス関連企業がこの部類であろう。筆者のタイプ分類からすれば,これは「市場志向」の設立目的になる。

筆者はこのほかに共同研究志向のもう一つのタイプを分類しているが,キュメールのタイプ別分類にそれはない。ホーム・ベース補強型の研究所とホーム・ベースで応用型の研究所に加えて,もう一つのタイプとしての共同研究開発志向を加えるべきかどうかについては議論は分かれるであろう。これは,先の設立目的の項で共同研究志向の特徴を説明したように,ホーム・ベース補強型,ホーム・ベース応用型に見られるような形で新しく研究所を設立するというよりも,現在の研究施設を相互に利用する場合が多いからであろう。キュメールの調査対象は製薬,エレクトロニクスに限ったので,第三のタイプである共同研究志向は見いだせなかったと思われる。今後は多様

な形の国際提携が多くなると,共同開発志向のもとに新たに研究所をつくるという動きもみられるだろう。

(3) 研究開発拠点の立地

キュメールのホーム・ベース補強型研究所の各段階別対応を図式化したものは,図表4-4のとおりである。これによると,ホーム・ベース補強型の研究所は,まず立地の段階でそれをどこに設立するかが極めて重要な問題にな

図表4-4 研究開発拠点の設立

研究開発拠点のタイプ	フェースI 立地の決定	フェースII 立ち上がり期	フェースIII 研究所の影響力が最大化する時期
ホーム・ベース補強型研究所			
設立目的: 現地のアカデミック・コミュニティーから知識を吸収し,新しい知識を創り,それを本社(ホーム・ベース)の中央研究所にトランスファーする。	・科学的優位性のあるところに立地する。 ・本社の上級研究者と現地の研究者との連携を促進。	・最初の研究所のリーダーとして,国際的な経験を持った現地の研究者を選ぶ—その人は新しく立地された所でも,研究開発のダイナミズムを理解できる人であること。 ・クリティカル・マスを十分保証できること。	・現地の科学的コミュニティーに積極的に参加することが求められる。 ・現地の大学の研究所と本社の研究所との研究者の交換。
ホーム・ベース応用型研究所			
設立目的: 本社(ホーム・ベース)の研究所から海外の研究所へ,本社の生産・マーケティングから現地のそれへトランスファーすることによって知識を商品化する。	・現地の生産・マーケティング拠点に近いところに立地する。 ・開始の決定段階で他の職能分野からミドル・マネジャークラスを参画させる。	・最初の研究所のリーダーとして,全社的にも名が知れ,国際経験もあり,マーケティングと生産の知識を持った経験のある製品開発担当の技術者を選ぶ。	・本社の研究所との良好な関係が強調される。 ・もともと,現地の研究所を設立する際のスポンサーとなった生産・マーケティング部門を越えたそのほかの全社部門との相互作用が働くように本社従業員を励ます。

出所:図表4-3に同じ。

2. 近年の調査研究にみる2つのタイプ

る。ホーム・ベースにあるものを補強するために海外に研究開発拠点を設けるのであるから，設立するためには有益な研究開発資源が得られなければならない。つまり，どこに研究所を設立するかという立地の決定に当たっては，科学的優位性の確保がまず選択の第一の要件である。わが国でも最先端の研究領域で研究開発拠点をどこにするかという立地を検討する時，優秀な研究者が確保でき，研究のインフラが整っているところは限られてくる。例えば，東京を中心とした関東圏（川崎，横浜，筑波学園都市…）や大阪を中心とした関西圏（京都，奈良，神戸…）になるであろう。筆者の調査でも外資系企業が日本に研究所をつくる場合，それらの地域に立地することが圧倒的に多い（関東圏60％，関西圏11.6％，近畿圏7.5％）。これを，グローバルな視点からどこの国のどこにするかということを考えると，その場所は限定されてくる。アメリカでは三大ハイテク地域とされるRTP（ノース・カロライナ州のリサーチ・アンド・トライアングル・パーク），ルート128（ボストンのMIT（マサチューセッツ工科大学）を中心とした国道128号線沿い），シリコン・バレー（カリフォルニアのサンフランシスコ郊外のスタンフォード大学を中心とした所），あるいはコンピュータ関連ではニュージャージー州のプリンストン大学を中心としたところが挙げられる。

イギリスではケンブリッジ大学，フランスでは南仏のレンヌというようにそれらの地域では各々の専門領域で最先端の研究がなされていると言われている。そこでは最先端の研究情報が行き交い，多くの研究所が存立することによって相互が競争し，人材の確保・引き抜きも盛んである。このような研究拠点が一定のところにまとまって一つの知識群――"Knowledge Cluster"をつくっている。

これに対して，市場志向――ホーム・ベース応用型研究所の場合は，生産拠点の設置後に現地市場への対応として製品の改善・改良を目的に進出していく研究所のタイプである。多国籍企業の発展段階からは生産拠点の設立の際には本国からの生産システムの技術移転が行われる。その場合には，ホーム・ベースからの技術的支援が必要である。そして，次のステップとして現地の市場に適合した独自製品の開発が検討されてくる。一般的には研究開発

の発展段階として,情報収集→市場対応型の応用開発→技術学習→製品開発→独自研究の各段階が考えられる。(前述,第3章第3節)このタイプの研究所は,当初は生産拠点に付随した製品の改良・改善のための実験設備的なものが多い。ホーム・ベースから技術者が派遣され,現地に適応した製品の応用開発や部分的な技術の修正が必要になり,生産拠点内に技術部門が併設される。次の段階では,現地の技術戦略の一翼を担う独立した形の研究施設が設けられ,一定の規模を持った本格的な研究開発拠点が設けられる。この場合の研究開発拠点は,工場に隣接したところや技術者の確保がしやすいところに立地されることが多い。例えば,アメリカにおける日本の自動車産業は中西部(オハイオ,ケンタッキー,テネシー,ミシガンの各州)に生産拠点を設けているが,研究開発拠点はデトロイト周辺に位置している。これはアメリカにおける自動車産業の中心はデトロイトであり,自動車関連に従事する技術者・研究者の確保が容易であるからである。

3. 海外研究開発の指標と成果

(1) 研究成果の指標

わが国企業の海外研究開発活動は主に1980年代後半から今日まで,ごく限られた業種と地域にそれらの拠点をつくってきた。それでは次に海外研究開発が十数年を経た今日,研究成果(output)という点ではどうなのであろうか。これは今後,わが国企業が海外での研究開発の意義を考える上で一つの指標ともなり得ると思われる。すなわち,海外での研究開発活動を行ってきた企業はすでに十数年経過しているので,現時点での研究成果を各社はどのように評価しているかである。

さて,研究開発活動による研究成果としてのアウト・プットの評価はさまざまである。そこには,目に見える形で短期的にアウト・プット——新製品として生まれてくるものもあれば,長期的なレンジでみればいくつかの研究成果が集大成して最終的なアウト・プットに結びついたものもある。研究成

3. 海外研究開発の指標と成果

果を研究プロセスの中で個々にみるか,最終的に一つの結実したアウト・プットとして評価するかによっても見方は変わってくる。そうは言っても,企業の研究開発の最終目的は,何らかの形の完成された研究成果(製品)として市場で評価されることが目的である。研究開発の国際化を議論する意義も,当然,海外での研究開発活動によって生まれたかどうかの関連性の中で問われてくる。

多大な研究開発投資を行っても,研究成果があまり生まれてこないものもあれば,少ない投資でも大きな研究成果となって実を結ぶものもある。一般的には,これまでの経験値からすると,同業種間で相手企業よりも売上に対して研究開発費の割合が高い企業ほど新技術・新製品が生まれてくると言われている。従って,どこの企業でも新技術・新製品を開発しようと思えば,対売上に対する研究開発投資比率を増やす。

研究成果の評価はどの時点で何をもって成果とするかは,一律には言えない。なぜならば,研究成果が研究活動のある時点で評価されなくとも,後々になって他の成果と結びついて一つの製品(技術)となって評価される場合もあるし,どの時点で何を成果とするかは一律には特定できない。一般的に研究成果として評価される最も具体的なものは特許の取得である。特許の取得はすぐ製品開発に結びつくわけではないが,知的財産権としての特許を多数とることによって,他社からの技術的追随を許さない競争上の地位を保持することができる。

多国籍企業の知的財産権を研究している林倬史は研究成果を研究開発活動による特許の取得とそれによる論文発表数の視点から捉えている。[注3] 林の研究は IBM という特定の企業をベースにはしているが,そのグローバルな研究開発体制をアメリカの IBM 単独による特許の取得,論文の発表から IBM の海外子会社や IBM 以外の海外の研究機関との共同研究の推移から分析している。期間的には1981年から1994年時点の特許の取得,論文の発表から捉えている。それによると両方共にアメリカ IBM の単独によるものよりも海外からの割合は確実に増えていることに注目し,IBM の研究開発のグローバル化がすすんでいることを指摘している。このような考察は,研究

成果を最も具体的に計れるものは特許の取得や論文の発表から探ってみようとしている。

(2) 研究成果

次に，わが国企業の海外での研究開発を成果という視点から捉えた場合，どのような状況かを以下の3つの資料を参考にしたい。

① まず，企業が海外で研究開発活動を行うことによって初期の目的が達成されたかどうかについてである。

これについては，科学技術庁の平成8年度『民間企業の研究活動に関する調査報告』の中では，海外での研究開発拠点での研究，外国企業との共同研究，外国大学との共同研究，外国研究機関との共同研究のいずれも所期目的の成果を果たしていると評価している。（図表4-5）[注4]

② 次に，図表4-6は1996年2月科学技術庁科学技術政策研究所による『日本企業の海外における研究開発のパフォーマンスに関する調査』である。[注5] この調査は主に電機・医薬品業界の海外での研究開発の成果につい

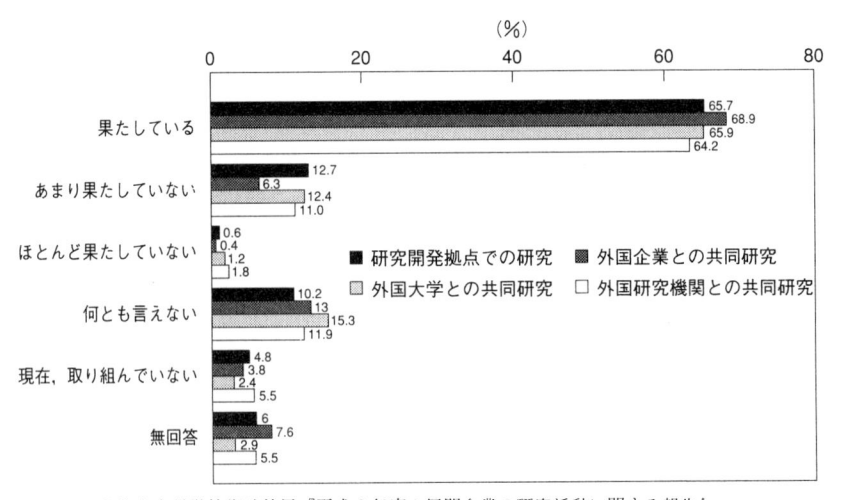

図表4-5　研究開発拠点での研究等についての所期目的の成果

	研究開発拠点での研究	外国企業との共同研究	外国大学との共同研究	外国研究機関との共同研究
果たしている	65.7	68.9	65.9	64.2
あまり果たしていない	12.7	6.3	12.4	11.0
ほとんど果たしていない	0.6	0.4	1.2	1.8
何とも言えない	10.2	13	15.3	11.9
現在，取り組んでいない	4.8	3.8	2.4	5.5
無回答	6	7.6	2.9	5.5

出所：科学技術庁科学技術政策局『平成8年度：民間企業の研究活動に関する報告』。

3. 海外研究開発の指標と成果

図表4-6　研究，開発の段階別の評価（単位：回答度数）

研究段階が主の場合（15社）

	日本より海外が優る	日本と同等	日本より海外が劣る	無答・その他
①論文	5	3	2	5
②特許	3	6	2	4
③アイデア産出	6	4	0	5
⑤技術目標	4	6	2	3
⑥波及効果	4	4	2	5
合　計	22	23	8	22

開発段階が主の場合（13社）

	日本より海外が優る	日本と同等	日本より海外が劣る	無答・その他
②特許	1	2	5	5
③アイデア産出	3	5	2	3
④新製品開発	0	3	5	5
⑤技術目標	1	6	4	2
⑥波及効果	0	3	2	8
合　計	5	19	18	23

出所：科学技術庁『日本企業の海外における研究開発のパフォーマンスに関する調査』1996年。

てである。そこでの研究開発の成果の具体的項目を論文の作成，特許の取得，アイデア，新製品の開発，技術目標の達成，波及効果から捉えている。

　この調査は海外での研究所のパフォーマンスに関するものであるが，ただ漠然とした研究成果の評価ではなく，このようなアイテムを質問することによってそれを具体的な項目の中で捉えようとしたものである。この調査は特許や論文の件数を計るのではなく，これらのアイテムでの日本と海外との研究開発活動の優劣を捉えようとしている。アイテムに関して研究段階と開発段階とを分けているが，アイデア産出では海外の研究所の方がパフォーマンスが勝るという傾向があり，特に研究段階では海外が勝っている。それに対して，日本は開発段階において特許・新製品開発のパフォーマンスが勝って

いると答えている。

③ また，吉原英樹らは近年の日本企業の海外研究開発の成果をアンケートやインタビュー調査によってフォローしている。(注6) つまり，海外での研究開発は日本企業の間では1980年代後半から90年代以降にアメリカヨーロッパにその拠点を設立する形で徐々に増大の傾向にはあるが，研究開発の成果は果たして生まれているのかどうかの疑問がある。これは，筆者も多大の関心をもってインタビュー調査の時に質問するが，具体的に一つの製品開発の形で語られることはあまりない。つまり，わが国企業の海外研究所の歴史はまだ短く，今のところ具体的な成果と言えるものはそれ程多くなく，ましてや海外研究所が発信地となってグローバルな製品へと結びついた例は今のところない。吉原英樹は「日本企業の研究開発の進展と成果」を跡づけるために1994年から95年にかけてアンケート調査を行った。(日本企業の一部上場の製造企業は1091社に発送，有効回答数441社，回収率40％) このアンケートは日本企業の海外研究開発の動向，活動内容，人材，国際的連携などに及んでいるが，海外研究開発の成果に特に注目している。これによると，海外研究開発は成功しているとし（回答の53％），成功していないものは5％である。これをより具体的に見るために海外子会社が生み出した新製品，特許，論文の数でみると海外子会社1社当たりでは新製品——7つ，特許—4件，論文—4編である。また，海外研究開発成果が日本の親会社に逆移転したり（全体の38％），研究成果が他の海外子会社に水平移転したりもしている。(全体の30％) 一般的にわが国の企業の間では海外研究開発は難しく成果は

図表4-7 海外研究開発の成功・失敗

成功・失敗 \ 地域	アジア	ヨーロッパ	アメリカ	合計（その他の地域ふくむ）
成功している	50社(39%)	48(65)	67(59)	180(53)
どちらともいえない	70(55)	24(32)	40(35)	146(43)
成功していない	8(6)	2(3)	6(5)	17(5)
合　計	128(100)	74(100)	113(100)	343(100)

出所：吉原英樹他「海外研究開発の進展と成果」『国民経済学雑誌』第50巻第2号，1998年。

生まれにくいとする見解があるが,実際的には海外研究開発の成果は厳しく問われ,それなりの成果を達成して一応の成功を見ている。(図表4-7)

4. 日本企業の研究開発国際化の位置

それでは,わが国企業の研究開発の国際化はどの辺まで進んでいるのであろうか,またそれは欧米の企業と比べた場合ではどの辺の位置にあるのであろうか。

筆者はこれまで日本企業のアメリカ・ヨーロッパ・アジアにある主要な研究開発拠点——主に自動車,電気機械関係——をいくつか訪問調査してきたことの印象では,少数のケースを除いて今のところ本格的な海外研究開発拠点は見当たらないと考えている。(注7) 本格的という意味は,本国親会社の総売上,人員からみて海外研究開発拠点にどれだけの経営資源が配分されているかの欧米多国籍企業との比較からである。現状では,わが国の企業で海外に研究開発拠点を設けているところはほとんど大企業であり,本国研究開発拠点からみるとその規模は極めて小さい。

この問題に関して国際比較研究したガスマンとゼドヴィッツはアメリカ・ヨーロッパ・日本企業の海外研究開発拠点の規模を調査した。これは研究開発の国際化度をみるために,売上に対する海外研究開発費(横軸)と海外研究所の現地雇用者の割合(縦軸),そして海外研究開発投資の規模をみたのが図表4-8の通りである。(注8)

これをみるとヨーロッパ・アメリカ企業との比較であるが,わが国の企業——ここで調査対象としているのはエーザイ,ソニー,松下,シャープ,NEC,富士通,日立,新日鉄——はエーザイを除いては海外研究開発費も海外研究開発拠点の現地雇用者の割合も極めて低いことがわかる。これらの日本企業は研究開発の国際化が最も進んだ企業であるが,国際的にみれば研究開発の国際化度は低いことがわかる。ヨーロッパ企業は研究開発の国際化度が高い。その理由はそれぞれの国は小さく,研究者・科学者の確保の面で

図表4-8 研究開発の国際化度

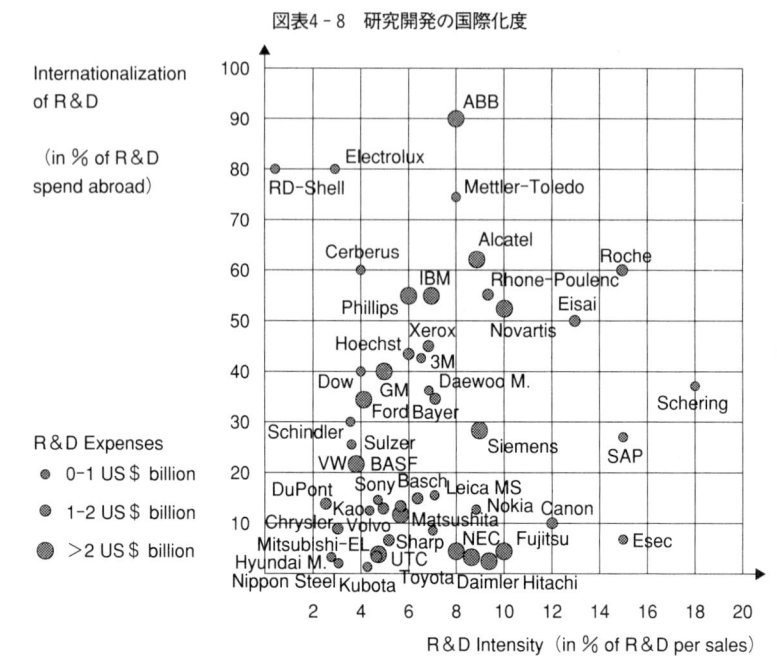

出所：Oliver Gassmann and Maximillian von Zedwitz, "Managing Global Innovation", *1,2 Trend and Driver in R&D Location*, 1999, p. 36.

は自国以外に進出しなければならないというヨーロッパの地域性から起因している。これをみるとスイスの企業——ABB、ロッシュ、チバガイギー、サンドス、そしてアメリカ企業ではIBM、ドイツ企業ではバイエル、ヘキスト等は研究開発の国際化度が高いという結果である。これをみてもわかるように欧米企業との比較からみれば、研究開発の国際化問題はこれから、おそらくわが国企業の21世紀の戦略課題であろう。

注
1．拙著『研究開発国際化の実際』中央経済社，1997年，第2章，50-53頁。
　　また、前掲論文（第3章注13）のJulianとKellerも海外研究所の設立目的（海外研究開発立地の理由）を4つに分けている。(ⅰ) The Political Imperative and Government Incentive, (ⅱ) Market Oriented Reseasons, (ⅲ) R&D Oriented Reasons, (ⅳ) Comparative-Oriented Reasons.
　　筆者の調査研究で3つに分けたのは、その研究対象が米国であるからである。①は政治的・国際的な要請で海外に技術をトランスファーするために海外研究開発拠点をつくることであり、主に第三世界に国家的な技術協力を行うために設立することである。

2. Walter Kuemmerle, "Building effective R&D capabilities abroad", *Harvard Business Review*, March-April 1997, pp. 61-70.
3. 林 倬史「IBM の技術開発分野とグローバル研究開発体制」『立教経済学研究』第50巻第2号, 1996年。
4. 科学技術庁科学技術政策局『平成8年度：民間企業の研究活動に関する調査報告』第3章, 国際化の発展の部分, 1997年, 15頁。
5. 科学技術庁科学技術政策研究所・第2調査研究グループ, 木場隆夫『日本企業の海外における研究開発のパフォーマンスに関する調査』の第3章, 海外 R&D についての評価の部分, 1996年, 20頁。
6. 吉原英樹, デビット・メセ, 岩田 智「海外研究開発の進展と成果」『国民経済学雑誌』第50巻第2号, 1998年。
7. 榊原清則『日本企業の研究開発マネジメント』千倉書房, 1995年, の中の第4部研究開発の国際化で「…少数の進んだ事例をのぞけば, 研究所とは名ばかりのものや, 活動範囲が限られたものが多いのである…」と筆者と同様の感想を述べている。
8. Oliver Gassmann and Maximillian von Zedwitz, "Managing Global Innovation", *1.2 Trend and Driver in R&D Location*, 1999, p. 36.

第5章
研究開発の国際化とグローバルR&Dネットワーク

　本章では研究開発の国際化問題を「グローバルR&Dネットワーク」の構築という視点から考察する。これは企業の経営活動が国際化の段階からグローバリゼーションの段階へと進展したことにも対応して、海外研究開発活動もなぜ「グローバルR&Dネットワーク」の視点から考察する必要があるのかを経営組織の枠組の中から捉えたい。そして、そこでの組織とは従来のピラミッド型・垂直型組織から水平的・横断型のネットワーク組織に対応した「クローズドR&D」の考え方から「ネットワークR&D」への考え方へと視点を変える必要性のあることを併せて考察する。

　まず第1節では「国際化」と「グローバリゼーション」の概念のちがいについて述べ、なぜ今「グローバリゼーション」による考え方が必要なのかを述べる。そして、それに対応する形で研究開発の国際化とグローバリゼーションのちがいを述べ、本章で課題とする「グローバルR&Dネットワーク」の枠組を考察する。そして、そこで基本となるネットワークの概念やネットワークの枠組を捉える際の垂直的ネットワークと水平的ネットワークのちがいについても述べる。（第2節）

　第3節と第4節では研究開発の国際化段階で考えられてきた垂直的研究開発組織の論拠を本社中央研究所の役割、変遷の中での跡づけ、次に「グローバルR&Dネットワーク」で捉えられるこれからの研究開発の視点を「クローズドR&D」から「ネットワークR&D」への変化としてそれらを対比させる。

1. 研究開発の国際化とグローバリゼーションの視点

(1) 国際化とグローバリゼーションの概念

　近年になって日本の産業界では,「グローバリゼーション」という言葉が日常語になった。つい数年前までは,多くの企業で「国際化」への対応が議論され,そのための諸方策が検討された。グローバリゼーションも国際化も企業活動における海外との諸種のかかわり合いを意味するが,そこにはいくつかの違いがある。

　とりわけ,国際化からグローバリゼーションへの質的変化は,近年における日本企業の海外投資の飛躍的拡大のなかに見い出される。日本企業の海外投資は特に1985年の「プラザ合意」を境にして急激な円高となり,その後海外投資は著しく進展し,投資国,投資規模,投資形態などで多様な変容をみせるに至った。

　海外での研究開発活動は多国籍企業の特徴である海外での生産活動の段階から課題になってくることは第2章で述べた。しかし,多国籍企業の特徴として,たとえ海外生産を行ったとしても研究開発の現地化は簡単には行わない。例えば,生産工場を海外につくった場合,生産技術や製品開発の殆どは本国本社で行われ,現地の生産会社は本国の生産・技術部門と密接な連携をとりながら,主として最後の組み立てないし加工の工程をそこでは担うことになる。そしてその運営には本社の生産技術に詳しい技術者とそのトップ,スタッフが派遣され,現地にも同じような生産システムが導入される。この段階では,海外市場で販売,生産活動の一部を現地化したとしても,研究開発活動の依拠するところは本国本社の研究開発部門である。本国本社を起点に進出国の(生産)子会社は一つの線と点で結ばれ,本国から海外への一方通行の動きで捉えられる。ここでは本国本社と(生産)子会社との交流があっても海外拠点間の相互交流はほとんどない。[注1]

　このようなモデルについて,多国籍企業の研究でその発展段階を描いた

コールドは,それを一国中心的多国籍企業(モノセントリック・モデル)と呼んでいる。これに対して,今日の多国籍企業の経営行動はどうであろうか。海外進出拠点は多数の国々に及び,拠点間の交流も積極的に行われている。つまり,単に本国から海外への一方通行ではなく,海外拠点間での販売・生産の相互交流——海外生産拠点から本国への製品の逆輸入,海外での研究開発成果の本社への移転,海外拠点間での経営資源の移動などが積極的に行われている。これは,本国本社が海外子会社を傘下におく経営活動の中心軸ではなく,欧米・アジアの主要地域での拠点間の相互交流あるいは地域間にまたがるリージョナル(Regional)な経営体制の中で捉えられるモデルである。

リージョナルなマネジメントの発想は世界の主要地域(アメリカ,ヨーロッパ,アジアなど)にいくつかの拠点会社をつくり,それらを中核としながら各地域の特性に即応した経営体制である。コールドはこれをモノセントリック・モデルに対してポリセントリック・モデル(多数国中心的多国籍企業)と呼んでいる[注2](図表5-1)。

多国籍企業の「地域統括本社制」はまさにコールドが描くポリセントリック・モデル論拠をおくものである。筆者は多国籍企業組織の発展モデルとしての地域統括本社制の研究に早くから注目し,その運営についての構想と実際上の問題点について研究した。[注3] ポリセントリック・モデルは本国本社が経営活動の中心軸ではなく地球規模,つまりグローバルな視点からの各々の機能——販売,生産,研究開発活動など——がどうあるべきかを考え,それらが活動するのに最適のところを選ぶ発想で捉えるのである。この段階は第2章3節で言及した多国籍の発展段階の第4～第5段階であり,企業の国際的活動がかなりの程度で進んだ段階である。この段階では,経営資源はグローバルな視点から生産コスト,研究開発コスト等を比較検討して,国家間での分業体制をすすめる前提として世界市場を一元的に捉えた組織体制で対応する方法を採るのである。この段階が正に地域規模での経営活動に対応した「グローバリゼーション」の経営段階であり,研究開発のグローバリゼーションもこのような視点から考察されなければならない。

1．研究開発の国際化とグローバリゼーションの視点　　75

図表5-1　親会社・拠点会社モデル

(モノセントリック・モデル)

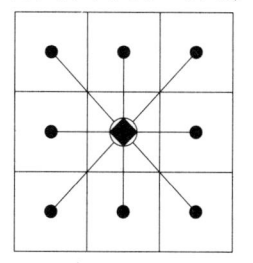

一国中心的多国籍企業

(ポリセントリック・モデル)

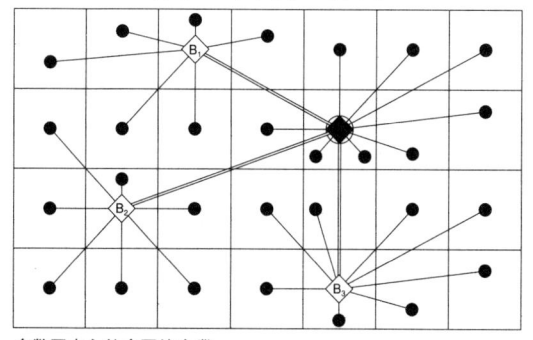

多数国中心的多国籍企業

説明：1．各正方形は独特の国民文化をもつ別個の国を表わす。
　　　2．★　本部会社
　　　3．◇　拠点会社（関係企業グループの本部）
　　　4．●　関係会社
　　　5．＝　本部会社の指令系統
　　　6．－　拠点会社の指令系統
出所：E. J. Kolde, *The Multinational Compony*, D. C. Heath and Company, 1974.（天野明弘監修，中川功訳『多国籍企業』東洋経済新報社，1976年，175頁。）

(2) 研究開発の国際化とグローバリゼーション

　さて，研究開発は本質的には集中化の中から成果が生まれてくるものだという考えがある中でも，経営活動の国際的発展に伴って，研究開発の分散化

が行われることの要因を第2章でみてきた。

　さて，われわれは研究開発の国際化論を問題にする時，その研究の対象あるいはスタンスは何を意図して考えているだろうか。通常，「研究開発の国際化」を論ずる場合，それは企業の国際化戦略のプロセス中で販売の国際化，生産の国際化そして研究開発の国際化というように機能（戦略）の視点から捉えてきた。つまり，わが国の企業が国際化するという時，その研究スタンスはまず始めに製品輸出の段階があり，輸出市場を本格化するために販売拠点が設けられ，次の段階として多国籍企業の特徴とされる生産活動の国際化が行われる。そして，それらの活動がさらに進展した機能展開として研究開発の国際化がある。

　このような国際化の発展過程の中で，一般的に意味する研究開発の現地化とは本国本社を基軸にして海外に何らかの物理的な拠点（physical units）を設けることを指してきている。そして，この拠点の設立を検討する場合，その拠点は何を研究の目的に，どのような方法で，どこに立地（siting）するかが課題とされる。このような中で捉えられる研究開発機能の現地化問題は正に，「研究開発の国際化（internationalization of R&D）課題であり，その考察のレベルは多くの場合，海外の研究開発拠点（foreign R&D unit）に関することである。」[注4] そして，次にそれらの拠点がどのようなプロセスを踏んで進むのかという発展段階が検討される。これは（第3章第3節(1)で述べたように）企業の国際化の発展段階と同じように，研究開発の国際化も一定の段階を踏んで進んでゆくという論理である。ロンスタットはTTU→ITU→GPU→CTUの分類で海外研究所の役割をタイプ別に示し，筆者は技術情報の収集→製品の改良・改善（応用開発）→実験・技術学習→新製品開発→独自研究という発展段階を示した。タイプ別は確立された海外研究所の役割・性格を分類したものだが，それを発展段階から捉えるとTTU→製品の改良・改善，ITU→実験・学習，GTU→新製品開発，CTU→独自研究に相応する形で，結局はほぼ同じような分類になる。ただ，これらのタイプ・発展段階の区分は一般的な製造業—電機・自動車・機械など大量生産志向のアッセンブリープロダクツの会社には当てはまるかもしれない

1. 研究開発の国際化とグローバリゼーションの視点

が,この他の全ての業種にもあてはまるかどうかである。例えば,製薬会社を例にとった場合海外に最初から研究志向型——ホームベース強化型——の研究所を設立する場合は発展段階から言うと独自研究に近いもの——ロンスタットのGTUかCTU——であり,必ずしもTTU・ITUから始まっていない。これは企業によって海外での研究開発目的が現地市場対応型のものか,それとも本国本社の研究開発を補強するためのものかによって異なる(第4章1,2節参照)

また,企業によっては必ずしも一定の段階を踏まずバイパスしたり,逆行したりすることもある。例えば,ロンスタットの分類を例にとると技術移転のための拠点からグローバル技術開発拠点に飛躍することもあるし,本国本社のための基礎的研究開発を目的とした拠点が初期の成果をあげることができず,現地市場志向の製品開発に転換するような場合もある。また,他の視点から見れば,当初は現地のマーケットニーズに対応した市場志向の研究開発を行うことを目的に拠点を設けたとしても,そこに本国よりも優れた研究者・技術者が確保されることによって本社の研究開発を補強する研究志向型——ホームベース強化型——研究所に主たる目的を変えたり,また逆に当初は研究志向の研究所を設立しても市場志向の研究所へとそのウエイトづけを変えたりすることもある。また,本国親会社が他企業から買収されることによって,海外研究開発が当初目的としていたものが買収会社の経営戦略の変更によってその位置づけがまったく異なったりすることもある。

フランスのINSEADビジネス・スクールのデマイヤーは,日本とヨーロッパ企業の海外研究開発拠点22社の実証研究から次のような興味深い指摘を行っている。「研究開発の国際化の研究で海外研究子会社の機能に関してこれまでの議論では納得した分類が行われていない。われわれの22社の実証研究の中で,約100社のすでに確立した研究子会社のサンプル調査では,その機能は経済学の文献で語られている以上の諸要因で実際上は行われていることである。つまり,海外研究開発拠点はそれぞれの研究目的・使命・方法を当初かかげ,設立したとしても実際上はそのことによる影響を受けていることはほとんどない」と指摘する。[注5] すなわち,設立後の海外研究開発拠点

の実態をよく調べてみると，そこには当初の研究目的・研究方法，研究段階とは必ずしも一致しないその場の置かれた拠点の状況，あるいは本国本社の研究開発戦略の変更によって実際上はダイナミックな運営が行われているということである。

このことは，海外研究開発は研究目的・使命・方法あるいは発展段階が不遍的・統一的に行われているのではなく，それぞれの状況に対応した中で研究開発課題が設定されていることであり，その基本に貫かれているのは企業の本質である経済性の原則からその成果が問われるのであるということである。

このことは，本国本社の研究開発体制の見直しに伴う海外での研究開発機能の変更，あるいは海外生産子会社からの研究開発課題の要請やサポート，海外研究開発子会社のトップの交代に伴う研究開発政策の変更によっても，状況に応じたダイナミックな運営が行われていることである。このような実態からすると研究開発の国際化は一定の目的の下に段階を経て不遍的に進むという静態的な捉え方よりも，いかに本国本社の研究開発戦略にフィット（合致）したグローバルな研究開発体制を構築すべきかの動態的な視点の中で考察してゆくことが課題となってくる。

(3) グローバルR&Dの論理

前節でわかったことは「研究開発の国際化」問題を捉えるこれまでの方法は，その実態を説明する論理にはなり得ないということであった。しからば，どのような視点から海外研究開発の実態を説明する論理を求めたらよいのであろうか。

そこで，われわれがここで提起したい論理として「研究開発の国際化」を「研究開発のグローバリゼーション」の視点から捉え直してみることである。これは言ってみれば海外での研究開発活動がある程度進んだ状況ではあるが，国内外にあるいくつかの研究開発のための拠点を個別の単位（ユニット）としてではなくそれらを一体化したトータルの活動として捉え，各々の単位（ユニット）を関係づけた研究開発活動のネットワーク（R&D net-

1. 研究開発の国際化とグローバリゼーションの視点

work)で考えることである。(注6) この捉え方は「研究開発の国際化」の視点に立った捉え方ではなく MIT（マサチューセッツ工科大学・スローンスクール）のウエストニーの見方からすれば「技術開発のグローバルマネジメント」(Global Management of Technology Development)の視点である。これは企業が本国あるいは本国以外に研究開発のための何かの拠点・ユニットをつくり，そことのネットワークを組むことによって，本社の研究開発活動に生かす技術戦略のトータルな活動のリンケージとして捉えるのである。トータルなリンケージは本国本社を中心軸としたモノセントリックな見方ではなく，いくつかの地域を中心軸とするポリセントリックな見方の中で捉えること，あるいは研究課題によって異なる研究開発の最適拠点をどこの国・地域に求めたらよいかという視点で考えることである。このことはすなわち研究開発をグローバルな視点から考える「国際化からグローバリゼーション」への概念の変化でもある。つまり，研究開発の国際化を考える場合の視点は，これまでのような海外拠点・ユニットに関する諸問題を研究することに対して，それを技術開発のグローバル・マネジメントの一つとして捉え，それぞれのユニットを動態的な機能として捉えるのである。これは，研究開発の国際化が本国本社を中心軸に海外に拠点を設立することに関連した諸問題を課題とすることに対し，技術開発のグローバル・マネジメントは企業が研究開発活動を考えた場合，それをグローバルな視点からどことどのような関係性をもったら良いかを考えるのである。その関係性とは，グローバル化した企業の研究開発活動はさまざまな選択肢をもって考えられるということである。つまり，海外での研究開発活動のための拠点の設立もあるが，海外からの技術導入もあり，また海外の企業との共同研究や技術提携による人材の相互交流，また海外の大学への研究者の派遣，資金の援助，海外の企業との研究者の交流など多様な形態がある。このような状況の中で考えると，グローバル化した企業の研究開発活動はさまざまな選択肢をもってどのような方法でどこと関係性（ネットワーク）をもつことが最善なのかを研究することである。このことは，これまでの「研究開発の国際化」問題の中心テーマだった「海外での研究開発拠点の設立の議論は企業の研究開発の学習能力を

改善する一つのツールにすぎない。」[注7]し，それを生産的に運営する方法は多様な形態を関係づけるネットワークの考え方こそが重要になってくる。

2．ネットワークの概念

(1) ネットワーク組織の視点

　そこで，研究開発をネットワークで考える場合のネットワークとは何かを明確にする必要がある。

　さて，ネットワークという言葉はさまざまな意味に用いられている。例えば，現代はネットワーク社会であるとか，企業組織はネットワーク組織であるべきとか。そして，コンピュータネットワークを活用しようとか，ボランティア・ネットワーク，女性のネットワーク…などさまざまなネットワーク論が言葉として伝わってくる。わが国でネットワークという言葉は，1970年代初頭に論議された"情報化社会とは何か"をめぐる産業界の情報化対応の認識の中で生まれ，その後，70年代後半にはやや鳴りを潜めていたが，80年代に入って新たな切り口で「ネットワーク」が再び論議されるようになった。[注8]そして90年代以降，コンピュータやインターネット等の情報通信技術の飛躍的発展は，産業界における企業組織のあり方や経営者の思考スタイルを根本的に問い直すことになった。

　まず，ネットワーク（Network）の議論で考えられるその概念の本来的意味は「全体を構成する幾つかの諸単位がネット（net：網，網状の意味）状の形で縦横無尽に結ばれて一体的に機能（work）する関係（relation）」の様を指しているものと考える。

　わが国でネットワークの議論を組織論の視点から最初に問題提起した今井賢一は「ネットワークとは，抽象的には，ある『関係』の下にある程度まで継続的に『連結』されている『諸単位』の統一体として定義する。そうすると，まず第一にその連結される『単位』のレベルをどこに設定するかが問題となる。つまり，個々の人間のつながりと考えるのか，それとも個人の集団

ないし組織を単位としてその連結を考えるのかという問題である。…中略…ネットワークという概念を用いることの有効性は，特に組織間の関係を統一体として捉えるときに発揮される。言い換えれば，組織の集合を捉えることがネットワーク組織という概念の特色となる。」(注9)

つまり，今井も指摘しているようにネットワークの概念は一時的なものではなく，継続的な関係の中で捉えられるものであることを指している。そして，それらの関係はさまざまな単位との連結の中で考えられるが，特に有効なのは組織と組織との関係の集合体として捉えるべきことを指摘している点である。このような組織と組織との連結の関係は具体的には組織体である企業と企業，企業と大学，企業と政府，国内企業と海外企業などのさまざまな結びつきの態様が考えられる。そして，われわれがどこかの機関・組織と「ネットワークを組む」ことを考える時，少なくともそれらの関係する意図は否定的，マイナス志向ではなく肯定的，プラス志向で相乗的に相互が機能することを期待している。つまり，組織と組織が関係をもてば，それらが相互補完することによって何かの相乗効果が生まれることを期待してネットワークを組むのである。

ネットワークをこのように伝統的な組織論で考える一個の固定した組織の実態として考えるのではなく，組織と組織との「関係」の中で前向きにプラス志向で相乗的に捉える。ネットワークとは組織と組織との関係の中で捉えようとする組織論の新しい考え方は，「組織間関係論（interorganization theory and management）」の領域であり，企業間ネットワークの研究を主眼とした新しい研究課題である。(注10)

(2) 垂直的ネットワーク組織の捉え方

以上のようにまず，ネットワークを組織と組織との関係の中で捉えた。次にそれらの組織間関係を具体的に企業の実態として考えると，個々の単位はどのようにしたら効率的に作用するのかという課題がでてくる。まず，一個の固定した組織を効率的に機能させる伝統的な考え方としてピラミッド組織による捉え方がある。これは組織目的達成のためにそれを構成する各人を職

務の体系として設計する官僚制的組織構築の考え方である。

　ここでこのようなピラミッド組織の発想の延長として，組織間関係論あるいはネットワーク組織を考えた場合，それらを構成するグループ全体の組織効率の達成に適用して考えるとどのような枠組になるであろうか。

　これはわが国企業の経営の特徴の一つとしてピラミッドの頂点である親会社を司令塔としてそれとの組織間関係のある子会社，関連会社，下請け会社などの系列的な体系の中でも捉えてきた考え方である。これは，ネットワークの概念から考えると親会社をピラミッド組織の頂点とする縦型で垂直的なネットワークの形成である。

　この場合の情報の流れは親会社から子会社，関連会社，下請け会社へと縦型に流れる。この組織構造は「権力のピラミッド型組織」あるいは「命令と権限のヒエラルヒー的構造」である。[注11] この組織では集権的管理を可能にするための縦型のコミュニケーションが形成されて，情報が下から上へと伝達され，命令が上から下へ流れるようなシステムをつくっている。この型のネットワークを展開する企業では，中核の親会社と子会社間で固い結合が形成されて集権的管理が成立し，子会社や系列企業の自律性が制約されることになる。このような組織構造が成り立つ前提としては多くの組織論者が指摘するように組織の方向性・目標が明確に設定されていることである。その場合，ネットワーク組織を構成する頂点としての親会社の組織目標が明確であれば，その目標を達成するための手段としての構成メンバーの役割は自ずから決まってくる。

　日本企業の中でこのような組織間関係が成り立ってきたのは戦後から近年まで続いた欧米に追いつくための工業化社会を目標とした明確な組織目的があったからである。[注12] わが国の工業化は，欧米諸国からの技術導入によって（工業）生産の強化という明確な目標設定の下に効率的な生産体制をめざすことであった。消費者の欲しているもの，マーケットニーズは明確で，そのための効率的な生産体制の確立を組織的にどう形成するかであった。各部門は技術導入したものを改良・改善し，あるいは自ら開発したものを量産化した。そして，そこには役割分担（分業組織）を明確に決め，それを確実に

遂行するために組織内部や組織間関係を拡大していった。この発想は基本的にネットワーク組織で考えた場合は垂直的ネットワークの形成による縦断的な捉え方である。

(3) 水平的ネットワークの捉え方

垂直的ネットワークの考え方に対して,もう一つの組織の特徴は,水平的ネットワークによる捉え方である。水平的ネットワークは垂直的ネットワーク組織と異なって,ネットワークを構成するそれぞれの組織・諸単位が主体であり,それらが創発的・自律的に市場の変化に対応し,ネットワーク全体の効率をあげることである。

今井賢一は「日本の産業社会には確実に新たな文脈が生まれつつある。それはマスプロ型で産業,企業の境界を明確にし,ヒエラルヒー型の組織で運営する固定的分業の古い文脈から非マスプロ型で産業,企業の境界が融合し,ネットワーク型の組織で運営する伸縮的分業の文脈への変化である。」[注13]と指摘する。このことはつまり,戦後の日本の産業を支えてきた工業化社会の原理である目標達成のための垂直的ネットワークで考える組織論の枠組みでは機能しなくなったということである。これに対して「新しい文脈ではこれとは逆に,情報は細部や現場に分散的に存在し,それらの相互作用によって意思決定に必要な情報がつくり出され,集約される,(国際化した今日の社会では)グローバル・ネットワークを構成する個々のメンバーが創発的にネットワークの他のメンバーに働きかけることは価値創造にとって不可欠の条件である。ハイアラリカルな階層関係によって予め計画され,規定された職務だけを遂行するのみでは変化に対応することはできない。変化の中からビジネス・チャンスを読み取ったり,新たな問題解決方法を発見したりするためには,ネットワーク内の個々のメンバーの「創造性」とそれに基づく自律的な活動が保証されなければならない。」[注14]と,横断的な枠組の中で捉えられるネットワークのメンバーの自律性を強調する。つまり,垂直的ネットワークによる縦断的思考ではなく,ネットワークを構成するメンバーが自律的・自発的に変化に対応できる単位として捉えるのである。そ

して，それらの諸単位は国内だけでなくグローバルな広がりの中で捉えられるべき段階であるという事である。グローバルな範囲にまで広がった諸単位をグローバルネットワークの枠組みとして個々の自律性・創発性をどのように喚起したら良いかのマネジメントシステムの構築が重要な鍵となってくる。

3．垂直的研究開発組織の視点

　第1節ではネットワークの概念やそれを考える2つの視点を指摘した。そこで，ここでは第1節での論拠を踏まえ，それを研究開発の国際化の課題に適用して考えてみたい。

(1) 研究開発の国際化―垂直的研究開発組織の論拠―

　まず，われわれが研究開発の国際化 (Internationalization of R&D) という場合，その論拠は企業の国際化の発展段階の中で捉えてきている。[注15] つまり，本国（日本）で開発し製品化したものをまず国内で販売し，それを海外に輸出・販売する。そして，海外生産活動を行い，次のステップとして研究開発の国際化を考える。[注16] その場合の研究開発の国際化の側面は多くの場合，海外生産活動のための技術的支援にはじまって，進出国市場のニーズに対応した製品の改良・改善型の研究体制，さらにはそれを組織的にも独立した形態の小規模研究開発拠点をつくるというプロセスである。このような海外での生産活動に付随した形の研究開発拠点の設立や研究開発の資源配分，そのマネジメントに関しては基本的には経営組織の最高司令部である本社の研究開発戦略によってすすめられる。そして，この場合の本社とは本国で研究開発の基本方針や資源配分をつかさどっている中央研究所や事業部門であり，海外での海外研究開発機能はそれらの支援機能，つまり本社の傘下にある研究開発子会社としての役割を担っている。この場合の構図は子会社である海外研究開発会社は親会社である本社の指揮・命令の下で行われるこ

とになる。その関係は,親会社と子会社,そしてピラミッド組織の最上部である本社とそこからの指令を受ける子会社の中で捉えられる。この場合の組織間関係は本国親会社の決定した研究開発ポリシーの下に,海外の研究子会社はその一翼を担うという分業組織の原理の考え方である。このような分業による研究開発の基本的枠組は本社を司令塔とする明確な目標が設定され,それを達成するための効率的な仕組みをいかにつくるかということである。この場合の前提は親会社である本国本社の研究開発目標が明確に決まっていることである。

(2) 本社・中央研究所的発想の論理

以上のような本国本社による研究開発目的の設定はほとんどの場合,そのピラミッドの頂点にたつ中央研究所の役割であったと考えられる。[注17] 中央研究所の特徴は企業内の組織として,研究開発の芽であるシーズを発見し,製品化し,生産,販売を行って行くという企業の垂直的統合のプロセスの中で捉えられてきた。

中央研究所がわが国の企業の間で一つのブームとなったのは1960年代(昭和30年代後半)から70年代にかけてである。各社はこぞって企業の研究開発力の強化を目的として中央研究所を作った。およそ中央研究所は各事業部門の研究所とは違い本社―コーポレートに所属し,その目的は全社的視野にたって企業の研究開発戦略を強化する一環として作られた。[注18] これは,各事業部門の研究所が現在の事業に関連した短期的な研究を行っているのに対し,中央研究所は長期的な計画や投資の決定に権限をもち,そこで方向づけられ,研究したものを各部門研究所に下ろしてゆくという上から下への関係である。多様な研究所の中でも中央研究所はその先頭に立ち,研究目標を設定しそれを各ディビジョンに下ろしてゆく図式である。

しかし,今日の状況はどうであろうか。技術革新のベースである企業の研究開発はさまざまな技術が複合化・多元化・融合化し,またハードとソフトが一体となった研究開発が行われている。さらに研究開発の発想が生産者よりも消費者に近い視点からのアプローチが必要になればなる程,垂直的組織

思考で捉える中央研究所の役割は変化せざるを得ない。中央研究所が戦略的に機能してゆくためには日々の問題と長期的な問題がうまく絡み合わなければならないのである。つまり，企業の目的課題と中央研究所の研究開発が一体化した市場の変化に即応した体制づくりが必要なのである。かつてのわが国の高度経済成長の土台にあった工業化社会を目指した時には，中央研究所の役割も明確に示されていた。しかし，今日のような技術が多元化・複合化・融合化した中で生まれる研究開発の時代にあってはそれらを全て中央研究所の機能として抱えることに疑問が出てきたのである。

最近，アメリカでは中央研究所のあり方に疑問を投げかけた『中央研究所の時代の終焉』はこのような動きを的確に捉えたものとして注目される("Engines of Innovation" by Richard S. Rosenbloom & William J. Spencer, 1996)。これはアメリカを代表する大企業のコダック，GE，AT&T，デュポン，IBM，ゼロックス，RCA などの中央研究所が行ってきた研究開発の「黄金時代」は終わり，今やそれらの企業では研究開発を中央研究所から事業部レベルあるいは他の研究機関とのネットワークを強めてきていることを取り上げた内容である。おそらくわが国の企業の間でもこのような動きはあると思われるが，この検証については筆者の今後の課題である。

4．グローバル R&D ネットワークの視点

(1) 縦断的思考から横断的思考

今まで述べてきたように，中央研究所的発想に基づく企業の研究開発の枠組は垂直的ネットワークの考え方であった。

そこで，今度はそれを水平的ネットワークの中で研究開発の枠組みを考えてみたい。これは前節の技術開発のグローバリゼーション（Globalization of Technology Development）の視点から捉えたように，その枠組を本社と子会社との縦断的関係ではなく，それらを並列的・横断的な関係の中で再考察しようとしている。これは従来のように本社・中央研究所が司令部でその

傘下としての海外での研究開発体制ではなく，いわば（親子ではなく兄弟の関係のような）相互交流の中で子会社をより自律的・自発的な単位として捉えるのである。つまり，この捉え方は本社・中央研究所に権限を集中し，その決定の下で海外子会社が運営されるということではなく，子会社自体が研究開発の活動要件を認識し，自律的な運営単位として機能してゆくことである。この意味する背景は，今日の企業環境は事業活動にとって必要な新しいアイデア・発明・発見は，事業部・研究所等の各々にセグメントされた現場あるいは日常の経営活動の中にこそ思い出され，それをいかに発見するかの自律的運営こそが問われているからである。この場合には本社の研究部門や中央研究所の責任者の機能は，垂直的ネットワーク組織の頂点にたった全社の司令塔という縦断的発想から，事業部門や研究所を横断的，並列的な関係の中で運営される単位，つまり今日の組織論で言う"ネットワーク組織"の論理で考えることである。

(2) クローズドR&DとネットワークR&Dの視点

次に，それではネットワーク組織で考える研究開発と従来型の研究開発はどのようなちがいがあるのであろうか。

「ネットワーク組織」の見方は，「研究開発の国際化」のスタンスとは異なり，それはグローバルな経営活動から見た世界の研究開発資源をいかに自社の戦略の中に取り込んでゆくかの視点である。そこには国内外の研究開発拠点をはじめいくつか関係機関（ユニット）とネットワークを組みながらそれらを効率的・生産的に結びつける方法を考えることである。これは，これまでの研究開発組織にみられたホーム・ベースを頂点とするピラミッド型組織の垂直関係ではなく，各々のユニットが一つのグループとして自律的・創発的に，相互交流の仕組みをつくってゆく組織，すなわち「ネットワーク組織」のスタイルである。

これまでのピラミッド組織における研究開発の形態では情報は組織の中央に集中し，その決定に基づいて各ユニットが機能する体系である。しかし，今日のような情報が至るところにはりめぐらされた「情報化社会」では情報

は中央である本社・中央研究所に集中するのではなく各ユニットに分散化され，それらが状況に対応して創発的・自律的に運営できる仕組みをつくることである。

そこで，筆者は研究開発の国際化問題をこれまでの視点にたった捉え方を「クローズドR&D」そして，ネットワーク組織の視点に立った新しい捉え方を「ネットワークR&D」と規定して，両者のちがいを考えてみた。図表5-2はそのちがいをまとめたものである。

「クローズドR&D」は企業の研究開発の基本スタンスはピラミッド組織の上層部にあるトップが掌握し，その意思決定の下でミドル，ロアー層へと情報が伝わってゆく。研究開発は本社研究所である中央研究所の方針設定のもとにシーズを発見し，各ディビジョン研究所はそれに従って研究開発し製品化へと結びついてゆく。このような研究スタイルは研究開発に必要な経営資源は全て自社内での同質的な取り込みの中で行われる。従って，その研究開発活動を維持するための固定費・人件費は高コストになってくる。これに対して「ネットワークR&D」の基本スタンスはネットワークを構成する研究開発のための国内外のユニットと関係をもち，それぞれがイノベーションの単位となる。それぞれのユニットは自律的に相互のネットワークを密にしながら，主にプロジェクトベースでの課題を掘り下げてゆく。研究開発のため

図表5-2　グローバルR&Dネットワークの捉え方

「クローズドR&D」	「ネットワークR&D」
〈研究開発の国際化の視点〉	〈技術開発のグローバリゼーションの視点〉
・思考スタイル：本国中心的・縦断的思考	・思考スタイル：多数国中心的・横断的思考
・静態的・秩序的	・動態的・創造的
・高固定費の維持	・低固定費
・R&Dスタイル：段階的研究	・R&Dスタイル：プロジェクトベース
・自社開発	・自社開発・提携・共同研究など
・R&D資源の本社集中	・R&D資源の分散化
・ピラミッド組織＝官僚的	・ネットワーク組織＝自律的
・リジットな組織構造	・コンピューターネットワーク
・垂直的組織	・水平的組織
・同質な取り込み	・異質な取り込み

の経営資源は自社内部のものだけではなく，広く国内外の外部資源を取り込んでゆく方法を考える。

　また，研究開発のための拠点の立地選定（siting）はグローバルな経営視点からみた場合の知の集積地（knowledge cluster）はどこにあるのか，つまりそれらが集積されている欧米・アジア（日本）のどこと関係をもつかを考えるのである。そこには，本国本社に研究開発機能の中枢部分は置くにしても，欧米，そしてアジアの方が当該企業の目指す研究分野では，その知が集積し経営資源も有効に活用できるとすれば，そことのネットワークを強化しようとする。これは，現在，日本企業でも先進的国際企業と言われるいくつかのグローバル企業は欧米・アジア，そして中国に研究開発拠点を設立しているだけでなく，海外の企業，大学，研究機関との提携・共同研究によって相互の交流を行っている中でもみられる。「クローズドR&D」から考えれば国内自社資源の活用という発想になるが，「ネットワークR&D」だと研究開発のための経営資源をグローバルな視点から考え，それに必要な最適な立地選定・関係機関とのネットワークを組むのである。グローバルR&Dネットワークはこのように世界の中での優れた知のネットワークをいかに効率的・生産的に構築してゆくかということである。

(3) **集中化と分散化のネットワーク**

　このように「ネットワークR&D」の視点は「クローズドR&D」の視点とは異なって多数国中心的・横断的思考の中から研究開発課題の最適性を国や地域そして多様な研究方法・選択肢の中に見いだそうとするものである。ただ，多数国中心とは言っても，それぞれの企業には本拠地があり，研究開発資源の本源的蓄積は本拠地にあるとすれば，当該企業にとっての研究課題はそこの本拠地の方が有利であり，将来的にもそうだとすればその研究開発は本国本社の枠組の中で強化するであろう。他方，研究開発領域によっては海外研究開発の方が優位にあるとすれば拠点の設立や海外関係機関とのネットワークを強化するだろう。これまでの日本企業はわが国で開発された製品や技術がその優位性をもってきたのは，その領域では日本での研究開発力が

優位で，強みがあるからこそ国内でのネットワークを主体的に考えてきた。つまり，研究開発すべき領域をグローバルな視点からみて，そのための研究開発資源の確保が一番どこが優位であるかをよく検討して拠点のサイティング（立地）を行うかが課題である。国内の方が良いか，海外の方が良いか，あるいは国内に本拠地を置くにしても，研究領域によっては海外との関係を結んだ方が良いのか，さまざまな方法が考えられる。このような視点からグローバルR&Dネットワークを考えるとMITのウエストニーは，近年の多国籍企業の海外研究開発のタイプを，大きく2つに分けた。(注19) 一つは多国籍企業であっても研究開発は集権化しているもの，もう一つは分散化しているものである。しかし，研究開発を集権化していても本国親会社（Home Base Model）に集中しているものと，いくつかの国に（Multiple Home Bases）に集約しているものとの2つに分けている。もう一つは，研究開発を分散化しているもので，それを4つのモデルに分類した。①ワールドワイドリードセンターモデル，②地域ベースモデル，③地域統括本社モデル，④総合ネットワークモデルに分けた。このような分類からすると，多国籍企業と言えどもウエストニーの調査からだと研究開発のモデルではモデルIタイプのホームベースに研究所を集権化させているところとIIのタイプのマルチ・ホームベースのところが最も多く，それぞれ41％と18％，全体で59％である。これは，研究開発は本国本社に集中化しているが，研究開発の国際化の感覚はないわけではない。このタイプの企業は国際化のためのいくつかの施策を行っており，その場合のここでのタイプは国内の本拠地を中心としたR&Dネットワークの構築である。視点は常に海外への関心に目を向けた"大きな耳"をもつことだとしている。

　他方，海外に分散化した研究開発の場合，世界に立地するいくつかの拠点，また地域別にみた拠点，地域毎の本部機能，統合した場合のモデルというようにいくつかのタイプに分けられる。それら各々に対応して世界にいくつかの研究開発のリードセンターをもっているモデル12％，地域ベースモデル12％，地域統括本社モデル5％，統合モデルである「グローバルR&Dネットワーク」を完全に近い形でおこなっているところは1％にすぎない。

図表5-3　グローバルR&Dネットワーク拠点のモデル

1. 集権化…………41％
〔ホームベースのR&D組織〕
 ― 新技術開発は本国に集中
 ― 技術の拡大は以下によって達成
   (a)技術提携
   (b)消費者に近い重要なマーケットを感知する単位（センサーユニット）あるいは鍵となるテクノロジーセンターをおく。
 ― 優位性：クリティカル・マス，技術の方向性をコントロールできる。現有の技術をテコにする。
 ― 潜在的弱み：技術開発において実際的に認知されている国内志向主義のため，顧客から離れることになる。
 ― 鍵となるのはクロスボーダーの組織能力である"大きな耳"（Big Ear）をもつこと。

2. 集権化…………18％
〔マルチホーム・ベース〕
 ― 各ビジネス毎に優位性の中心地を（センター・オブ・エクセレンス）おく。そこで新技術開発を自社のものとして行う。
   主要市場―ある場合は本国以外にも立地―で各ビジネス単位が本社と共存関係
 ― 優位性：認知されている国内志向主義を改善する。クリティカル・マスを維持し，技術の方向性のコントロールを行うことができる。
 ― 潜在的弱み：コアコンピタンス，事業単位にほとんど適しない。それ故に本国本社の事業単位のコアコンピタンスの力を必要とする。
 ― 鍵となるのはクロスボーダーの組織能力である"大きな耳"をもつこと。

3. 分権化…………12％
〔ワールドワイドのリードセンター〕
 ― 特化された事業／技術に対してコアとなる場所に明確に示された分散のネットワーク拠点，ワールドワイドに分散化した技術開発の単位を運営するための責任を負う。
 ― 優位性：分散化された顧客と密接にした明確なコントロール構造，技術センターがある。
 ― 潜在的弱み：技術活動の重複，クリティカルマスの下にあるインターナショナル・センター，リードセンターからくる国内志向主義。
 ― キーとなるのはクロスボーダーの組織能力
 ― 戦略的リーダー

4. 分権化…………12％
〔地域ベース〕
 ― "3極のトランスナショナル"モデル，工夫された再配置，本国ベースでは通常新しい立地は自社のものになる。
 ― 地域市場での顕著なニーズに対して技術開発を行うために主要地域に単一のセンターをもつ。
 ― 優位性：顧客に近い形の技術開発，コーディネーションコストを下げるための地域センターの機能は限られている。
 ― 潜在的弱み：地域のアイデンティ―地域センター間の競争や重複。
 ― キーとなるのはクロスボーダーの組織能力―"地域的な耳"（Regional Ear）をもつ

5. 分権化…………5％

〔地域技術本部〕
- 地域センターは地域のために設定された"リードセンター"。センターの地域的に分散化されたネットワークを管理したり，他の地域本社と結びついたコーディネーション。
- 優位性：ワールドワイドのコーディネーションコストを下げる，顧客と密着した分散のネットワークが力になる。
- 潜在的弱み：インターナショナルセンターはクリティカル・マスの傘下にある活動の重複・地域間の競争
- キーとなるのはクロスボーダーの組織能力

6．分散化………… 1％
〔フレキシブルネットワーク／ヘテラシー〕
- 一連の分散化されたセンターでのプロジェクトで配分された"リーダー"の役割，あるいは2つかそれ以上を共有する
- 優位性：政治性，リーダーによる独占化を避ける—強力なインターナショナルR&Dユニットを伴っているので小国の多国籍企業でも大きな利益を得る。
- 潜在的弱み：高いコーディネーション・コスト，能力の重複
- キーとなるのはクロスボーダーの組織能力

出所：D. E. Westney, Industrial Research Institute, での入手資料。

　これらのモデルは全て国を越えて研究開発資源を統合することができるクロスボーダー能力である。(図表5-3)
　われわれはこのモデルから読みとれることは多国籍企業であっても，「R&Dネットワーク」の視点からみると本国本社への集権化型が多いし（全体の41％），また数ヵ国（マルチ・ホームベース）にだけは拠点をおいているのは，全体の18％，これらを合わせると全体の59％は集権化であるということになる。一方，ワールドワイドに分権化しているもの，地域ベースにあるものは各々12％，そして分権化されたものを地域ベースで統括しているもの5％，分権化されてはいるが，ネットワーク化されているもの1％とより分権化するに従ってその割合は低くなる。

注
1．拙著『グローバル経営の組織戦略』同文舘，1988年，42-52頁。
2．E. J. Kolde, *The Multinational Company : Behavioral and Managerial Analysis*, D. C. Health and Company, 1975.（天野明弘監訳，中川功訳『多国籍企業』東洋経済新報社，1976年，76頁。）
3．拙著『国際経営の組織と実際—地域統括本社の研究—』同文舘，1998年。
　本書は日本企業のリージョナル・マネジメントの具体的姿態である地域統括本社制の問題を日本とアメリカでの調査報告を踏まえながら，ケース研究——日産自動車，東芝，HOYA，神戸製鋼所——を行ったものである。これらの企業は世界を地域的に3極（アメリカ，ヨーロッパ，ア

ジア）に区分し，各々の地域でのインサイダー企業となるべく販売・生産・研究開発活動の現地化を推進している。
4．D. Eleanor Westney, "Research on the global management of technology development", *Business Review*, vol. 46. No. 1. pp. 1-21.
5．A. de Meyer, "Management of an international network of industrial R&D laboratories", *R&D Management*, 23, 2, 1993, p. 110. また，デマイヤーは本論文の前提となる実態調査研究——15社の日本企業と7社のヨーロッパ企業の海外研究開発拠点をベースにして——を行っている。A. de Meyer and Atsuo Mizushima, "Global R&D Management", *R&D Management*, 19, 2, 1989, pp. 135-145.
6．A. de Meyer, *op. cit.*, p. 25.
7．A. de Meyer, *op. cit.*, p. 28.
8．林紘一郎『ネットワーキングの経済学』NTT出版，1989年，5頁。
9．今井賢一「伸縮的分業が主役に」日本経済新聞，1987年12月2日，この他に同氏のこれに関する論文は「日本産業の再構築」『ビジネスレビュー』Vol. 35. No. 1, 一橋大学産業経営研究所，またこれに関する著書は今井賢一・金子郁容『ネットワーク組織論』岩波書店，1988年。
10．山倉 健『組織間関係——企業間ネットワークの変革に向けて——』有斐閣，1993年。この分野の研究を行っている山倉氏は「組織間関係論は，近年市民権を獲得した組織論の重要な領域であるとともに組織論のフロンティアでもある。それは1950年代後半から60年代初頭において成立し，70年代後半になって一つの領域として確立するに至った。」と指摘し，その発展系譜を第一章で述べている（8-31頁）。
11．ハイマー（Hymer S. Herbert）『多国籍企業論』（宮崎義一編訳）岩波書店，1979年。
12．中谷 巖『転換する日本企業』第8章「ピラミッド組織からの離脱」講談社，140-162頁，の中で工業化社会の原型がピラミッド組織を前提とし，情報化社会のモデルがネットワーク組織であるべきことをわかりやすく解説している。
13．今井賢一，前掲稿「日本産業の再構築」。
14．今井賢一，前掲稿「日本作業の再構築」。
15．A. de Meyer, "Management of an international network of industrial R&D laboratories", *R&D Management*, 23, 2, 1993, p. 110.
16．拙著『国際経営の組織と実際』同文舘，1998年，13-15頁。
17．西村吉雄「解説—訳者あとがきに代えて」『中央研究所の時代の終焉』日経BP社，324-325頁。
18．Richard S. Rosenbloom & William J. Spencer, *Engines of Innovation*, Havard Business School Press, 1996.
西村吉雄訳『中央研究所の時代の終焉』日経BP社，1998年では，アメリカ企業における研究活動の歴史，大学との関係，中央研究所の役割を制度面から捉えている。そして，企業における研究活動の司令塔だった中央研究所が見直され，ネットワーク組織で考える個々のユニットでの研究活動の重視をIBMやゼロックスを例にとりながら紹介している。
19．D. Eleanor Westney, "Research on the global management of technology development"『ビジネスレビュー』Vol. 46. No. 1, 一橋大学産業経営研究所，1998年，1-21頁。また，OHP資料は1998年9月11日，筆者がワシントンDCにあるIndustiral Research Institute Inc. を訪問して入手，資料名は "Managing technology for global competitiveness big ears and strategic leaders : developing capabilities in global technology management", 1996年10月21日，ワシントンDCでのIndustrial Research Institute主催の会議で発表したもの。
また，同様な視点からの考察は，"Managing Global Innovation : Challenges and Trends,

1-3 "Organizational Concepts: Towards the Integrated R&D Network"。そこでは国際的R&D組織を，①エスノセントリック集中型R&D, ②ジオセントリック集中型R&D, ③ポリセントリック集中型R&D, ④R&Dハブモデル, ⑤統合R&Dネットワークに分けてそれぞれの特徴を述べ，最も発展したグローバルR&Dネットワークを⑤の統合R&Dネットワークに求めている。

第6章
グローバルR&Dネットワークの枠組と実際

　本章ではグローバルR&Dネットワークを構築する場合に検討されるネットワークの枠組，並びにその先進的モデルの一つであるIBMのケースを紹介したい。

　まず，第1節ではグローバルR&Dネットワーク検討の枠組としての知のネットワーク，つまり世界の最先端の研究開発地域（知の集積地：Knowledge Cluster）とどのような形でネットワークを組んだら良いのかをみる。また，知のネットワーク形成のための外部資源の活用状況はどうか。そして，グローバルR&Dネットワークの構築を可能にしている情報通信手段の活用状況について述べる。

　第2節ではグローバルR&Dネットワーク形成の人的側面を述べる。ここでは，どんなに情報通信手段が発達したとしてもヒューマン・ネットワークこそが知識創造の最大の資産であることを指摘する。そして，人的側面である個人の知識創造をモチベートする研究開発における自由と統制の問題に触れ，最後にグローバルR&Dネットワークの推進者である研究開発リーダーの要件について述べる。

　第3節ではグローバルR&Dネットワークの実証的ケースとしてIBMについて，特に基礎研究所におけるグローバルR&Dの仕組みを紹介する。

1．グローバルR&Dネットワークの枠組

(1) 知のネットワーク

まず第一にグローバルR&Dネットワークの枠組を構築するためには，それぞれの研究領域で世界の最先端に立って研究開発を行っているところとの知のネットワークを組む動きの中にみられる。この動きは第7章でみるように知の集積地（knowledge cluster）と呼ばれる先進国地域のサイエンス・パーク等にある各種研究機関とのネットワークづくりである。例えば，情報技術関連分野の研究ではその領域で世界の最先端に位置し，多くの科学者・研究者が集い知の集積が行われているアメリカのシリコンバレーとの連携を強化する動きや，同様な目的で製薬会社が世界の最先端で研究業績を上げている欧米の大学研究者との共同研究，あるいはその周辺に研究施設を設立する動きの中にみられる。

　これは筆者の分類からすれば研究志向型（ホーム・ベース補強型研究所）のネットワークである。研究志向型の研究所は，まず設立の段階でそれをどこに立地するかが極めて重要な問題になる。ホーム・ベースの研究を補強するために海外に研究開発拠点を設けるのであるから，そこでの有益な研究開発のネットワークが組まれなければならない。つまり，どこに研究所を立地するかの決定に当たっては，ホームベースにはない科学的優位性（Scientific Excellence）があるところを選ぶであろう。日本でも最先端の研究領域で研究開発拠点をどこにするかという立地を検討する時，優秀な研究者が確保でき研究のインフラが整っているところと言えば限られてくる。例えば，東京を中心とした関東圏（川崎，横浜，筑波学園都市…）や大阪を中心とした関西圏（京都，奈良，神戸…）が立地の選択になるだろう。筆者の調査でも外資系企業が日本に研究所を作る場合，それらの地域に立地することが圧倒的に多い（関東圏60％，関西圏11.6％，近畿圏7.5％）。[注1]これを，今度はグローバルな経営視点からどこの国のどこが科学者優位性があるかということを考えると，その場所の選択（サイティング）は限定されてくる。アメリカでは三大ハイテク地域とされるRTP（ノース・カロライナ州のリサーチ・アンド・トライアングル・パーク），ルート128（ボストンのMITを中心とした国道128号線沿い），シリコン・バレー（カリフォルニアのサンフランシスコ郊外のスタンフォード大学を中心としたところ），あるいはコ

ンピュータ関連ではニュージャージー州のプリンストン大学を中心としたところが挙げられる。

　イギリスではケンブリッジ大学，フランスでは南仏のレンヌというようにそれらの地域では各々の専門領域で最先端の研究がなされている。そこでは最先端の研究開発活動が行われ，多くの研究機関が存立することによってそこに従事する科学者・研究者が相互が競争し，人材の確保，引き抜きも盛んに行われている。このような一定の場所に集まって一つの知の集積地を作っている。知は知識そのものではなく，そのような集積地の中で知を創造するプロセスこそが重要な要素である。つまり，最先端の研究成果を創り出すためには，各々の専門領域で互いに刺激し，競争し，交流しながら，知識創造を行ってゆく「場」が重要な要素なのである。[注2] このような知の集積地は世界の中では先進地域でもある特定のところであり，地域的にみればその中心地は米国，欧州，および日本の3極である。これらの地域を1986〜87年の研究開発投資高でみると，米国44.2%，欧州31.2%，そして日本は17.2%（この3極で合計92.6%）という構成になっている。21世紀の初頭には日本の比率が上昇して，この3極がほぼ世界の研究開発投資の3分の1ずつを占めることになるであろう，と言う予測もある。[注3] そして，これらの3極には先端技術領域の知が集積し，その領域での研究開発資源が蓄積されている。従って，何を研究領域とするかをまず見極め最先端の知が集積しているところとネットワークをくむ必要がある。このような意味からすると，グローバルな視点からみた最先端の知の蓄積があるところとそうでないところが分か

図表6-1　日米欧における先端技術領域における知の集積

アメリカ	ヨーロッパ	日　本
・バイオテクノロジー ・航空宇宙 ・エレクトロニクスシステム ・ソフトウエア ・IC ・新素材 ・人工知能	・テレコミュニケーション ・自動車プラスチック ・化学 ・ソフトウエア ・医薬	・エレクトニックセラミックス ・コンスーマーエレクトロニクス ・自動車部品 ・低コストの生産技術 ・セミコンダクター ・エレクトロニクス関連

れてくる。次の表は筆者が考えるアメリカ，ヨーロッパ，日本での各々の地域における知の強みを示したものである。（図表6-1）

(2) 外部資源の活用

研究開発における外部資源の有効活用は近年多国籍企業の技術戦略の特徴の一つである。企業はこれまで研究開発にかかわる経営資源を自前主義で内部に抱え込んできた。しかし，研究開発のスピードアップ，研究開発コストの比較，そして買収，合弁，提携等による企業間関係の増大によって自社内部には核となる資源だけを残し，その他の資源は外部に委託することあるいは連携することが大事になってきている。「クローズドR&D」と異なり「ネットワークR&D」の視点は何でも自社でまかなおうとするのではなく，自社では独自性のある研究領域に専念し，他は関連する機関・企業・大学等とのネットワークを強化し，研究開発の効率化を計ろうとしている。

筆者は，通産省工業技術院で開催された「国際共同研究に関するニーズ調査」に委員として参加し（前述），日本の代表的企業の海外での研究開発状況をヒヤリングする機会を得た。そこでわかったことは，各社が外部資源を積極的に活用し始めていることである。外部資源の活用とは，研究プロジェクト・研究テーマによっては海外企業との共同研究，海外の大学への依託研究，海外の大学への冠講座（寄付講座）等による共同研究の連携強化，M&Aによる海外企業の買収による研究所の活用，ILP（Industrial Liason Program），コンソーシアム等の外部との結びつき―連携の強化である。[注4] これは，研究開発の国際化問題を考える時，自前で海外に何らかの物理的な拠点をつくるということだけでなく，外部資源の活用を各社が積極的に模索し始めているということである。これは技術の世界が多元化・複合化・融合化し，従来の縦割り領域では割り切れなくなっていることの証でもあろう。

近年のわが国の研究開発の一つの傾向として民間企業の外部への研究資源配分が国内の大学や試験研究所，あるいは外国への研究投資が大幅に増大していることである。

これを裏づけるものは科学技術庁が統計をとっている，「外部支出研究費」

1. グローバルR&Dネットワークの枠組

図表6-2 民間企業の外部支出研究開発費 (1996年)

	分野	支出額(10億円)	パートナー	支出額(10億円)
国内	民間	739.39(78.4%)	会社 民間の研究機関 私立大学	251.91(26.7%) 463.47(49.1%) 24.01(2.5%)
	国・地方公共団体	64.85(6.9%)	国公立大学 国・公営研究機関	62.41(6.6%) 2.44(0.3%)
	特殊法人	21.90(2.3%)		
外国		116.96(12.4%)		

出所:科学技術庁科学技術政策研究所, 1997年。

つまり,「外部に委託した研究(共同研究を含む)などのため支出した研究費」からも観察できる。(注5) 外部支出の総額は1986年から1996年の11年間に4,970億円から1兆83億円と2倍強に増加している(年平均増加率は7.5%)。一方この間に民間企業が支出した研究費は6兆1,202億円から10兆584億円に増加している(同5.3%)。外部支出研究費は全研究費の増加率よりも2ポイント以上の伸び率で増加してきた。業種別では,自動車工業の3,412億円(1996年,以下同じ),運輸・通信・公益業の1,802億円,通信・電子・電気計測器工業の1,504億円,医薬品工業の1,193億円(11.8%)が多い。民間企業の外部支出研究費の相手として,最も額が多いのは民間の研究機関であり,1996年度の統計では4,635億円(49.1%)である。以下,会社等の2,519億円(26.7%),外国の1,170億円(12.4%),国公立大学の624億円(6.6%)と続く。一方,増加率で見るとその年平均増加率が最も大きいのは,外国への研究費支出であり,(19.5%)である。(図表6-2)

(3) 情報通信手段の活用

80年代に入って,ネットワークという新しい企業間関係を引き起こす契機となったものは近年の情報通信機器の発展である。通信網の発達は情報の伝播という形で企業内,さらには企業外との関係を容易に結びつけることになり,「ネットワーク」の時代が本格化することになった。わが国でネットワークという言語が一般化し始めたのは90年代になってからであり,パソコ

ンの急速な普及によるコンピュータネットワークが直接的な契機になっている。産業界で急速に普及し始めたコンピュータネットワークによる「ネットワーク」の概念について，通産省は「ネットワーク（または情報ネットワーク）」は，「情報の処置，伝達と言った情報に関する諸々の行為をコンピュータや通信回路などの電気的・電子的手段を用いて複数の異なる地点で展開していることを言う。」と定義づけている。(注6)

　ネットワークはそれを構成する各々の単位は自律的であるが分離独立しているものではない。この場合，個々の単位はネットワークを構成する全体の目標なりビジョンが明らかにされれば，それに参画している各々の研究課題が何であるかの情報が共有できよう。その場合の情報の共有にはまずフォーマルな形の情報ネットワークを構築することがまず最初である。その構築の最大の武器はおそらく各拠点間を結ぶコンピューター・ネットワークである。コンピューター・ネットワークによっていつでもどこでも相互に相手との情報のやりとりをできることは研究課題，研究内容，研究の進捗状況を共有する有効な手段として活用できる。コンピューター・ネットワークによる情報の連結が既存の組織の境界，グループの壁，そして異なる技術を越えて新たな企業間関係をつくってゆく。今，各々の単位，個人が行っている研究開発状況を相手との情報のやりとりによって思いがけないひらめき，新しい発見がでてくるのである。そして，今日ではEメールやインターネットの普及によってそれらの相互の結びつきによる情報の共有が益々便利でしかも効率的に入手できるようになった。

　こうした企業間情報ネットワークが急速に展開した最大の要因は，技術の進歩である。近年の公衆データ網，衛星通信，さらには今日の総合デジタル網（ISDN）の通信技術の飛躍的発展とエレクトロニクス革命による技術の進歩・融合が電気通信利用の可能性を大幅に増大したのである。例えば現在，オフィスにおけるパソコンの利用は急速に進んでいる。パソコンがあれば，コミュニケーションが情報通信機器を使って容易にできる。電子メールは多くの通信手段が距離によって費用が増加する中で距離による費用増の影響がない通信手段である。このような理由により国内外の研究開発拠点での

電子メールやインターネットの利用度は今後さらに高まるであろう。電子メールは通信速度の速さ，メール文書をサーバーが保管しておいてくれることから，送信者は自分の自由な時間の時に送ったり，取り出して読むことができるので時間管理が容易であること，また時間差があっても影響が少ないこと，文書管理ができることなどがあげられる。また，ボイスレコーダーは言葉のもつ抑揚やイントネーションがそのまま伝えることができるし，フェースツーフェースのコミュニケーションができるビデオ会議は会議の内容に応じて国内外の研究所間で積極的に利用されている。[注7]

2．グローバル R&D ネットワークの人的側面

(1) ヒューマン・ネットワークの意味

ただ，ネットワークの意味するところはこのような情報通信機器を利用したコンピューターネットワークの手段だけではない。われわれがさまざまな人間関係を通じて，日常的にもっている人と人との結びつき，あるいは人脈はネットワーク形成の最大の資源である。ネットワークの議論は情報通信機器を利用したいわばハードによる「固いネットワーク」を指している場合が多いが，他方でそれとの並列で考えるべき重要課題は人間関係を土台にした「柔らかいネットワーク」である。固いネットワークは企業内の情報網もあれば，企業外の公共的な情報網の構築もある。これに対して，「柔らかいネットワーク」は企業の内と外とのヒューマン・ネットワークとして捉えることができる。企業内外あるいは国内外に張り巡らされた固いネットワークと柔らかいネットワークの両方こそがグローバル R&D ネットワーク構築の柱である。

コンピューターネットワークが言語化された形式情報だとすれば，人的なネットワークは人と人とのコミュニケーションによって成り立つ意味情報─暗黙知の世界である。ヒューマン・ネットワークはコンピューターのように構造化され，相互の情報の共有が可能であるものと違い，構造化できない人

との交流を通じてのみ感知できる。

　研究開発は未知の分野に挑戦することであり，それはわれわれ個々人の知識創造によって新しい価値をつくってゆく。知識創造は一方では情報通信機器を活用した形式情報を読み取り，他方では各人の体験，あるいは人と人とのコミュニケーションによって学びとった意味情報＝暗黙知による創造的プロセスである。意味情報は個人が体感・体験によるその人だけのものであるから，形式情報のようにそれを言語化してみんなで共有することはできない。このために，意味情報を深化させるためにはその人に多様な経験をさせることである。つまり，国際経験や国際感覚をもった研究者をどう育成するかが課題となってくるのである。意味情報はお互いにもっている暗黙知である人との出会い・交流によって初めて体得できる。その体得は形式情報と違い構造化されたものの中からできるものではなく，フェーストゥーフェースのネットワークであり，企業外での研究者・技術者間のコミュニティーにおけるヒューマン・ネットワークを密にすることであろう。そのためには研究会議への出席や社内外のセミナー，研究発表会，各種のイベント，研究所間の出張訪問等さまざまな形のものが考えられる。人材の交流はコストがかかるが，どんなに情報伝達手段が発達したとしてもヒューマンネットワークの価値に代わるものはない。[注8]

(2) 自律とコントロール

　グローバルR&Dネットワークの構築で重要なことは自律（Autonomy）とコントロール（Control）である。自律とコントロールは二律背反する概念であるが，研究開発拠点が地域的にも世界的規模で分散化し，各々が自律的運営単位になればなる程，これをネットワーク全体の目標に向かっていかにコントロールしてゆくかが大事な要件となってくる。研究開発は決められた構造の下で一つのプロセスの中から生まれるものではなく，目に見えない一人一人の創造性の中から生まれる知の集合である。従って，そこには個々人の創造性を喚起するための仕組みが必要である。研究開発の創造性の喚起には「クローズドR&D」で捉えられる上からの命令，コントロールでは

創発性・独創的アイデアをそこなうことになる。特に研究開発でも研究(R)の部分は非定型的な創造のプロセスであり，個人の自由度が最大限尊重されなければならない。開発(D)は実用化の方向性が見えてきた段階でその目標に向かったコントロールが必要となってくる。ただ，ここで難しい事は有能な研究者程，研究の自由度や自律性を強く要求するだろう。日本の研究風土と異なって欧米の社会では科学者・研究者である博士号の取得者——Ph. D取得者の地位と報酬は絶対的に高く，それだけに他社に移ったり，引き抜かれたりする場合が多い。彼らは一つの会社に長く安住する事よりも，キャリアを積んで移動することが多い。そのような中で研究の自由度を保障しながら，目指すべき研究の方向性をコントロールすることは極めて難しい。本国本社の研究部門の責任者が考えていることと，現地で考えていることのパーセプションギャップが起こってくる。現地の研究者は本国本社の考える「グローバルR&Dネットワーク」の一環の役割を担わなければならない。一方，彼らの視点は現地のサイエンティフィック・コミュニティー(Scientific Community)との交流にも目を向ける。[注9] サイエンティフィック・コミュニティーである大学や各種研究機関とのインターフェースを密にしておくことは研究者にとって創造性を喚起するものではあるが，それらの関係は基本的には企業のグローバルR&Dネットワークの一環としての活動である。各研究ユニットの自律的な活動の中にもグローバル企業としての全体目標へと相乗効果を発揮させるコントロールの仕組みをいかにつくってゆくかが最大の課題である。

(3) リーダーシップ

一般的に，リーダーである研究開発の責任者は，研究(R)志向の場合はその専門研究領域で実績のある現地の科学者・研究者を探し，開発(D)志向の場合はホーム・ベースから派遣された技術者がリーダーになることが多い。この場合，両者ともに大事なことは最初のスタート段階でのリーダーのビジョンとマネジメント・スタイルである。これは，スタートアップ時のリーダーの考える研究開発ビジョンが研究所全体のカルチャーとなり，その

後の運営の基本となるからである。

　「ネットワークR&D」の視点では各ユニットをどのように運営し研究成果を高めていくかは，日々の意思決定に当たる研究リーダーのマネジメントスタイルに依拠している。グローバルR&Dネットワークの一翼を担うリーダーは研究目標の設定，人材の採用，投資判断等の裁量は自律的運営単位の最高責任者としての研究所長に任されている。

　リーダーの第一の要件は研究成果を生み出すための自らの夢，つまりリーダーとしての未来にかけるビジョンを持っていることは当然であろう。それは，ただ漠然と考えるのではなく何が将来の課題であり，研究の方向性としてはどう推移するのかを理解し，それを到達目標へと導くことができるリーダーでなければならない。その上，本国本社とのコミュニケーションの能力，つまり，本国本社のトップの考えやその会社の特徴・企業文化をある程度知っていることが必要なのである。そのようなリーダーをいかに確保，育成するかが，実際の運営上で課題になる。これに関して筆者のアメリカにおける日本企業の実体調査ではリーダーの確保には3つの方法があると思われる。研究所長，すなわちリーダーのリクルートには①新聞広告やその他のマスメディアによる一般募集，②ヘッド・ハンター（人材斡旋会社）を使う，③有力筋を通じた"口コミ"による方法の3つである。

　①による方法は多種多様な人材が応募し，それだけ人材獲得の幅が広がるが，だれが一番ふさわしいかの判断は書類や面接だけでは難しいということ。特にアメリカでは雇用均等法があり，選抜に際しての質問項目の諸条件が制約されている。

　②ヘッド・ハンターによる方法は日本企業でも採用されているが，これには人材の当たりはずれがあること，つまり，スカウトした人材が必ずしもトップとして適しているかどうかはヘッド・ハントの時点ではわからないこと。

　③の口コミによる方法が最も良いと指摘されている。[注10] この方法では，その研究分野での権威者（大学教授など）による紹介や，その企業との長い信頼関係から生まれたさまざまな人脈を通じて探すものである。例えば，

ホームベースの企業の技術担当役員が海外留学時代に友人関係にあり，お互いがよく知り，信頼の絆があったというように，誰かの人脈を通して行うのである。ただ，この場合に重要なことは，海外研究所のトップといっても，本社のグローバルな技術戦略の一環をなすものであり，本社の企業文化の理解やトップとのコミュニケーションは不可欠な要件である。研究所長はほとんどの場合，現地採用—スカウトされた人が多く，その責任者の下で研究者，技術者が雇われる。現地の研究所長として研究開発を常にイノベーションするための風土づくりもリーダーに課せられた課題である。海外研究開発を成功させるには，このような要件を備えた人がリーダーとして迎えられるべきである。キュメールは研究開発リーダーは次の4つの資質条件を満たすことが必要であると述べている。[注11]

・第一にその人は科学者，エンジニア，もしくは熟練されたマネジャーとして社内外から尊敬されていること。
・第二にその人は海外研究所を本社のR&Dネットワークの中の一環として位置づけ，全体の戦略に統合でき得ること。
・第三にその人は，これから何が大事なのかという技術（戦略）動向を総合的に理解でき得ること。
・第四にその人は，現地の大学や研究機関（科学的コミュニティー）に接近する場合のさまざまな障壁を乗り越えられること。

3．IBMのグローバルR&Dネットワークの実際

(1) IBMの現況

本章ではIBM（International Business Machines）の例をとりながらグローバルR&Dネットワークの実際例をとりあげてみたい。

IBMはコンピュータの機械といわれる大型のメインフレームからパソコン等のハードの製造とそれを顧客ニーズに合わせてシステムを設計するソフト事業を揃えたコンピュータ専業のメーカーである。

本社はニューヨーク州のアーモンクにある。1998年9月に新しく本社の建物を作ったところを筆者は訪問した。現在，IBMの全従業員数は19万であるが，それを統括する本社スタッフは800人である。本社はCEOのコーポレート・オフィスであると言われ，そこには必要最低限のエグゼクティブ・スタッフだけが従事している。[注12]

IBMの前身は，1911年に設立されたCTR (Computing Tabulating Recording) 社である。その後，今日のIBMの実質的な創始者ともいえるトーマス・ワトソン・ジュニアが経営者となり，1924年にCTRからIBMに社名を変え，本格的なコンピュータ事業へと発展してゆく。

IBMは今日でもアメリカを代表するエクセレント・カンパニーの一つであり，創業以来70数年にわたって従業員を解雇（レイ・オフ）したことはなかった。

しかしながら，ここ数年来の全世界的なコンピュータ不況の影響を受け，売上高では1990年を頂点に，1991年647億3,000万ドル，1992年645億2,300万ドル，1993年627億1,600万ドルと下がった。また，従業員は一時は42万人いたが，全世界的規模の人員削減（リストラルチャリング）によって現在は29万人になっている。

しかし，1992年にIBMの現CEO（最高経営責任者）であるルイス・ガースナー・ジュニアの就任後は，大胆なリストラ策によって，業績は序々に回復し，ここ数年は売上・利益とも上昇して1997年には売上高が785億ドルと過去最高になった。

IBMは現在，売上構成比でみるとアメリカ以外での売上比率は55％，サービス提供地域は167ヵ国に及ぶ世界でも代表的なグローバル企業である。図表6-3はIBMの事業活動全般の概要である。これをみるとカテゴリー別収益構成ではサービス事業が1995年-17.7％から，1996年-20.9％，1997年-26.6％と延びているのが特徴である。サービス事業は主にネットワーク・サービス事業であり1990年初期のIBMの組織にはまったくなかった新しいビジネス形態である。このビジネスはIBMが顧客からの情報処理を丸ごと引き受けて，サービスする事業である。[注13] これは顧客からみれば情報

3．IBMのグローバルR&Dネットワークの実際　　　　　107

図表6-3　IBMの事業活動全般概要

収益合計（1997年度）	765億ドル	研究開発費（R&D）	5億ドル
総従業員数	273,000人	ノーベル賞受賞者	5人
パートナー数	20,000社	特許数	32,000件
大口ユーザー	18,000社		
サービス提供地域	164ヵ国	製造工場	25
地域的区分	4	開発研究所	18
農業分野	11	基礎研究所	7
主な生産グループ	4		

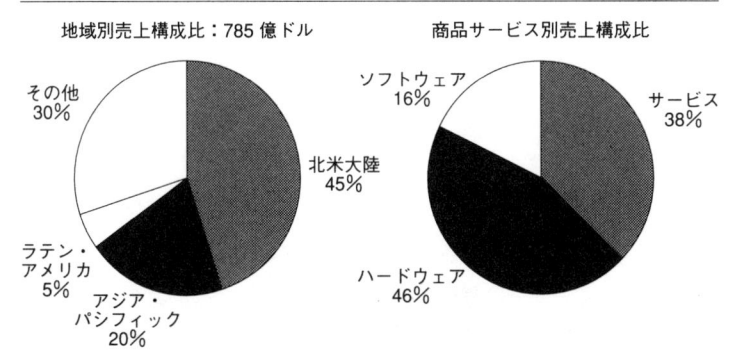

地域別売上構成比：785億ドル
- 北米大陸 45%
- アジア・パシフィック 20%
- ラテン・アメリカ 5%
- その他 30%

商品サービス別売上構成比
- サービス 38%
- ハードウェア 46%
- ソフトウェア 16%

カテゴリー別収益構成（内訳）　　　　　（単位：％）

	1995年	1996年	1997年
ハードウェア	49.5	47.2	46.1
サービス	17.7	20.9	24.6
ソフトウェア	17.6	17.2	16.4
メンテナンス	10.3	9.2	8.1
レンタル・金融	4.9	4.9	4.8
合　計	100.0	100.0	100.0

出所：IBM社各種資料より作成。

システム部門をIBMに託すアウト・ソーシングの方法である。このビジネスは今，IBMが全世界に向けて宣伝している"e-business"事業である。

また，製造工場で見ると全世界で25ヵ所ある。1980年代には，従業員42万人，製造工場41ヵ所から比べるといくつかの工場を閉鎖して現在の数になっている。

研究所でみると開発研究所18ヵ所，基礎研究所が8ヵ所である。これは1980年代には開発研究所が36ヵ所あったものが18ヵ所に減ったのに対し，基礎研究所は4ヵ所から8ヵ所に増えた。

(2) IBMの製品開発体制

現在IBMは4つの製品グループ（パーソナル製品，サーバー製品，テクノロジー製品，ソフトウエア製品）とその下に8つの部門（パーソナルシステムズ，ストレッジ製品，プリンティングシステムズカンパニー，ディスプレイ製品事業部，エンベディドシステムズ事業部，電子部品製品，テクノロジーマーケティング，パーベイシィブコンピューティング）があって，各々が製品開発研究所をもち，そこで開発された製品の多くは全世界の顧客を対

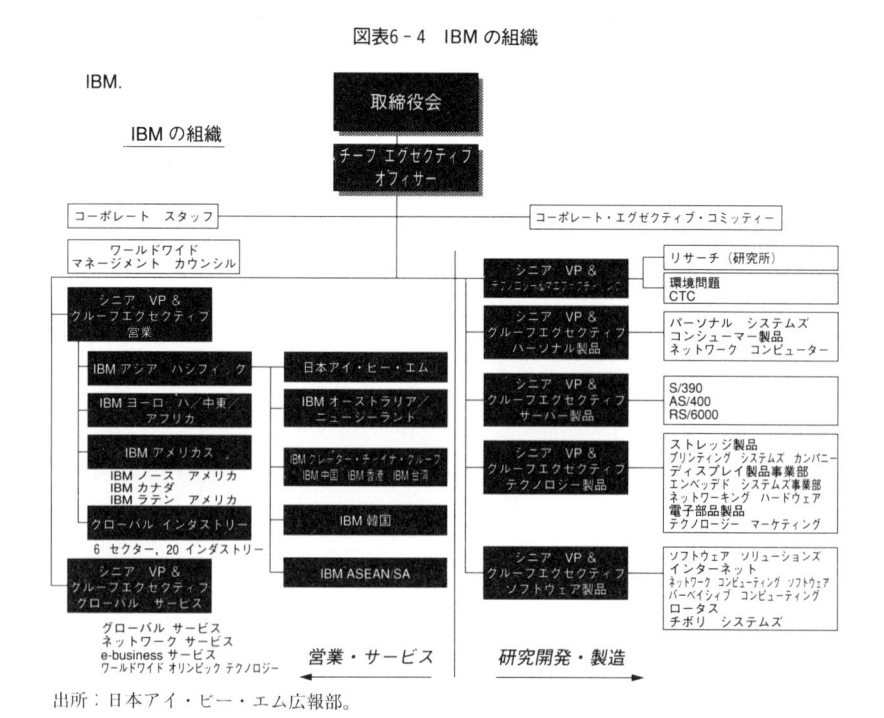

図表6-4　IBMの組織

出所：日本アイ・ビー・エム広報部。

象としている。(図表6-4) 1つの製品については，1ヵ所の研究所が全責任をもち，設計，仕様，性能，互換性などの一元化を図っているが，生産は需要，生産コスト，技術力，国・地域間のちがいを考慮して，米国のほか2ヵ国，計3つの工場で行われることが多い。

一方，現在18ある製品開発研究所のうち6ヵ所は米国以外のヨーロッパ，日本，カナダにあり，それぞれの国のIBMに組織上は所属するがそこで開発される製品系列は，開発方針や具体的計画をIBM全体の製品戦略との整合の中で行われる。

神奈川県にある大和研究所は，製品として各種のディスプレイ端末装置・イメージ端末装置類を，テクノロジーグループ/パーソナル・システムグループ/ソフトウエア・グループと密接な関係の中で開発し，その多くは藤沢工場でも生産されるが，同時に米国内の工場，ヨーロッパや南米の工場でも生産されることが多い。

現在，統合ポートフォリオ管理（IPMT：Integration Portfolio Management Team）の手法を用いている。これは，現CEOのガスナーが就任後はこれまで開発の各ステップを5つのフェーズに分けて各ステップ毎に研究開発を進めていた。IMPTはそのステップを早めた形でより市場のニーズに対応したシステムへと変えたのである。IMPTは市場情報として顧客からのさまざまな情報のフィードバック，IBMと競合する他社情報，今後のテクノロジーの動向，そして現在の製品と将来の製品をウエイトづけした上でマーケティング計画（Market Planning）を立てている。マーケティング計画は市場をよりセグメントした形で細分化し，そこで製品のポートフォリオによる優劣を分析した上で市場戦略の策定を行う。そして，今度は具体的なビジネス計画ができた各プロジェクトから候補を選び販売動向，製品目的，ビジネス計画，R&Dロードマップを勘案した上で製品の企画開発へとつなげてゆく。その場合には，その製品開発はIPD（Integrated Product Development）と呼ばれる各開発部門を統合した製品開発のためのプロジェクト開発チーム（Project Development Team）をつくってすすめてゆく。この全サイクルを通じて開発部門は，技術上の問題だけでなく，世界

図表6-5 IPMT

総合ポートフォリオ管理チーム（IPMT）

市場情報

お客様からのフィードバック
競合他社情報
テクノロジーの動向
現在の製品ポートフォリオ

市場の理解 → 市場の細分化 → ポートフォリオ分析の実施 → 市場戦略の策定 → ビジネス計画の調整および最適化

MP

プロジェクト管理データ
個別市場の実績

個別市場の管理および実績評価

▶ リソース配分
▶ プロジェクト管理データ
▶ パフォーマンス・データ

候補プロジェクト
▶ 顧客の購買動向
▶ 製品の目的
▶ ビジネス戦略
▶ R&D ロードマップ

構想 → 企画 → 開発 → 評価 → 出荷 → ライフ・サイクル → 顧客の満足

出所：日本アイ・ビー・エム。

各国での販売，サービスにも責任範囲をもち，同時に開発した製品から得られる売上と収益についての究極の責任ももっている。(注14)（図表6-5参照）

(3) IBM の基礎研究開発体制

　基礎研究所は，米国にはニューヨーク郊外，ヨークタウン・ハイツにあるワトソン研究所とカリフォルニアのアルマデン研究所の2つがある。3番目の基礎研究所はスイスのチューリッヒ研究所で，規模は200名強で，基礎物理の研究員は約60名ほどである。この研究所は，1986年にトンネル走査型顕微鏡の開発で2人のノーベル賞受賞者を出し，それに続いて1993年，超伝導で2人の博士がやはりノーベル賞を受賞した。4番目が，大和の東京基礎研究所である。規模は200名ほどでチューリッヒ研究所と同じ規模である。5番目はイスラエルのハイファにある研究所である。この他に中国，インド，オースチン（テキサス）にある基礎研究部門は，日本，チューリッヒ，米国，いずれも全部 IBM コーポレーションのトップ（シニア VP&テクノロジー&マニュファクチャリング）に責任を負っている。ここにリサーチ・ディビジョンがあって，8つの基礎研究所に対してガイドラインを与えて

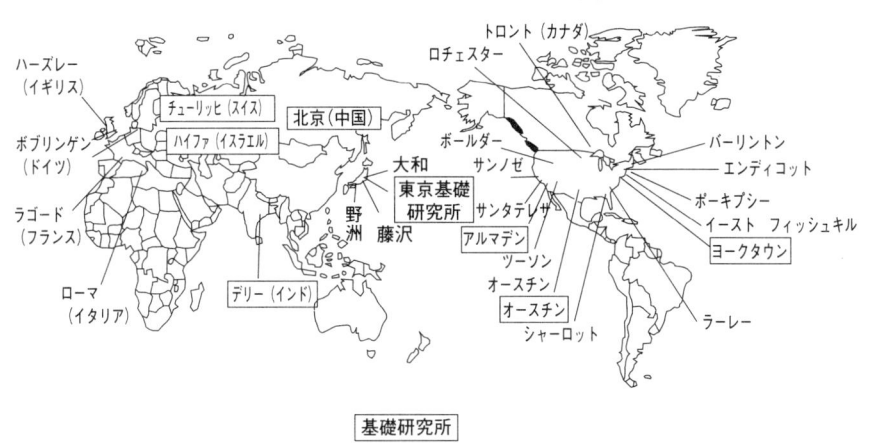

3．IBMのグローバルR&Dネットワークの実際　　　　　　　　　111

図表6-6　IBMの主な基礎・製品開発研究所

ハーズレー（イギリス）
ボブリンゲン（ドイツ）
ラゴード（フランス）
ローマ（イタリア）
チューリッヒ（スイス）
ハイファ（イスラエル）
北京（中国）
大和
東京基礎研究所
野洲
藤沢
デリー（インド）
トロント（カナダ）
ロチェスター
ボールダー
サンノゼ
サンテレサ
アルマデン
ツーソン
オースチン
オースチン
シャーロット
バーリントン
エンディコット
ポーキプシー
イースト フィッシュキル
ヨークタウン
ラーレー

基礎研究所
製品開発研究所

いる。したがって，日本の東京基礎研究所の人員や予算計画もここで最終決定される。

基礎研究の分野としては，コンピュータに直接・間接に関係するものが幅広くとりあげられており，半導体ロジックや，メモリー，材料，薄膜，プリンター，種々のディスプレイの他，記憶装置のテクノロジーやシグナル・プロセシング，光ファイバー等の伝達・通信関係，システム・アンド・プログラミング，ソフトウエア・エンジニアリング，コンピュータ・サイエンス，自然言語処理や画像ならびに音声認識・処理など広範囲にわたっている。

ただ，世界に8ヵ所ある基礎研究所は各々が研究領域を決めている。以下はその分担領域である。(図表6-6)[注15]

・J. Watson Research Center（アメリカ，ニューヨーク）

　　Computer Science, Manufacturing Research, Mathematical Science, Physical Science, System Technology and Science

・Almaden Research Center（アメリカ，カリフォルニア）

　　Computer Science, Physical Science, Polymer Science and Technology, Storage Systems and Technology

・Zurich Research Laboratory（スイス）
Communication and Computer Science, Laser Science and Technology, Physical Science
・Haifa Research Group（イスラエル，ハイファ）
Computer Science, Computer Enginnering, Applied Mathematics
・Tokyo Research Laboratory（東京）
Computer Science, Storage and Semiconductor Technology, and Manufacturing Research Voice, NW sol, Mobile, Graphics, Software

　これら8つの研究所の総人数は2,800人である．中でも一番多いところはヨークタウン・ハイツ（ワトソン・リサーチセンター）の2,000人の研究者数である．これに比べると他の研究所はその10分の1ほどの規模である．5つの研究所の中で，イスラエルのハイファで行っているのは，コンピュータのソフトウエア開発とマイクロプロセッサーの設計である．IBMと同業のメーカーであるインテルのマイクロプロセッサー開発のかなりの部分は，ここイスラエルで行われている．

　これらの研究所は，必ずしもこの分野だけという事ではなく，研究所相互間で研究内容が重複して行われているのが特徴である．この理由は，コンピュータ関連の基礎技術は幅が広く底が深いことである．したがって，研究領域を限定してもどこか掘り下げてゆくと研究の基礎領域につながってくる．このために各々の研究所で研究の自由裁量を残しながら，国際的な分担と協力を行っている．

　例えば，ワトソン研究所では，英語に対する音声認識の研究を行っているのに対して，東京基礎研究所では，日本語についての研究を行っている．知識ベースの研究についても同様の関係がある．別の例では，ワトソン研究所では，工場で使われる製造システムとして，設計から生産に至るまで，工業用ロボットを含めたシステムの統合化の研究を進めているが，単体ロボットとしての応用が進んでいる日本の現状を反映して，東京基礎研究所では利用技術面での研究を分担している．また，チューリッヒの研究所で開発された

ネットワーク通信技術を利用して，日本の環境に合ったオフィス・システムの研究が東京基礎研究所でなされている。このように，共通する基盤技術研究の領域では協力し，その成果を利用して各々独自の研究を推進することで，IBM全体として研究効率と成果の最大化を図っている。

(4) IBMのR&Dネットワークの形成基盤

企業の研究開発活動がグローバルR&Dネットワークを形成するためには全世界に共通するフォーマットが統一化されていなければならない。IBMは全世界にある8ヵ所の基礎研究所と20の開発研究所をどのような共通性のフォーマットによってそれらをネットワーク化しているかである。現在，それを支えているのは次の4つであると述べている。

・共通の言語（英語）
・製品開発の手順の標準化
・情報伝達の支援ツール
・教育・訓練・人材開発を目的とする多国間の人材交流

つまり，まずコミュニケーションとしての言語であるがこれはアメリカ企業の強みである英語である。全世界のIBMのフォーマル・ランゲージ（公式言語）は英語であり，それがコミュニケーションネットワークによる情報伝達の共通の基盤となっている。

次に研究所間の情報の交換はNotes Internetと呼ばれる社内ネットワークで各研究員の机上にあるターミナルからほぼ即時に行えるシステムをつくっている。IBMでは，1週7日，24時間いつでも全世界どこでも電子メールによる連絡，情報交換，報告等が行え，データ・ベースの活用，意思決定の支援，開発におけるガイドや社内標準，掲示ニュース，あるいは全世界29万人の社員の電話帳から図書室での新刊図書の案内等々，非常に広範囲のサービスが活用できるようになっている。東京基礎研究所では最低一人一台のワークステーションを持っている。このシステムがあることで，時差の問題も解消できる。時差をうまく活用して，夕刻に相手の研究所に質問しておくと，翌朝には答えが得られるというふうに有効な使い方ができる。全世

界向けの製品を世界展開していく上では非常に大きなツールである。必要に応じて，長期・短期の出向による技術交流や協力も盛んである。また，基礎研究所の特色として，社外の研究者，科学者を一定期間，特に国籍にこだわらず客員研究員として迎え入れる制度もあり，国際的視野に立っての研究と科学の進歩に寄与しようという姿勢も併せてもっている。

また，この他にIBMでは外部資源も積極的に取り入れIBM以外の研究機関，特に大学との共同研究を数多く行っている。[注16]

各研究所で行われている研究プロジェクトの内容，進捗状況，新しいプロジェクトの計画等は，毎年，研究部門トップを含むマネジメント・レビューによって，今後の活動の方向づけが行われるほか，各研究グループ単位で作成する研究計画を研究部門で統合する過程で全体の調整が図られる。

基礎研究の成果を数量化して評価することは必ずしも容易ではないが，一般的には，製品化への技術移転，特許，学会や論文発表の件数を一つの目安としている。もちろん，その内容の質の高さ，普遍性といったことも当然併せて評価される。

大和の東京基礎研究所は1986年の設立である。設立以来，東京基礎研究所は論文，特許，技術移転のいずれにおいても特出している。

このようなことからみると，IBMの研究活動が地球規模で行われているグローバルR&Dネットワークの一つのスタイルをモデル的にみることができる。人的資源の面からみてもそこでは，教育・訓練・人材育成などを目的とした多国間の人事交流が行われ，グローバルなR&D活動の最も重要だとされるヒューマン・ネットワークの形成へとつながっている。そこには，多くの国の人々の文化，価値観を理解し，異質の発想，異質のアプローチを行うことが独創性を育てるという考え方が貫かれている。しかしながら，これらのモデルはIBMにとって一朝一夕にできたわけではなく，海外研究開発の青写真づくりから数十年の歴史と経験の中で生まれてきたものであることを忘れてはならない。地球的規模でのグローバルR&Dネットワークの構築にはコストと時間がかかるのである。

(5) IBM のグローバル R&D ネットワーク

　以上，IBM のグローバル R&D ネットワークの実際についてみてきた。こ こで，われわれが第 6 章まで展開してきたグローバル R&D ネットワークの 論理的フレームワークと関連させて考察してみたい。

　まず，多国籍企業である IBM の経営活動は筆者が企業の国際化の発展段 階で示した第 5 段階であり，そこでの特徴は経営活動が内外一体化したグロ ーバルインテグレーションの段階である。この段階は販売・生産，研究開発 活動はグローバルな視点から考えて各々の機能が必要とされる最適の場所を 選択するのである。IBM のグローバルな経営活動の実態として，まず売上 構成比で見るとホームベースであるアメリカが45％に対して海外は55％と， 海外売上高の方が多いしこの傾向は今後も強まってゆくことであろう。ま た，販売・サービス提供地域は全世界164ヵ国，生産工場—25ヵ所，開発研 究所—18ヵ所，基礎研究所— 8 ヵ所というように各々がグローバルな規模で 経営活動を行っているのである。この中でも，特に研究開発体制を見るとそ こには研究課題によってグローバルな視点からみた拠点の選択が行われてい る。世界 8 ヵ所にある基礎研究所は各々が目指すべき研究領域が設定され， また開発研究所は世界の生産工場のあるところに併設した形で，各々の地域 で異なる顧客のニーズに対応した製品開発を行うために存在している。これ らの 2 つのタイプの研究所は基礎研究所が IBM コーポレーションの本社の リサーチ部門と，そして開発研究所が製品事業部に直結している。コーポ レートヘッドクオーターとしての本社はそれぞれが研究開発のための将来の 方向性やそのための経営資源の配分決定を行うが，本社が研究活動の頂点に 立って具体的な指揮命令を行っているわけではない。基礎研究所も開発研究 所も自律的運営単位であり，それぞれの研究所は IBM グループという関係 性の中で横断的にネットワーク化された組織体制となっている。従って，研 究テーマによっては世界の各地域の研究所が相互交流し，その段階も基礎か ら開発へ，開発から基礎へ，というようにダイナミックな運営が常に行われ ている。

　このような事ができるには先に述べた研究開発の共通のフォーマットの統

一化のみならずIBMが目指す共通のビジョン・理念である。この視点から考えてもIBMには共通の基盤としての経営理念, そして行動基準であるBCG（ビジネス・コンダット・ガイドライン）が基本ベースにある。^(注17) そして, 研究開発に関しては研究目標の共有化, 製品開発手順のシステム化, 共有の情報伝達ツール, 国際間の人材交流によるヒューマン・ネットワークの形成などのいくつかの基盤がネットワーク化を可能にする条件を整えてきている。このようにIBMのグローバルR&Dネットワークの形成は欧米多国籍企業の中でも先進的なケースの一つと言えよう。

注
1. 拙著『研究開発国際化の実際』中央経済社, 1997年, 145-150頁。
2. 野中郁次郎・紺野 登『知識経営のすすめ』第4章「場をデザインする」ちくま新書, 1999年, 161-188頁。
3. 総合研究開発機構, 今井賢一編『21世紀型企業とネットワーク』NTT出版, 1992年, 34-38頁。
4. 新エネルギー, 産業技術総合開発機構『国際共同研究に関するニーズ調査』1997年。経済同友会『昭和61年度 企業白書──ネットワーク戦略の展開と新しい企業組織』（社）経済同友会, 1986年。
5. 丹羽富士雄・清家彰敏『民間企業の研究開発におけるアウトソーシングの業種別比較』科学技術庁科学技術政策研究所, 1998年。
6. 高垣行男「海外子会社における情報技術利用と組織変革の可能性」1998年度組織学会研究発表大会, この他, 青柳武彦「GCNを支える情報通信技術」石川昭・堀内正博編『グローバル企業の情報戦略』第2章, 有斐閣, 1994年, 25-38頁, 野口宏・貫隆夫・須藤春夫編『電子情報ネットワークと産業社会』中央経済社, 1998年。
7. 安室憲一「GCNと経営のグローバル化」石川昭・堀内正博編, 前掲書, 第12章, 203頁。
8. Arnold De Meyer, "Tech Talk : How Managers are stimulating global R&D communication", *Sloan Management Review*, 49, Spring 1991.
9. Asakawa, K., "External-Internal linkage and overseas autonomy-control tension : The Management Dilemma of the Japanese R&D in Europe", *IEEE*, Vol. 43, No. 3, Feb. 1996.
10. 拙著『研究開発国際化の実際』第4章「研究開発の人材」中央経済社, 1996年参照, これは特にアメリカにおける日本企業の研究開発拠点のインタビュー調査による意見である。
11. Walter Kuemmerle, "Building effective R&D capabilities abroad", *Harvard Business Review*, March-April 1997, pp. 69-72.
12. 拙稿「小さな本社の新しい在り方を探る」『JMA, マネジメントレビュー』日本能率協会, 1999年5月号。
13. 拙稿「IBMの通信事業戦略」菅谷実・高橋浩夫・岡本秀之編『情報通信の国際提携戦略』第9章, 中央経済社, 1999年。
14. 三井信雄「研究開発の国際的展開」『現代経営事典』日本経済新聞社, 1986年。5つのフェーズについては三井信雄が上記の文献で説明している。この後のIPMTは筆者が1999年11月に日本アイ・ビー・エム（株）取締役大和事業所長 広瀬貞夫氏に直接会って説明をうけたものをま

とめた。
15. 林　倬史「IBMの技術開発分類とグローバル研究開発体制」『立教経済学研究』第50巻第2号, 23-49頁。
16. 林　倬史, 同上稿, 23-49頁。
17. 拙編著・日本経営倫理学会監修『企業倫理綱領の制定と実践』産能大学出版部, 1998年, 117-130頁。

第7章
グローバルR&Dネットワークのサイティング
——日本企業の欧米・アジアでの研究開発拠点の立地——

　本章では日本企業が海外研究開発拠点を置いているアメリカ・シリコンバレー，ヨーロッパではイギリス，アジアではシンガポールでの状況についてみてゆきたい。これは日本企業が研究開発のグローバリゼーションの具体的姿態としてのR&Dネットワークをいかに構築しようとしているかを検証するためである。本章の骨格となっているのは筆者が単独で1998年2月にはアメリカ・シリコンバレー，5月にはシンガポール，1999年3月にはイギリスにあるそれぞれの日本企業の代表的な研究開発拠点を訪問調査した時のインタビュー内容から構成されている。シリコンバレーは特に日本企業のみならずヨーロッパ企業もそれらのところに研究開発拠点を置くベンチャー的研究開発風土の背景を中心に述べた。そして，イギリスでは大学が中心となって運営するサイエンスパークの状況，事例として日立製作所とエーザイを取り上げた。アジアではシンガポール，中でもシンガポール政府の科学技術政策局であるNSTB（National Science Technology Board）の施策および事例として松下電器産業とソニーについて取り上げた。

1．アメリカ—シリコンバレーを中心に—

(1) シリコンバレーの現況
　シリコンバレーはシリコン（silicon—半導体）の技術を中心とする企業が集積して一つのバレー（valley：谷間）を形成していることから，このよう

1. アメリカ―シリコンバレーを中心に―

図表7-1 通称：シリコンバレーとその周辺

な呼び名になった。シリコンバレーは元をたどればカリフォルニアのサンタクララ・バレーと呼ばれ，一帯は農業地帯―果樹園の栽培で知られていた。

それが様変わりするのは，1960年代にウイリアム・ショックレーがパロアルトに半導体研究所を設立し，それがビジネスとして本格化してゆく時からである。[注1] 現在，シリコンバレーと呼ぶ時，パロアルトのスタンフォード大学を中心として，南のマウンティーンビューやサニーベール，サンタクララ，そしてサンノゼ付近まで含んだ一つのコミュニティーを指している。（図表7-1参照）

そして，シリコンバレーは現在のアメリカ経済の繁栄を支えるハイテク産業の中心地になっている。ハイテク産業でもどのような分野が成長しているかの指標は，ベンチャーキャピタル（VC）の投資対象は何かから伺い知ることができる。筆者の入手したアメリカのベンチャービジネス（VC）の最

図表7-2　アメリカのベンチャービジネス投資

	95年	96年	97年（第1～第3四半期） （9ヵ月間）
投資額：	71億ドル	102億ドル	84億ドル
投資数：	1,250件	1,709件	1,342件

投資業種別構成比：

	95年	96年	97年（第1～第3四半期）
情報技術（IT）関連★	46%	60%（約60億ドル）	61%
ライフ・サイエンス	24%	22%（約22億ドル）	23%
その他	39%	18%（約18億ドル）	16%

★IT関連60億ドル
- ・通信・ネットワーク　　　　　　　25.1億ドル
- ・ソフトウェア・情報サービス　　　23.8億ドル
- ・電子・コンピュータハードウェア　7.6億ドル
- ・セミコンダクター等　　　　　　　3.5億ドル

地域別：1位　Silicon Valleyを中心としたCalifornia州　37%
　　　　2位　Boston周辺を中心としたMassachusetts州　12%

　新動向の資料によれば，第一番目が技術情報関連（通信・ネットワーク，ソフトウエア・情報サービス，電子コンピュータ，ハードウエア，セミコンダクター等）で次がライフ・サイエンスである。[注2] そして，これらの投資地域の第一位がシリコンバレーを中心としたカリフォルニア州（37%）が圧倒的に多く，次がボストンを中心としたマサチューセッツ州である（12%）。（図表7-2参照）

(2)　シリコンバレーの日本企業

　アメリカ商務省の調査によると，アメリカに研究開発拠点をもつ日本企業の半数はカリフォルニアに集中し，その中でもシリコンバレーに拠点を持っているところが半数を占めている。[注3] 1995年の商務省調査による日本企業のアメリカにおけるR&D拠点は242社であり，そのうちカリフォルニアは93社，またそのうちシリコンバレーに立地しているのは41社である。（図表

1. アメリカーシリコンバレーを中心に— 121

図表7-3 シリコンバレーにおける日本企業の R&D 拠点

Company	Location of Facility	R&D Activities
Advantest	Santa Clara, CA	Semiconductor testers, hardware and software (1994)
Canon	Canon Research Center, Palo Alto, CA	Personal imaging computer systems (1990)
Canon	Canon Information System, Palo Alto, CA	Research in computers (1990)
Casio	Casio Computer, San Jose, CA	Personal digital assistants
Epson	Advanced System Development, Epson Research Center, Santa Clara, CA	Personal computer, advanced software development, RISC-based computing (1987)
Epson	ESMOS R&D Center, San Jose, CA	Semiconductors
Epson	Imaging System Group, Sunnyvale, CA	Printers, imaging products (1987)
Fuji Xerox	Palo Alto, CA	Communications networks for workstations (1992)
Fujitsu	Information Systems, San Jose, CA	Engineering related software
Fujitsu	Fujitsu Microelectronics, San Jose, CA	Memorise, logic, ASIC, SPARC
Fujitsu	Fujitsu Microelectronics, Santa Clara, CA	Microwave (MIC) and MMIC circuits
Fujitsu	Business Comm, Systems, Anaheim, CA	PBX equipment
Hitachi	Hitachi, Microsystems, San Jose, CA	Software (1991)
Hitachi	Hitachi, Digital Graphics, Sunnyvale, CA	CAD graphics, digitizers
Hoya	San Jose, CA	Optoelectronics (1989)
Hoya	Hoya Electronics, San Jose, CA	Optoelectronics (1986)
Hoya	Continuum, Santa Clara, CA	Pulse laser beams (1991)
Hoya	Probe Technology, Santa Clara, CA	Prove cards for semiconductor manuf.
Justsystem	San Jose, CA	PC software (1995)
Kawasaki Steel	Silicon Valley, CA	Semiconductors (1993)
Kobe Steel	Applied Electronics Center, Stanford Research Park, Palo Alto, CA	Thin-film data recording media and substrate materials for hard disk drives (1990)
Konica	Konica Technology, Sunnyvale, CA	Data storage, printers, software (1987)
Matsushita	Panasonic Technology, Palo Alto, CA	Computer document processing systems
Matsushita	San Jose, CA	Semiconductors and software (1991)
Mitsubishi	Siltec Corp., Menlo Park, CA	Semiconductor wafers
Nakamachi	Mountain View, CA	Disk drivers (1987)
NEC	Systems Applications Engineering, Mountain View, CA	VLSI, chip sets for multimedia (1986)

7-3)

　シリコンバレーがグローバル企業の研究開発拠点として注目されるのは，そこがアメリカを代表するハイテク産業の中心であり，情報通信やコンピュータソフトなどの新しい事業を創出している集積地であるからである。グローバル企業の研究開発戦略として，世界的にみて各々の研究領域で科学的優位性を持った知の集積地に研究開発拠点をつくろうとする。アメリカにおける研究開発拠点をグローバルな視点からどこにするかということを考えると，三大ハイテク地域とされるRTP（ノース・カロライナ州のリサーチ・アンド・トライアングル・パーク），ルート128（ボストンのMITを中心とした国道128号線沿い），シリコン・バレーが代表的なところとして挙げられる。

　図表7-3で示されているようにアメリカ商務省の調査によるシリコンバレーに拠点を持つ日本の進出企業名である。この背景には，情報産業の発祥の地であるシリコンバレーが最近，ソフトウエアや情報関連のベンチャー企業を核に，これらの分野では世界の中心地としての発信機能を高めていることが挙げられる。マルチメディア分野では米国にデファクトスタンダード（事実上の業界標準規格）を握られているだけに，これらに追随するためには，シリコンバレーのビジネスとの交流を強化しなければならない。

　シリコンバレーでは1990年代以降，労賃の高騰などで半導体工場など生産拠点の域外流出が続いている。これに対してインテルやヒューレット・パッカード（HP）などの「老舗産業」のほか，ソフトウエアのオラクルやゼネラル・マジックなどの新興企業が急成長している。企業の設立ブームも続き，マルチメディア分野の頭脳拠点としての位置付けがさらに高まっている。図表7-4は，アメリカ全体での外国企業のR&D拠点を業種的に調べたものである。日本企業のアメリカにおける研究開発拠点はコンピュータ24社，コンピュータソフトウエアを合わせると59社と一番多い。次にTV，エレクトロニクス，自動車・医薬関係である。

図表7-4　U. S. R&D Facilities of Foreign Comanies, 1998

Industry	Japan	Germany	France	Netherlands	Switzerland	Korea	United Kingdom	Canada	Others
Computer	24	2	2	2	0	6	0	1	5
Computer software	35	3	0	2	0	1	8	3	1
Semiconductors	18	2	0	2	0	10	0	0	0
Telecommunications	16	4	2	0	1	1	3	3	4
Optoelectronics	10	2	0	0	0	0	3	0	5
HDTV, other electronics	33	5	3	1	1	5	9	1	3
Drugs, biotechnology	26	26	7	5	15	2	15	0	20
Chemicals, rubber	25	27	14	6	7	1	19	7	9
Metals	8	2	4	0	1	0	5	2	4
Automotive	31	8	2	2	0	4	0	5	2
Machinery	5	3	4	0	2	0	6	3	6
Instrumentation, medical devices	6	7	3	3	6	0	19	2	7
Foods, consumer goods, miscellaneous	10	6	1	9	8	1	12	5	10

出所：Donald. H. Dalton, Manuel G. Serapio, "Globallzing Industrial Research and Development", US Department of Commerce, 1999.

(3) ベンチャービジネスの経営資源

　一般にわれわれは，ビジネスを正功裡に行うための資源には人材—ヒト，設備—モノ，資金—カネ（以下，ヒト・モノ・カネと略称）そして情報が必要だと言われている。ビジネス活動の一環としてベンチャービジネスを成功裡に行うためにはヒト，モノ，カネ，情報を効果的に最大限に発揮させることである。ベンチャービジネスを行う場合のヒトにはまず，それを行おうとする起業家，そして研究者・技術者，あるいはビジネスを支援する専門スタッフ等が考えられる。モノと言えばビジネスを行う場合の機材・設備である。そしてカネはベンチャービジネス投資のための資金である。これらの三要素は物理的に絶対必要な要件であり，三要素は何が欠けてもビジネス活動はできない。これに対して，情報はそれらの三要素をより効果的に行うための付加的要素である。ところが今日の企業社会ではこの情報の戦略的活用こそがビジネス活動の成否をにぎっている。

　(a)　人　材

まずヒトについて考えると，シリコンバレーはスタンフォード大学やカリフォルニア大学バークレー校，UCLA を中心とした工学部系の卒業生が多く集い，それらの大学が有力なハイテク産業を支える人材の供給源となっている。特にスタンフォード大学の工学部は同校の電気工学の教授であるフレデリック・ターマンが東の名門 MIT (Massachusettes Institute of Technology) での経験を生かして，スタンフォード大学を西の名門に育てたことが，現在の同校の優秀な卒業生を輩出する結果につながっている。どこの組織にも優れた発展を遂げるところには，それを率いる中心的なリーダーがいる。スタンフォード大学を全米最高の電気工学の大学にした背景にはターマン教授の強力なリーダーシップがあったことを忘れてはならない。[注4] ターマン教授の門下で大学院生だったのがヒューレッドとパッカードである。彼らは教授の指導と資金援助で今日の大企業ヒューレッド・パッカード社になったことは，シリコンバレーの現在を語るエポックな成功事例である。今日，スタンフォードとカリフォルニア大学バークレー校を合わせると MIT の二倍以上の電気工学の博士を世に送っている。

(b) 設 備

モノで言えば研究施設と言えようが，シリコンバレーにはベンチャービジネスだけでなく大企業の研究施設も数多くある。例えば，1970年代ではゼロックス（パロ・アルト）や IBM（アルマデン）NASA のエイムス研究所（モフェット），そしてシリコンバレーで産声をあげ，大企業に育った多くの企業の研究設備がある。しかし，HP が車のガレージで始めたようにベンチャービジネスの開始には，最初から充実した設備があるわけではない。ところが，経営資源としてのモノ，設備をサポートしているのが"インキュベータ"と言われる企業保育器の存在である。そこでは安価な建物を用意し，それを小さな部屋に仕切り，それぞれの部屋で企業を創業させる。通常は3年を限度に20〜30人によって行われる。事業主体としては，地域レベルで産，学，官が協力して組織を形成する。1995年3月末現在，アメリカとカナダではインキュベーターが497存在している。497のうち1985年以降に設立されたものが92.0％である。[注5] シリコンバレーではこのようなインキュ

ベーターを活用するのもあるが，5名以下のベンチャービジネスでは自宅の部屋を研究施設にするものや，大学での実験施設を利用するなど，多様な形で行われている。

(c) 資　金

カネで言えば，ベンチャービジネスの特徴的形態であるベンチャーキャピタルやエンジェルの存在である。あるビジネス成果が生まれるにはその投資のための資金が必要である。大企業であれば，自前でビジネス開発資金を当てるが，これから産声を上げようとするベンチャービジネスには資金がない。ニューヨークにある投資銀行（Invest Bank）のようなところはベンチャービジネスに投資しないわけではない。しかし，投資銀行はビジネスとして成功するある程度の形が見えてきてからの段階である。これに対して，アメリカ，特にシリコンバレーではベンチャービジネスに対して投資する"エンジェル"と呼ばれる厚い個人投資家層がいる。エンジェルは事業で成功した億万長者から年収10万ドル程度まで層は広い。エンジェルは個人投資家だが，それに対して会社として専門的に投資するベンチャーキャピタリストがいる。ベンチャーキャピタリストはベンチャービジネスの開始から成長，そして株式公開へとさまざまなアドバイスを行う経営の専門家でもある。ベンチャーキャピタリストの多くは創業間もない企業（平均4～5年）の株式をナスダック（NASDAQと言われるアメリカ店頭市場）に上場した後，持ち株を売却してキャピタル・ゲインを得る。しかし，ベンチャービジネスは成功ばかりではなく失敗もかなり多い。NASDAQに上場しても抹消する企業もそれと同等ぐらいに多いことも忘れてはならない。図表7-5は最近の上場と抹消の推移を示したものである。[注6]

(4) 情報―多様なネットワークと交流―

情報には2つの側面があると言われる。一つは言葉やコンピュータによって伝達され，誰もが共有して理解することのできる言語可能な形式情報（伝承可能な情報）とそれでは伝えることのできない人それぞれに宿る暗黙知の世界，つまり意味情報（伝承不可能な情報）である。前者は近年のコン

図表7-5　NASDAQ登録企業数の推移

年	新規登録企業数	登録抹消企業数	登録企業総数
1984	682	486	4097
85	630	591	4136
86	989	—	4417
87	708	833	4706
88	464	544	4451
89	719	435	4293
90	593	405	4132
91	566	478	4094
92	516	593	4113
93	612	347	4611
94	845	462	4902
95	753	547	5122
96	767	—	—

原出所：Nasdaq Fact Book & Company Directory.
　　　　NASDAQ資料をもとに日本興業銀行が作成したもの。
出所：日本興業銀行産業調査部。

ピュータネットワークの発達によって世界中どこでも瞬時に得られる情報である。ところが，後者の情報は人々が，"経験や体感"によって得る情報である。同じ情報でも，すでに公にされた情報ではなく，意味情報は自らがそこに赴いて体得した自分だけに宿るものである。モノ，カネが普遍的で有形の経営資源であるならば，情報は可変的でヒトに宿り，そのヒトに意味がある無形資源である。このようなことから言うと，シリコンバレーには経営資源としての質の高い情報（意味情報）が得られるさまざまな仕組みが自然発生的にできている。すなわち，シリコンバレーの発展を強力に支えているのはそこが一つの（技術）コミュニティーとして「人と人とのネットワーク」である。企業間の技術交流はもとより，大学，個人そしてベンチャーキャピタリスト間で，企業，組織を超えたネットワークによる情報交換が人々の間で"対"に行われている。例えばメンロパークのサンドヒル・ロード3000番地にある総合オフィスビルはその中心的なところである。ここは西海岸のベンチャーキャピタリスト活動の事実上の本拠地である。ここでは有望な投資先について情報交換が一つの"たまり場"として日常的に行われている。また，この他にセミナーやパーティー，レセプションなどによって人との交

流の環を広げるたくさんの催しもある。このような関係をきっかけにして，企業の経営者，研究者，技術者の間で場所を問わず，極めてインフォーマルなネットワークを通じ，相互に有益な情報交換活動が盛んに行われている。こうした非公式な情報交換から，ベンチャービジネスのアイデア，方法，ヒトのネットワークも生まれてくる。

(5) スタンフォード大学の存在と産学協同

今日のシリコンバレーのハイテクベンチャーを考える時，スタンフォード大学の存在を抜きにしては語れない。スタンフォード大学は大陸横断鉄道事業で成功を収めたリーランド・スタンフォード（後にカリフォルニア州の知事，連邦政府の上院議員にもなる。）が1891年，私財をつぎ込み広大な所有地（面積8,180エーカー（約33万キロ））に現在のキャンパスをつくったのが起源である。設立当初からしばらくは東海岸の名門ハーバードやMITと比べれば田舎の大学のイメージが強く，大学としての評価はあまり高くなかった。しかし，1900年代の中頃になって前述したシリコンバレーの"生みの親"とさえ言われるフレデリック・ターマン教授の強いリーダーシップによって次々と新しい試みがなされてゆく。

ターマンはスタンフォードのまわりを「技術者と研究者のコミュニティー」を築くことをかかげて積極的に先端企業を誘致し，それと共同して行うための優秀な教授を他大学から引き抜くこともした。また，産学協同を強力に推進するために，スタンフォードがもつ広大な土地を利用して，大学内にインダストリアルパーク（工業団地）をつくった。これは大学がつくった工業団地としてはアメリカで初めての試みであった。工業団地はただ同然の使用料で多くの企業を誘致し，大学との共同研究を1960年代からさまざまな形で行ってきた。従って，シリコンバレーにおける産学協同の歴史は今日，約50年ぐらいの年月を経ており最近始まったことではない。

まず，スタンフォード大学は先生も生徒も日本の大学と比べたら企業家精神が極めて旺盛であることである。そして，特に大学院の場合は教授は多くの大学院生であるリサーチ・アシスタントをかかえ，企業からの委託研究を

何億，何十億単位で行われているというのである。教授は企業からの委託研究（費）をどれくらい獲得してくるかも一つの教授の評価である。優秀な教授であれば，ふんだんの研究費を獲得してくるだろう。スタンフォード大学では大学教授に与えられるテニュオア（Tenure：終身雇用権）をとるためには，その分野で世界の五本の指に入っていなければもらえないというのであるから，いかに超一流の教授を全世界から集めているかである。

　また，特許についてはスタンフォード大学の中の組織としてOffice of Technology Licencing (OTL) がある。ここは大学内でとった特許を産業界に売り込むマーケティング活動の部門である。特許権の印税は配分方式であり，聞くところによるとOTLが手数料として15％，残りの85％は取得者（大学院生も含まれる）と学部，学科に3分の1づつ分けられるという事である。スタンフォード大学は毎年300件程の特許が出てくるということである。(注7)

　一般にアメリカの大学には各大学にこのような専門組織が置かれている。通称それは技術移転機関：TLO（Technology Licensing Organization）と呼ばれる。TLOは特許を商品化した企業から使用料（ロイヤリティー）を徴収し，一定の割合で大学と研究者に配分する役割を担っている。1996年の場合だと全米150余りのTLOから民間企業への技術移転数（特許等）は96年で約5千件。ロイヤリティー収入は3億6,521万ドル（2兆6,250億円）の経済波及効果と18万人の雇用効果を生み出している。（各TLOの上部団体，米大学技術管理協会（AUTM）の試算）

(6) プロフェッショナルな経営者市場

　ベンチャー企業が一定以上の規模に成長すると，会社の創立から発展のプロセスを支えてきた起業家とそのチームだけでなく，経営・財務などの分野に専門的な知識をもった人材を必要としてくる。これには弁護士（Law Firm）や公認会計士（CPA＝Certificate Public Accountant）の資格をもったプロフェッショナルな人材であり，いわば"知識の外注"（outsourcing of knowledge）を行うのである。これはアメリカ企業のマネジメントの特

徴にみられる，社外のプロフェッショナルをプロジェクトや期間を限って，マネジメントの一環として組み入れ，それを有効に活用する方法である。

ところが，プロフェッショナルな人材とはそればかりでなく，経営者(CEO)も社外から迎え入れることを積極的に行っている。つまり，経営者＝社長はわが国のように一定の年月を経験して社内から年功序列的な能力プロフィールによって登用されるのではなく，経営者はその道にたけたプロ(専門経営者)でなければ出来ないという考えがある。アメリカのビジネス・スクール(大学院のMBAコース)の使命は伝統的にそのような専門的な経営者の(プロフェッショナル・マネジャー)を大学院で育成することができるという信念がある。もちろん，アメリカには会社で経験を積んで経営者になった人もいるが，ビジネス・スクールを卒業して若くして経営者に就いている人が極めて多い。プロの経営者が必要とされる時は大企業であれば業績悪化に伴う会社の方向転換の時，またベンチャービジネスの場合は株式公開の時にそれを成功裡に導くためには金融市場に深い理解と経営知識をもった経営者のスカウトが必要不可欠となってくる。また，海外事業展開を計る時なども，国際ビジネスに造詣の深いトップが必要となってくることは当然だ。

シリコンバレーにあるハイドリック＆ストラッグス社は経営者スカウト(Excecutive Research)のヘッド・ハンターの会社である。この会社はメンロ・パークに本拠地をおいてベンチャービジネスの経営者を世界から捜し出し，人材供給を行っている。ハイドリック＆ストラッグス社は1993年に社内に特にITP (International Technology Practice)を設置し，ベンチャービジネスで必要とされる経営市場の開拓に力を入れている。このようなプロの人材をビジネスに斡旋し，一方でそれを受け入れるアメリカ・ビジネスシステムのプロフェッショナル性を学ぶことが日本の経営とちがうところである。日本企業の特徴とされる全て自社内でまかなうという方法ではなく，部分によっては外部からの人材を積極的に受け入れ，それを効果的に活用してゆくという機能合理的な組織が基盤としてある。

(7) ベンチャー・ビジネスを生み出すフレーム・ワーク

「グローバルR&Dネットワークの一環として，シリコンバレーに拠点をおくことの意義は何か。事実，アメリカ商務省の調査によると，アメリカに研究開発拠点をもっているところが圧倒的に多いのである。[注8] それはシリコンバレーはアメリカを代表するハイテク産業の中心であり，新しい成果を創出する科学的優位性（Excellence of Science）をもっているからである。シリコンバレーと言うと，すぐベンチャービジネスやハイテク産業を想像するが，ベンチャービジネスはビジネスを生む一つの方法であり，大企業にも社内にベンチャービジネスの方法を取り入れることはできる。ハイテク産業は情報技術だけではなく，ライフ・サイエンスもあるし，航空宇宙産業もある。そこで，今まで述べてきたようなシリコンバレーにおけるベンチャービジネスによって生まれる新技術や新製品の成果をアウトプット「研究成果」に置きかえて総括すると次のようになるのではないか。

研究成果が生まれるためには経営資源というヒト，モノ，カネを投入し，そして高質な情報をうまく活用しなければならない。大企業であれば研究資金や人材，設備そして質の高い情報があるが，ベンチャービジネスはそうではない。人材は大企業と違って，起業家人材がいるが，資金がない。しかし，ベンチャービジネスにはそれを支えるエンジェルやベンチャーキャピタリストがいる。

そして，ベンチャービジネスの圧倒的部分を占めるハイテク技術の生まれる背景にはスタンフォード大学を中心とする産学共同の技術コミュニティーがある。そこでコミュニティーには分野，年齢，人種を越えて多様な人が集まり，ビジネスを起こすに必要な質の高い情報が交わされる。

さらに，ベンチャービジネスを立ちあげても，それを成功裡に導いてゆくまでのマネジメントが大事である。研究所のトップは，技術者・研究者を率いて研究目標に向かわせることも大事だが，ベンチャービジネスでも同様であり，それには一定の規模に発展させてゆく専門家やリーダー（トップ＝CEO）が必要である。しかし，シリコンバレーではそれをアウト・ソーシングできる専門家（経営者，弁護士，会計士，コンサルタントなど）市場が

1. アメリカ―シリコンバレーを中心に―

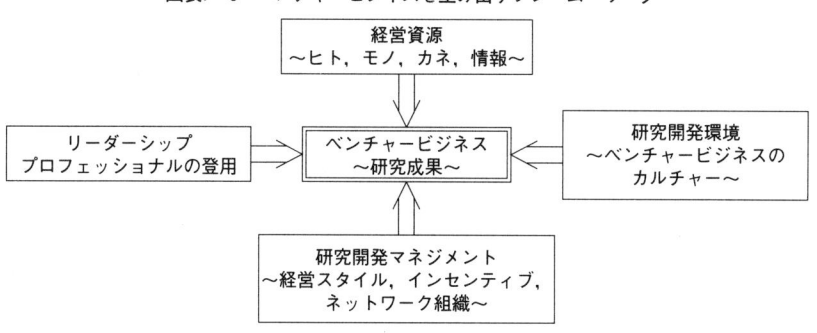

図表7-6 ベンチャービジネスを生み出すフレーム・ワーク

```
                    ┌──────────────┐
                    │   経営資源    │
                    │~ヒト,モノ,カネ,情報~│
                    └──────┬───────┘
                           ↓
┌──────────┐      ┌──────────┐      ┌──────────────┐
│ リーダーシップ │ →  │ベンチャービジネス│ ←  │  研究開発環境  │
│プロフェッショナルの登用│     │ ~研究成果~  │      │~ベンチャービジネスの│
└──────────┘      └──────┬───┘      │   カルチャー~  │
                           ↑          └──────────────┘
                    ┌──────┴──────┐
                    │  研究開発マネジメント  │
                    │~経営スタイル,インセンティブ,│
                    │   ネットワーク組織~   │
                    └──────────────┘
```

できている。また，ビジネスが成功裡に行われた場合のインセンティブ体制としてストック・オプションというハイリスク，ハイリターンの報酬システムがある。リスクも多いがリターンも大きいのでビジネスを起こし，それに挑戦するアメリカン・ドリームはまだ生きている。

これらの事を図式化すると図表7-6のようになるのではないかと考える。

(8) シリコンバレーが教えるもの―日本企業への指針―

さて，以上のことからシリコンバレーにおけるベンチャービジネスの現状とそれを生むいくつかの要因を考えた場合，日本企業がそれから学びとる指針とは何であろうか。筆者は図表7-6に示したように研究成果が生まれる4つの要因をあげた。これらは4つがもちろん，それぞれ独立していて機能しているものではない。それらは相互にからみ合ってシリコンバレーという一種独特のコミュニティーの中で相乗効果を生み出している。ベンチャービジネスが生まれてくるには，経営資源としてのヒト，モノ，カネ，情報が必要だという意味で，わが国でもさまざまな試みが行われようとしている。例えば，最近ではそれを支援するベンチャー・キャピタル等の会社もアメリカと比較すれば数こそ少ないがいくつかは設立され始めてきている。また，研究開発環境としての産学共同やストック・オプションの制度の導入などもようやく動き始めてきた。このような動きは，ベンチャービジネスを育成する制

度的な枠組み作りとして重要なことである。しかし，シリコンバレーのケースから考えられるベンチャービジネスの生成・発展はこのような制度的な手法であろうか。確かに，これらの制度はベンチャービジネスを育成するものとして大事な要件である。ただ，ここで考えなければならないことは，シリコンバレーにおける産学共同は今に始まったことではなく，約50年の歴史を有している。長い間の年月と大学の政策的意図が，今日のシリコンバレーであることを知る必要がある。何事でも一つの成果が生まれるのに高いコストと時間がかかるように，わが国でもこれを活かすとすればベンチャービジネス育成のトライ＆エラーを経験しながら，積み重ねてゆくしかない。アメリカは伝統的にプラグマティズムの社会であり，大学と産業界との結びつきによるアウト・プットの出し方は日本のそれとは基本的にちがう。従って，大学と産業界との共同研究体制は自然科学の世界だけでなく，社会科学の世界でも極めて積極的である。

　2つ目は，このようなアメリカにおける産学共同でもシリコンバレーは特異であろう。スタンフォード大学の土地は東京23区内に匹敵する程の広さであり，それをただ同然の使用料で会社を誘致し，研究への問題意識，企業家精神旺盛な若人を引きつけ彼らにチャレンジさせる。そこではさまざまな人種が集まり，大企業も中小企業も，そして零細企業も存在し，それを上下の関係ではなく自立的な単位としてお互いがフランクにコミュニケーションを計る「ヨコのネットワーク」が基盤であることである。このような事からすれば，日本の経営が特徴としてきた横並び，枠を外れない定まった路線を追いかける秩序の経営ではなく，安住よりもチャレンジそして同質よりも異質を受け入れる中で新しいアイデアも生まれてくるのではないか。日本の産業界が今かかえているのは，このことであり，異質なものを認め，それを刺激する環境づくりではないか。

　3つ目には，ベンチャービジネスは成功ばかりではない。失敗の方が多いとさえ言われる。いつもシリコンバレーの成功物語だけが報じられるが，その陰には失敗が山程あることを忘れてはならない。しかし，失敗を受け入れ(Freedom to Fail)，それを寛容に育てる土壌がある。「失敗は成功のもと」

と良く言われるが，失敗が活かされて新しいビジネスへとつながった例はたくさんある。これはビジネスや研究に携わっている人は痛いほどわかるだろう。大事なことはそれをマイナス評点としてではなく，その人のチャレンジとしてプラス評価に変える人事評価の見直しが必要である。ベンチャー・キャピタルの投資でもある程度成功の兆しが見えてきたところでは誰もが投資する。しかし，大事なことはまったく成否がわからないビジネスを一つの"カケ"としてチャレンジさせる"エンジェル"的人材の輩出も急がれる。

2．ヨーロッパ─イギリスを中心に─

(1) 近年のイギリス事情

　さて，今日のイギリスと言えば若きブレア首相に象徴される「再生イギリス」の元気な姿であろう。しかし，過去においては，日本が高度成長期にあった60年代から70年代には経済の停滞，ポンド危機，労組の抵抗による相次ぐストライキなどによる社会的にも苦難の時期があった。そのような中にあって70年代後半にサッチャー政権が誕生した（1979年5月）。サッチャー政権は新自由主義を政策の基本としてそれまで国内経済の擁護を行ってきた経済システムの大変革に挑戦した。そこでのサッチャーが目指したものは市場原理による自由な企業活動を強力に推進することであり，そのための外国資本の誘致，産業の活性化による雇用の拡大を計ることであった。その結果，80年代後半頃から90年代にかけてサッチャーのとった政策は少しずつ功を成し，イギリス経済は産業の活性化によって現在の経済状況は確実に回復に向かいつつある。もちろん，それは産業の全分野──製造業はまだ停滞しているが金融，証券，サービス等は活況──，そしてイギリスの全土──ミッドウエストと言われるヨークからブリストルにいたる旧工業地帯は低い生産性，失業率も高い──が活性化しているとは言えないにしても全体としてみれば「イギリス病」とまで言われた過去の労働者のイメージもぬぐいさられ徐々に改善に向かっている。そして，今度はサッチャーの率いてきた

トーリー党に代わって1997年5月現首相ブレアの率いるニュー・レイバー（新しい労働党）が勝利し、サッチャーによって築かれた経済の再生の上にさらなる改革を打ち出す氏のリーダーシップは世界から注目を集めている。

　日本企業のイギリス投資は80年代後半から90年代にかけてサッチャー政権による外国資本の積極的誘致の中で捉えられる。外国資本の誘致は日本だけでなく、アメリカ、カナダ、スイス、EU諸国からなり、そのことは今やイギリス産業は国際水準に到達するまでに再生し、多国籍企業にとって魅力ある投資先となっている。例えば、投資額の多い自動車産業でみれば日本メーカーはホンダ（所在地：スインドン、従業員：2,100人）、ニッサン（所在地：サンダーランド、従業員：4,100人）、トヨタ（所在地：ダービー、従業員：2,100人）の3社が、そしてアメリカメーカーではGM、フォード、ドイツではBMWが進出している。この他、日本企業だけをみると家電、一般機械、半導体、精密機械、化学、銀行、証券等の多くの業種が他のヨーロッパ諸国と比べればイギリスは一番多い投資国となっている。

(2) ヨーロッパにおける日本企業の研究開発投資

　1993年3月、日本企業のイギリスにおける研究開発活動を調査するために訪問した会社はケンブリッジにある日立製作所、東芝（Hitachi Europe-Cambridge Laboratory, Thoshiba Research Europe-Cambridge Research Laboratory）、オックスフォードにあるシャープ（Sharp Laboratories of Europe）、ロンドンのユニバーシティカレッジ（University College London）内にあるエーザイ（Eisai London Research Laboratories）、サリー大学のリサーチパークにあるキヤノン（Canon Research Center Europe）、三菱電機（Mitsubishi Electoric, Information Technology Center Europe）の6社である。6社のうち、東芝、シャープ、キヤノン、三菱電機はリサーチ・パークやサイエンス・パークと呼ばれる、大学が主体となって開発した研究用地内にあり、日立とエーザイは大学のキャンパス内の研究室と一体となって共同で建物を使用（日立）、もしくは独立の建物（エーザイ）の中で行っている。6社の研究所は工場に付随した併設型の研究所ではなく、

全て独立した単独型の研究所である。日立と東芝はケンブリッジ大学物理学部のキャベンディッシュ研究所とそれぞれ半導体の物性的特性に関する基礎研究を行い，シャープは製品開発に近いオプトロニクス，画像技術，情報技術，液晶の研究領域，エーザイは分子生物学の研究，キヤノンは主にソフトウエア開発，オーディオプログラミング，言語の関係を研究，三菱電機はインフォメーション・テクノロジーの研究活動を行っている。日本貿易振興会が毎年行っている「進出企業実態調査欧州編」――日系製造業の活動状況――によると工場併設型の研究所は1997年末現在で281社，ヨーロッパにおける日本の製造業の858社の32.8%，（前回調査の96年末では253社，34.3%），単独型の研究所，デザインセンター企業は80社（前回78社）であり，合計で361社（前回331社）で96年末より30社増加した。361社を国別に見ると，イギリス127社（全体の35.2%），ドイツ66社（同18.3%），フランス50社（同13.9%），スペイン28社（同7.8%），オランダ22社（同6.1%），ベルギー20社（同5.5%），イタリア18社（同5.0%），スウェーデン11社（同3.0%）などとなっている。業種別では，電気機械・同部品が85社（同23.5%），輸送用機械・同部品63社（同17.5%），一般機械53社（同14.7%），精密機器28社（同7.8社）と機械関連業種が229社で全体の63.4%を占めている。その他では，化学・石油製品50社（同13.9%），医薬品20社（同5.5%）であり，機械関連業種と化学製品業種の2分野に集中している。[注9]

単独型研究所80社についてみると，機械関連業種53社（80社の66.3%），化学製品業種19社（同23.8%）である。

併設型と単独型では図表7-7のように，1社当たりの研究者数，日本人研究者数は，いずれも単独型の方が多い。代表者が日本人以外である割合は併設型がはるかに高い。研究内容では，単独型は基礎研究重視という特徴を示している。

これについて，筆者の訪問調査は単独型だけなので，併設型との比較はできないが，感想としては次のことが言える。まず，1社当たりの研究者の数では単独型が併設型より多いのは，1社当たりでみれば単独型は研究活動がメインの目的であり，人員もほとんどの人が研究活動に従事しているのに対

図表7-7 研究開発：デザインセンターの特徴比較

	併設型	単独型
1社当たり研究者の数	25.6人	46.7人
1社当たり日本人研究者の数	1.8人	7.5人
代表者が日本人以外である企業の割合	68.0%	24.4%
研究内容の回答率（複数回答）		
①基礎研究	11.4%	43.6%
②製品開発	63.2%	56.4%
③製品設計・仕様変更	72.4%	41.0%
④製造工程技術の開発	40.0%	7.7%
⑤その他	6.5%	12.8%

出所：日本貿易振興会『進出企業実態調査欧州編』1998年版。

し，併設型は工場に付随しており，その全体の人員規模からみれば研究者の数は相対的に少なくなるであろう。また1社当たりの日本人研究者の数でも日本からの派遣者は大学・企業との共同研究者，現地技術動向の調査・本社との研究コーディネーター機能のための研究者，また研修の一環として派遣されている人などがいるので多くなると思われる。代表者が日本人以外である企業の割合では，代表者とはどのような人かである。筆者の調査やアメリカ進出の日本企業の場合でも，代表者が日本人であっても，実質的な研究活動のリーダーシップは現地で採用した研究者である場合が多い。むしろそのような研究所のリーダーが確保できるからこそ単独型の研究所をつくることを可能にしている。単独型が併設型より日本人以外の代表者が少ないのは，代表者を組織的に日本本社との調整役の形で日本人にしている場合が考えられる。研究内容では単独型は基礎研究の割合が多く，併設型はマーケット志向の製品開発，製品設計，製造工程技術の開発の割合が多くなるのは理解できよう。

(3) ヨーロッパ（イギリス）における科学技術基盤

研究開発をヨーロッパで行う理由について図表7-8のように最も多かったのは「現地ニーズに合わせる必要」で78.3%。以下「現地動向をいち早く把

図表7-8 研究開発体制現地化の理由の比較

	製造業	R&D単独企業
・現地で生産するものは現地のニーズに合わせる必要があるため	209社(78.3%)	24社(55.8%)
・現地動向をいち早く把握し、技術競争の激化に対応するため	157社(58.8%)	31社(72.1%)
・研究開発・デザインから製品化へのリードタイムを縮小するため	108社(40.4%)	16社(37.2%)
・外国人研究者を雇用し、着想、考え方において研究開発の幅を広げるため	66社(24.7%)	28社(65.1%)
・その他	10社(3.7%)	2社(4.7%)
回答企業総数	267社(100%)	43社(100%)

出所：図表7-7に同じ。

握し技術競争激化に対応」58.8％（同157社；前回調査時60.8％），「製品化までの時間短縮」40.4％，「外国人研究者の着想，考え方で研究開発の幅を広げる」247％である。ただここで注目すべき点は，単独設置のR&D・デザインセンター43社からの回答では「外国人研究者の着想，考え方で研究開発の幅を広げる」を65.1％（28社）が指摘している点である。

図表7-8にみるヨーロッパに進出する日本の製造業全体でみれば研究開発をなぜ現地化する必要があるかと問えば，生産活動に伴う現地の市場ニーズに応えるための必然的な結果である。単独型の研究所は何を求めてそこに設立するかはおそらく日本人の研究者とちがい，現地の研究者の着想，資質，研究スタイル，そして特殊な領域の研究者を確保できる環境要件があるからである。承知のようにイギリスには大学，研究機関，そして産業界における科学技術，工学の研究に長い歴史がある。17世紀の物理学と天文学におけるアイザック・ニュートンの発見（重力の理論と運動の三原則）に始まり，チャールズ・ダーウィンの進化論に関する業績，そして19世紀におけるマイケル・ファラデーの発明（電動機，発電機そして変圧器の発明）まで数々の卓越した成果からもうかがい知ることができる。

医学の分野において，18世紀に免疫学の発展に寄与したエドワード・ジェナーや，19世紀に消毒外科法を確立したロード・リスター等もイギリスであ

図表7-9　ケンブリッジ大学キャベンディッシュ研究所のノーベル賞受賞者

LORD RAYLEIGH	1904	J D COCKCROFT	1951
J J THOMPSON	1906	E T S WALTON	1951
E RUTHERFORD	1908	M F PERUTZ	1962
W H BRAGG	1915	J C KENDREW	1962
W L BRAGG	1915	F H C CRICK	1962
C G BARKLA	1917	J D WATSON	1962
F W ASTON	1922	M H F WILKINS	1962
A H COMPTON	1927	B D JOSEPHSON	1973
C T R WILSON	1927	A HEWISH	1974
O W RICHARDSON	1928	M RYLE	1974
P A M DIRAC	1933	P W ANDERSON	1977
J CHADWICK	1935	N F MOTT	1977
G P THOMPSON	1937	P KAPITZA	1978
E V APPLETON	1947	A SALAM	1979
P M S BLACKETT	1948	A KLUG	1982
C F POWELL	1950	S CHANDRASEKHAR	1983

出所：東芝ケンブリッジ研究所。

る。このような伝統は，今世紀まで続いており，科学，工学そして技術の各分野で卓越して功績を上げている。何よりも驚くことはイギリスの科学分野でのノーベル賞受賞者数はこれまで70人に達し，アメリカに次いでいる。また，最近の20年間の他の分野における目ざましい業績は，宇宙の起源や性質の解明に貢献したスティーヴン・ホーキング，超電導のブライアン・ジョセフソン（極低温における超電導現象）マーチン・ライルやアントニー・ヒューイッシュの電波天文学そして医学・診断学用のコンピューター・トモグラフィー（CT）の開発に貢献したゴッドフリー・ハンズフィールドである。

　図表7-9は，ケンブリッジ大学の物理学部門キャベンディッシュ研究所だけでとったノーベル物理学賞の受賞者である。今，科学技術の研究分野ではアメリカが優位に立っているが，それらの研究の元々の基礎の部分をたどってゆけば，ケンブリッジの科学技術にゆきつくと今でも言われている。

　1996年のイギリス大使館（東京）の科学技術部はイギリスに進出している日本企業の研究開発動向を調査するために進出企業にアンケートを行い41社から回答を得た。(注10) そのうちの25社はイギリスで積極的な研究開発活動を

行っていると答え，その設立する理由―優位性について順位づけしている。それによると①優れた研究者，②英語によるコミュニケーション，③優れた科学技術基盤，④相対的にみたローコストの賃金，⑤革新的思考，⑥ヨーロッパへのアクセス，⑦大学との接点，をあげている。つまり，優れた研究者，それも日本と比べれば比較的安い賃金コスト，しかも英語でコミュニケーションができることが良いと述べている。

(4) **イギリスのサイエンスパーク**

筆者はケンブリッジ，オックスフォード，サリー大学のサイエンス・パークにある日本企業の研究所を訪問した。

サイエンス・パークの定義は世界の国々によって異なっており，また各国はそれぞれ異なる運営を行っている。イギリスでは「サイエンス・パーク」と認定された施設であっても，さまざまな名称が使われている。例えば，テクノロジー・パーク，リサーチ・パーク，テクノポール，イノベーション・センターなどの名前がつけられている。これに対し，日本では，テクノ・パーク，テクノポリス，ハイテック・パーク，サイエンス・シティー，リサーチ・ビジネス・パークなどという呼び方が行われている。

イギリスでは，「サイエンス・パーク」という用語を次のように定義している。(注11)

・不動産をベースにした計画であること。
・大学，その他の高等教育機関または主要研究機関との正式な提携の下に運営されていること。
・地域に根ざした知識集約型の企業およびその他の機関の設立と発展の促進を目的としていること。
・地域における技術および経営ノウハウの移転を活発化する管理機能を有すること。

イギリスでは現在，図表7－10のように40を超える国内の大学およびその他の学術研究機関がサイエンス・パークを設置している。最初のサイエンス・パークは1970年代初期に設立されたが，1980年代にその数が急速に増加

図表7-10 イギリスのサイエンス・パーク名

Aberdeen Science & Technology Park
Aston Science Park (Birmingham)
Bangor Innovation Centre
Belasis Hall Technology Park (Billingham)
Birmingham Research Park
Brunel Science Park (Uxbridge)
Cambridge Science Park
Cardiff Business Technology Centre & Cardiff Medicentre
Chilworth Research Centre (Southampton)
Coventry University Technology Park
Cranfield Technology Park
Durham University Science Park & Mountjoy Research Centre
Edinburgh Technopole - The Bush Research Park
Elvingston Science Centre (Edinburgh)
Haslar Marine Technology Park (Gosport)
Heriot-Watt University Research Park (Edinburgh)
Highfields Science Park (Nottingham)
Manchester Science Park
Merseyside Innovation Centre
The National Technologycal Park (Limrtick)
Newcastle Technopole
Newlands Science Park (Hull)
The Oxford Science Park
Porton Down Science Park (Salisbury)
Preston Technology Management Centre
St. John's Innovation Park (Cambridge)
Scottish Enterprise Technology Park (East Kilbride)
Sheffield Science & Technology Parks
South Bank Technopark (London)
Staffordshire Technology Park
Stirling University Innovation Centre
The Surrey Research Park
Swansea University Innovation Centre
University of Reading Innovation Centre
University of Warwick Science Park
West of Scotland Science Park (Glasgow)
Westlakes Science & Technology Park (Cumbria)
Wolverhampton Science Park
York Science Park

出所：The United Kingdom Science Park Association, *UKSPA ANNUAL REPORT*, 1998.

した。

　イギリスのサイエンス・パークは、大学のキャンパス内または近接地に受け入れ施設を設け、サイエンス・パークの経営陣と接触し、関連する技術研究機関から研究施設面で協力を受けることにより、新技術の商業課を促進する役割を担っている。

　サイエンス・パークで提供される便宜には、外国企業を含めた全ての進出企業の特定のニーズに答える日常的な技術情報、ビジネス組織ノウハウおよび金融面での支援が含まれる。このほかイギリスの現地支援チームは、サイエンス・パークに進出する企業の計画策定を支援し、地域の産業、商業および社会に融合できるよう配慮している。

　例えば三菱電機は、1990年にバーミンガム・サイエンス・パークの一等地にあるアプリコット・コンピューターズ社の研究開発センターを買収した後、この施設を柔軟に活用し、日本国内にある12の研究所とイギリスのサイエンス・パークとの関係を強化している。

　また、日産は欧州最大の応用技術研究機関に近接したクランフィールド・テクノロジー・パークに2,600万ポンドを投資して欧州技術センターを建設した。

　学術研究機関の近くに研究所を設置する一つの大きな利点として、プロジェクトまたは長期的な業務に必要な人材を大学の卒業生の中から容易に確保できることが挙げられる。

　この他に、キヤノン、神戸製鋼、松下電工の3社は、サリー大学のリサーチ・パークに研究所を設置している。このうちキヤノンは、画像、言語または記号処理の分野で研究している大学院生のために多額の財政的支援を提供している。これら3社は全て、大学との結び付きを強化し、卒業生を雇用して日本の研究所で研修を受けさせたりしている。

　イギリスのサイエンスパークは、都市、緑地、工業地域、大学のキャンパス内、そして、そこに設立する研究所の規模も単一のビルから50ヘクタールの敷地を有するものまでさまざまである。例えばシャープは、オックスフォード・サイエンス・パークに4エーカー（約16,000平方メートル）の用

地を確保しているし，キヤノンは，サリー・リサーチ・パークで500平方メートルの施設を欧州研究センターとして使用している。

(5) 〈日立製作所〉のケース
(A) 大学との共同研究

イギリスにおける日本企業のケース研究で注目をひくのは大学との共同研究である。日立製作所はイギリスではケンブリッジ大学の他にトリニティーカレッジ・ダブリン（Trinity College Dublin）・シェフィールド大学（University of Sheffield）との共同研究を行っている。このような海外の大学との共同研究もしくは委託研究は，近年の日本の国際企業の研究開発の特徴の一つである。これまでの研究開発は自前主義で全ての経営資源を内部に抱え込んできた。これに対してより効率的な研究成果を生み出す方策として外部資源を積極的に取り入れようとする動きである。共同研究や委託研究による連携のメリットは，研究開発を何でも自前で行おうとするのではなく核となる独自性の技術は自社に残し，その他は部分的に外部資源との連携関係を構築しようとしていることである。この背景には今日のような技術革新の激しい世界では開発のスピードが決定的に重要になってきていることと同時に，技術領域も多元化，複合化してきているからである。時間の節約のためにも他企業や大学との連携によって外部資源を活用し，それを技術戦略に取り入れようとするねらいである。現在，日立製作所が共同研究の形で他企業，大学，政府と提携してグローバルな研究活動を行っているのは図表7-11の通りである。[注12]

(B) エレクトロニクス企業のヨーロッパ研究開発動向

日本企業のエレクトロニクス，情報通信企業がヨーロッパで研究開発活動を積極的に展開し始めたのは，1992年のヨーロッパ連合（EU）の誕生前後からである。1989年に日立製作所がイギリスとアイルランド，その後松下電器産業がイギリスに研究所を開設したのに続き，シャープ，東芝，NEC，三菱電機，ソニーが相次いでヨーロッパ各地に拠点を設けている。この背景には，日本企業はEU指導の研究プロジェクトに参加し，EU諸国でのハイ

図表7-11　日立製作所と他社機関との共同研究

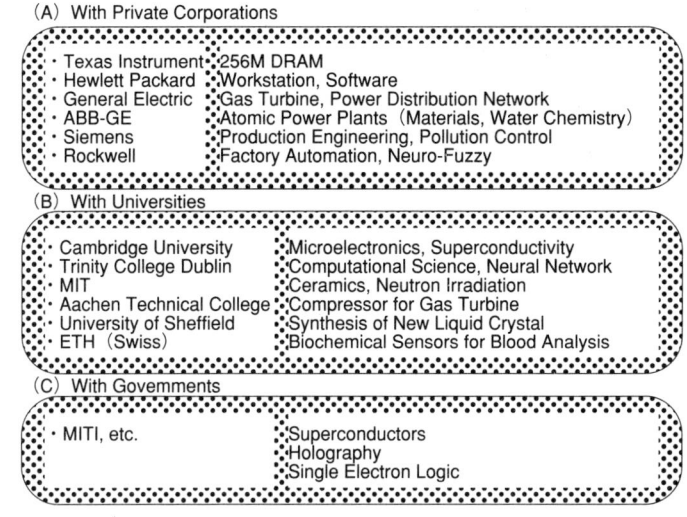

(A) With Private Corporations
- Texas Instrument : 256M DRAM
- Hewlett Packard : Workstation, Software
- General Electric : Gas Turbine, Power Distribution Network
- ABB-GE : Atomic Power Plants (Materials, Water Chemistry)
- Siemens : Production Engineering, Pollution Control
- Rockwell : Factory Automation, Neuro-Fuzzy

(B) With Universities
- Cambridge University : Microelectronics, Superconductivity
- Trinity College Dublin : Computational Science, Neural Network
- MIT : Ceramics, Neutron Irradiation
- Aachen Technical College : Compressor for Gas Turbine
- University of Sheffield : Synthesis of New Liquid Crystal
- ETH (Swiss) : Biochemical Sensors for Blood Analysis

(C) With Governments
- MITI, etc. : Superconductors
  Holography
  Single Electron Logic

出所：日立ケンブリッジ研究所。

テク技術の標準化戦略に加わろうとするねらいがあった。EUが資金援助する共同研究開発プロジェクトは，EU域内に研究拠点を持つ企業しか参加できないこともその理由のひとつである。

日立ケンブリッジ研究所（Hitachi Cambridge Laboratories：HCL）の設立は10年前の1989年である。場所はケンブリッジ大学物理学部のキャンパス内にあるノーベル賞輩出者で名高いキャベンディッシュ研究所の一角の研究室である。

会社組織としては，HCLは日立製作所の英国法人である日立ヨーロッパ社（Hitachi Europe Limited：HEL）の研究開発R&D部門内の1部門：ブランチラボであり，London MaidenheadにあるHEL本社から人事管理や福利厚生のサービスを受けている。同時に，キャベンディッシュ研究所からは安全面やラボのメンテナンスなど各方面でサポートを受けている。文字どおり「大学内に埋め込まれた研究所：Inbedded Laboratories（インベディド・ラボラトリーズ）」である。HCLはこの他，図表7-13のようにアイル

図表7-13 日立製作所のヨーロッパにおける研究開発体制

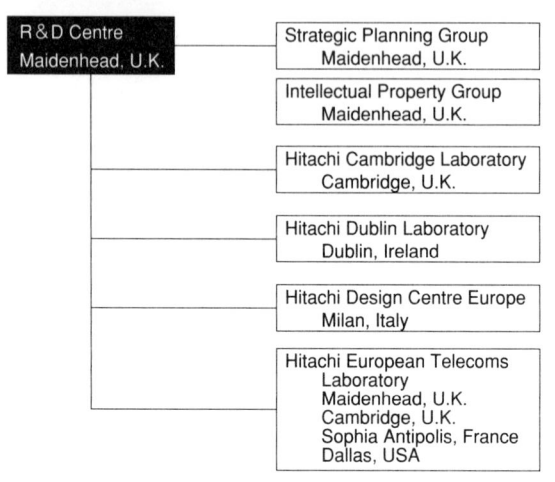

```
HITACHI
EUROPE LTD.
    │
R&D Centre ─┬─ Strategic Planning Group
Maidenhead, U.K. │   Maidenhead, U.K.
             ├─ Intellectual Property Group
             │   Maidenhead, U.K.
             ├─ Hitachi Cambridge Laboratory
             │   Cambridge, U.K.
             ├─ Hitachi Dublin Laboratory
             │   Dublin, Ireland
             ├─ Hitachi Design Centre Europe
             │   Milan, Italy
             └─ Hitachi European Telecoms
                 Laboratory
                 Maidenhead, U.K.
                 Cambridge, U.K.
                 Sophia Antipolis, France
                 Dallas, USA
```

出所:日立ケンブリッジ研究所。

ランドのダブリン研究所,イタリアのミラノにあるデザインセンター,フランスのソフィア・アンティポリスにあるテレコミュニケーションの研究所を傘下においている。

　HCLでの研究テーマは全てMRC(キャベンディッシュ研究所敷地内にあるマイクロ・エレクトロニクスリサーチ・センター)との共同研究として推進され,各々のサブテーマをHCLのメンバーとMRCのメンバーが共同で担当する体制が基本である。スタート時は6名だった共同研究体制も,現在ではHCLは研究者10名(Visiting Researcher 3名を含む),MRC側研究者21名(大学院学生10名を含む)と,30名を越える体制となっている。ちなみに,HCL研究者10名の内訳は,イギリス人2名,ドイツ人3名,日本人3名,アメリカ人1名,ギリシャ人1名。このような国際性が研究者の一つの特長であり,各人の研究に対する異なった考え方,アプローチの仕方の中から,新たな研究成果が生まれることが多い。

これら HCL と MRC のメンバーは、毎週水曜日の午前中に全員集合して研究討論会を行うようである。そして各研究者は、2～3ヵ月に一度、研究の進捗状況を報告するように義務づけられている。この報告は単に研究成果の発表だけではなく、問題提起や共通する技術課題などを討論する機会でもある。共同研究から生まれた知的財産の取り扱いに関しては、HEL とキャベンディッシュ研究所間で結んでいる共同研究に関する包括契約でカバーされ、HEL が全て占有的に特許出願を行う代わりに、これらの特許から将来利益が生まれた場合には、ロイヤリティを支払う仕組みとなっている。(注13)

(C) 研究成果

HCL での研究目的は、「先端的物理学の研究を通じて、将来の新しい半導体デバイス、ひいてはエレクトロニクスの新分野を切り開く」というものであった。設立から2年後、現在の HCL の研究の2本柱となっている「単電子素子」と「フェムト秒超高速現象」が具体的にスタートしたのは1990年末である。しかし、それから2年後 HCL は世界的に注目される成果となった「単電子素子論理回路」の作成に成功したことにより、EU の ESPRIT プロジェクトの一つである FASEM (Fabrication and Architecture of Single-Electron Memories：単電子メモリの試作とアーキテクチャー) の共同研究に参加している。

このプロジェクトでは、HCL/MRC を含む9つの研究機関がコンソーシアムを構成し、高速単電子メモリのプロト試作という一つの目標に向け、タスクを分担して共同研究を進めている。

また、1999年5月18日の日本経済新聞の第一面の記事では HCL での研究成果である低コストの新メモリーの開発が報道された。それは、主力半導体メモリーである DRAM（記憶保持動作が必要な随時書き込み読み出しメモリー）と比べて二倍の記憶性能を実現した新型メモリーの開発である。コンピューターの主記憶メモリーなど大容量品を低コストで生産できるのが最大の特徴で、実用化のメドが立ったのはこれが初めてで、日立製作所は2,000年半ばに実用化する方針である。

(6) 〈エーザイ〉のケース

(A) 医薬品市場

　医薬品業界では，これまで新薬開発には「10年100億」の年月と投資が必要との常識があったが，それが今や「15年200～300億」になりつつあると言われている。しかも1つの製品だけが対象ではないから，世界の主要な医薬品会社は会社全体としての研究開発費は年間1,000億円以上は注ぎ込まないと世界競争に勝ち残れないのである。

　日本は世界第2位の医薬品消費国である（図表7-13）。[注14] 米国の人口は日本の約2倍であり，フランス，イタリア，イギリスなどの人口は日本の約2分の1であるから，1人当たりでは最高の金額である。国内の医薬品市場は成熟市場であり，新しい成長の活路は海外進出以外には期待できなくなってきている。

　このようなことからわが国の大手製薬会社は新薬開発に力を入れ，海外で通用する製品の開発が生き残りの主要課題となってきている。このような中で製薬企業の各社は，日立ケンブリッジ研究所の場合と同様に，外部研究機関との連携によって，研究開発コストをできるだけ押さえながら，効率的な研究成果を生み出そうとしている。特に，医薬の開発に必要な臨床実験は欧

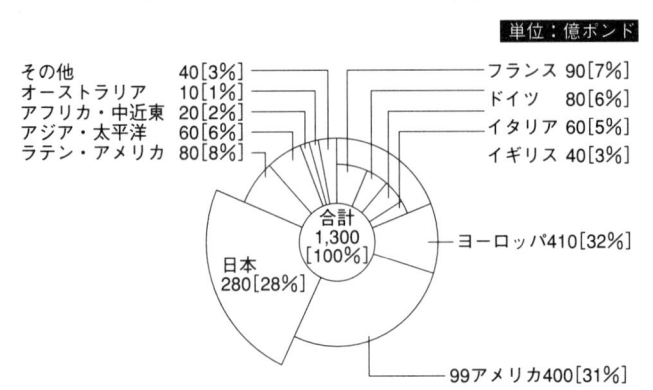

図表7-13　地域別にみた世界の医薬品市場の規模

単位：億ポンド

その他　40[3%]
オーストラリア　10[1%]
アフリカ・中近東　20[2%]
アジア・太平洋　60[6%]
ラテン・アメリカ　80[8%]
日本　280[28%]
フランス　90[7%]
ドイツ　80[6%]
イタリア　60[5%]
イギリス　40[3%]
ヨーロッパ　410[32%]
99アメリカ　400[31%]
合計　1,300[100%]

出所：グラクソ社，アニュアルレポート1997。

米の方が日本よりもコスト・時間の点からも効率的に行えるとされている。現在イギリスに進出している日本の医薬品関連の会社数は20数社程である。イギリスに研究所を設立しているのは，エーザイ以外に山之内製薬（Oxford University 近郊），藤沢薬品（The University of Edinburgh），吉富製薬（The University of Glasgow）があり，三共，帝人はそれぞれロンドン大学の MRC（Medical Research Council）の Collaborative Centre で創薬基礎研究を実施している。また，イギリス自体も産官を挙げて医薬品産業を国策産業にしようとするねらいがあり，外国企業のイギリスでの研究開発を大いに歓迎している。さらに，1995年には EU 全体をカバーする欧州医薬品審査庁（EMEA）がロンドンに発足したのを契機にヨーロッパの医薬品産業におけるイギリスの重要性は増大しているのである。(注15)

(B) ロンドン大学との共同研究

医薬品産業を取り巻く経営環境の厳しさが増大する中でエーザイは日本，アメリカ，ヨーロッパによる研究開発の3極化構想を早くから打ち出した。この構想を下にエーザイは1989年にまずボストン近郊にハーバード大学の著名な有機化学者・岸義人教授を中心とする有機合成機能を有する創薬基礎研究所・ボストン研究所を設立した。次に1992年には分子生物学・細胞生物学を基盤とし，高齢化社会で重要となる神経変性疾患を主な対象疾患とするロンドン研究所を設立した。これで主力の日本：筑波研究所にアメリカ：ボストン研究所，ヨーロッパ：ロンドン研究所を配した三極によるグローバルな R&D 体制が整った。（図表7‐14）

エーザイロンドン研究所は1990年にロンドン大学（The University of London）の University College London（UCL）内に設立した。ロンドン大学は日本でも名高いが，それを指しているのは多くのカレッジや研究所を擁する総体を言っている。その中では，事実上の総合大学である University College London（UCL），Kings College，Imperial College や専門大学的な School of Oriental & African Studies（SOAS），London Business-School，London School of Economics などがある。エーザイの研究所がある UCL は1826年の創設でロンドン大学で最も古く，大学院生4,000人を含

図表7-14 エーザイのグローバルな研究開発活動

Global R&D Allocation

	Japan					USA			UK
	Tsukuba	Kawashima	Kashima	Tokyo	Osaka	Boston	NJ	NC	London
Discovery Research	●				●	●			●
Develop. Research									
*Raw Material	●		●			●			
*Formulation	●	●						●	
*Analytical Science	●	●	●			●			
*ADME	●								
*Pharmacolgy	●					△			△
*Safety	●	●				●			
Clinical Research				●				●	●

出所:エーザイ・ロンドン研究所。

む13,000人の学生が学ぶ大きな大学である。日本との関係も古く,1863年には長州藩から後に日本の初代首相となった伊藤博文ら5名が,そして1865年には薩摩藩から19名の日本人がここを訪れ学んでいる。UCLは生物医学関係で特に有名であり,UCL Medical Schoolの他にMedical Research Council (MRC) のLaboratory for Molecular Cell BiologyやRoyal Free Hospital, Middlesex Hospital, Hospital for Nervous Diseases等の病院,そしてそれらに付随する研究,教育機関などを有している。エーザイは初め大学の研究室の1角を借りてスタートしたが,1992年秋に新しい建物(研究所)が完成,1993年5月に正式稼働し,エーザイの研究所はUCLのメインキャンパス内に6階建の建物があり,6階のうち3階部分をエーザイが使用し,あとは大学に寄贈し,さらに竣工50年後には現在エーザイが使用している部分も大学に寄贈することになっているようである。非常にユニークな研究スタイルであり,日本で言えば大学のキャンパスの中に民間企業の研究所があり,大学の研究者と民間企業の研究者が共同研究している雰囲気である。この研究所は現在,30数名の研究者と10名弱の研究スタッフの合計40数名が従事している。研究員の国籍は多様であり(約10ヵ国),異質の文化や

発想をぶつけ合いながら研究活動を行っている。この研究所の基盤は基礎生物学においているが，創薬研究に必須な合成化学機能，薬理機能を小規模ながら行おうとしている。研究内容は大きく2つに分けられる。一つは血液脳関門（BBB）の制御機構の解明から創薬を目指すもの，もう一つは神経細胞死，特にアポトーシスの機構解明からの創薬を目指している。

研究所の運営は基本的には研究所長にまかされている。（研究所長は設立当初から6年間アメリカの神経生物学者 Lee Rubin 氏 UCL 教授，Rubin 教授はアメリカに帰国後，現在日本人研究所長）研究活動の最高の意思決定機関として三極研究所を統括する Global Research Committee が日本の本社機構の中にあり，ここでの方針のもとに研究活動が各極の研究所で実施される。

3. アジア―シンガポールを中心に―

(1) アジアの英語圏

シンガポールは，今世紀半ばまでイギリスの統治下にあったマレー半島の突端部分の島を，シンガポール国として独立した。独立したと言っても，その国土面積は650平方キロメートル（東西40km，南北20km）であり，わが国の淡路島ほどの広さである。土地は農業生産には敵さず，天然資源もなく，独立した当初は経済的な自立をどのように成し遂げてゆくかが内外から危ぶまれた。しかし，1959年以降首相の座についたリクワンユーの強力な政治的リーダーシップによって自由貿易国家を標榜し，世界各国からの投資を受け入れながら急速な経済発展を成し遂げ，今ではアジアでは最も豊かな経済水準を享受している。また，シンガポールはアジアでは唯一公式用語が英語であることで，ビジネス慣習も欧米を見習っており，その意味でも欧米や日本からの投資先として極めて有望な国際的地位を形作っている。海外進出の場合にまず問題となるのは言葉のハンディであるのに，それが今やグローバルスタンダードにもなっている英語で全てが通じるということは，欧米か

らみたアジアの中でのシンガポールの外交的地位は経済的視点からも優位なものとなっている。

(2) シンガポール経済

シンガポールはアジアNIES（新興経済諸国）と称される香港，韓国，台湾と並んで近年では経済成長の最も高い国々であることは周知であろう。

ところが裏を返してみればこの経済成長と比例する1人当たりの所得水準の高さは，シンガポールの労働賃金の高さを物語っていることにほかならない。つまり，人件費はアジアNIESやASEANの中では最も高いのである。もともと限られた労働力と国土面積のところに経済活動が急速に発展し，人手不足は慢性的になり，それに伴って賃金も年々上昇してきている。図表7-15は1996年10月シンガポール日本商工会議所が調べた給与水準である。中卒，高卒，大卒の給与水準の差は歴然としているが，大卒の場合は日本とほ

図表7-15　シンガポールにおける給与調査

職　　種	最終学歴	基本給平均（Sドル）（食事手当，精勤手当を含む）			
		採用時給与	3年後	5年後	10年後
技能工	職業訓練校	1,062	1,323	1,375	1,809
	専門学校	1,213	1,445	1,732	2,153
エンジニア	専門学校	1,678	2,152	2,275	2,712
	大学	2,027	2,587	2,986	3,812
事務主任	中高卒程度	1,341	1,631	1,956	2,275
	専門学校	1,525	1,882	2,537	2,764
	大学	1,824	2,357	2,813	3,326
アシスタントマネジャー	中高卒程度	2,336	2,995	3,318	3,306
	専門学校	2,604	3,034	3,387	3,912
	大学	2,837	3,513	3,960	3,821
マネジャー	中高卒程度	2,669	3,349	3,876	4,032
	専門学校	3,269	4,146	4,476	4,661
	大学	3,541	4,466	5,308	5,462

出所：1996年10月シンガポール日本商工会議所調べ（電気・電子関係企業対象）。

ぼ変わらないか，むしろ高いくらいである。このため，日本企業にとってシンガポールでの労働集約的組み立て装置産業は人件費の点から生産拠点としてのメリットがなくなり，これから進出しようとする日本企業はシンガポールを生産投資計画から外し，またすでに進出しているいくつかの企業は近隣諸国に拠点を移し始めている。このような人件費の高騰や立地面積の限界に対し，シンガポール政府は早くから国家の経済政策転換のための重点政策をいくつか打ち出してきている。

すなわち，それは西暦2000年までに先進国の仲間入りをするための諸施策と並行し，①製造業重視，②国際ビジネス拠点化，③近隣諸国の市場・資源の活用，④地場企業の育成，⑤情報技術化，等を掲げて推進してきている。これらの経済面の諸施策は，シンガポール貿易産業省（Ministry of Trade & Industry）の傘下にある経済開発庁（EDP: Economic Development Board）が豊富な予算と指導力をもって強力に推進している。そして，これらの諸施策が推進されるためにさまざまな支援体制—インセンティブを設けて実行に移してきている。

例えば，日本やアメリカ企業が，シンガポールのアジアにおけるビジネスの中心機能を設置しようとする場合，これを事業統括会社（OHQ: Operational Headquarter）としてシンガポールに設立すれば税制面の優遇措置が受けられる。今では，日本企業の多くがシンガポールでOHQの認定を受けており，近隣諸国での事業活動を統合するアジアでの地域統括本社機能を担っていることは知られている。[注16] これは，日本企業だけでなく欧米の多国籍企業も同様である。また，シンガポールはマレー半島の最南端に位置し，マラッカ海峡に接していることから，港湾整備による海上輸送としての物流機能を充実させ，今やオランダのロッテルダムに次ぐ世界第二の荷物取り扱い量になっている。また，最近はアジアの金融センターとしての地位を確立するためシンガポールのビジネスの中心地であるCBD（Central Business District）の一角に，シェントンウエー（Shenton Way）と呼ばれる金融・証券会社を集結させ，ニューヨークのウオール街やロンドンのシティーに似た機能を目指したものをつくりつつある。しかし，このようなビジネス活動

を支援するサービス機能の整備の一方で,製造業にも重点目標を置いている。ただ,その場合の基本方向として,これまでとは異なった高付加価値産業への構造転換がある。国家計画としては,西暦2000年にはGDPに占める製造業のシェアは25%超,雇用者総数のシェアを20%超と考えているようである。特にエレクトロニクス関係には力を入れ,外資系半導体製造企業の誘致を積極的に行い,1995年には国内3ヵ所に半導体ウエハー製造団地をつくった。重要プロジェクトの主なものとしては1995年5月にEDBがアメリカのテキサス・インスツルメンツとヒューレッド・パッカード,そして日本のキヤノンとの間で合弁会社をつくり,総投資額3億USドルで16メガビットのDRAM生産工場をつくった。また,1996年6月には同じくEDBが日本の日立と新日鉄との合弁で半導体製造会社を設立し,13億300万シンガポールドルを投じて16メガビットのDRAMを生産する工場をつくり,本年中に操業の予定である。

(3) NSTBのインセンティブ体制

上記のような高付加価値産業の重点施策として,NSTB (National Science Technology Board) は1991年1月に第1次国家技術計画を発表した。それによると,1995年までに,①R&D支出の対GDP比率を2%に引き上げること,②R&D活動に携わる科学者およびエンジニアの割合を労働者1万人当たり40人に高める等の計画を明らかにした。この目標達成のため,NSTBは1995年には外資系および地場企業32社に対して総額7,700万ドルの研究開発助成金を与え,シンガポールでのR&D投資を支援してきている。

また,1996年9月に,ヨー・チョートン前貿易,産業相(現,保険相兼環境相)は,1996年〜2000年までの5年間で総額40億Sドルの国家資金を投じ,シンガポールの研究開発能力を高めることを狙った"国家科学技術計画 (NSTP) 2000"を発表している。同計画では
①国内での自立的な開発能力の向上
②民間分野でのR&D活動のさらなる活発化

③2000年までにさらに5,000人の研究者の育成

の3目標を掲げている。

NSTBはわが国の科学技術庁に当たるが，1990年に設立され，本部はシンガポールのScience Parkの中にある。NSTBの主な業務としては，以下の3つがある。

①科学技術推進のためのインフラの充実を担当するところ
②科学技術の将来計画の策定を行う部門
③各科学技術の専門領域を担当し，推進するところ

筆者はExecutive Directorの1人に会ったが，会長にしても幹部にしても30～40代の若い人たちであり，全体でも平均年齢は20代後半で，今後の施策が期待される。また，NSTBの最高意思決定機関は月1回開かれる理事会（Board of Directors）であり，その15人の構成員の内訳のほとんどはNSTB以外の人である。シンガポーリアンは少数で，大方は日本，アメリカ，ヨーロッパ企業——1996年の理事会構成メンバーは，ソニー，三菱化学，HP，グラクソ，モトローラ——の現地のR&D代表者である。また，NSTBの科学技術政策にさまざまな助言をする国際諮問委員会（International Advisory Committee）を設けている。これは1年に1回の開催らしいが，構成メンバーは8人で，日本，オランダ，アメリカ，ドイツ，中国，イギリス，カナダの人々である。

さて，日本企業にとってNSTBに関連する最も直接的なことは，そこにはさまざまな優遇策があり，それを活用していることである。その優遇策は，大きくは2つに分かれる。1つはRISCと呼ばれる研究所の設立に伴う諸費用の補助，2つ目はRDASと呼ばれる研究プロジェクトに対する補助である。[注17]

詳細は次の通りである。

(a) Research Incentive Sheme for Companies（RISC）

RISCとはシンガポールで研究センターを設立する場合，会社の産業競争力を高めるための長期間にわたる戦略的な技術領域を企業内で研究開発する場合の補助金である。

資格要件は

・会社の確かな競争力のために戦略的な研究開発力を必要としているもの。その研究開発プログラムは会社からコミットされた長期間のものであり，シンガポールの経済に確かな利益をもたらすものでなければならない。
・研究を立証するために中間的な接点に置かれ，それを専門的に継続するためには顕著な投資費用が必要な場合。
・研究者・エンジニアを多数必要とする場合や，その訓練のための費用の場合。
・マンパワーの領域，つまり研究開発に直接的に携わるマンパワーの給与（これは研究事務職，マネジメントやマーケティングの事前調査費用も含む）。
・設備——現在の設備に付加する研究開発設備にかかる費用。設備が生産のために継続され使用される場合の費用の一部が補助される。
・材料／消耗品——研究開発活動に使用されるケミカルやコンポーネントのような材料の費用。
・その他のサポート——教育訓練，大学との共同研究，技術ライセンシング，コンサルタント，テスト，マーケティング，事前調査費用も含まれる。

[以下は NSTB 発表の RISC を受けている会社と補助の目的の例示である]

・Hewlett-Packard Singapore (Pte) Ltd : Establishment of low cost system-on-a-chip solutions development program
・Matsushita Technology (S) Pte Ltd : Setting up of an R&D centre in Production Engineering
・Oki Techno Center (S) Pte Ltd : Development of GaAs RFIC for wireless mobile communication system
・Panasonic Singapore Laboratories Pte Ltd : Research and Development in Advanced Multimedia & Machine Vision Technology

- Philips Singapore Pte Ltd: Expansion of Centre for Manufacturing Technology Philips Pacific
- Siemens Component Pte Ltd: Development of a regional competence centre for integrated circuits & component design & packaging
- Sumitomo Bakelite Singapore Pte Ltd: Establishment of a molding compound R&D Centre
- Texas Instruments Singapore (Pte) Ltd: Establishment of a next generation packaging development centre

この他多数の企業

(b) Research & Development Assistance Scheme (RDAS)

RDASは基本的には，産業界の全てのプロジェクトに対して門戸が開かれている。それは産業界と研究機関，大学あるいは政府機関との共同研究に関するものである。プロジェクトは，シンガポールに経済発展をもたらす製品やプロセスの研究を含むものであること。

資格要件は
- 顕著な技術的利点があるものや会社の事業や生産活動に影響を与える研究開発。
- 商業ベースになり，ポテンシャリティーのあるもの。
- 会社の研究開発力を高めるもの［以下はNSTB発表のRDASを受けている会社名と補助目的の例示である］
- Aiwa Singapore Ltd: Concurrent Art to Part Environment (cape) for Rapid Product Development
- Kurita (Singapore) Pte Ltd: Development of Process & Engineering System for Industrial Water for use as cooling water in Industrial Plants
- Oki Techno Centre (s) Pte Ltd: Development of alogirthm and hardware architecture for CDMA receiver system
- Sony Precision Engineering Center: Development of a high precision rapid prototying system

・Sun Japan (Singapore) Systems Pte Ltd : Development of a Smart Park Pricing System
・Tech Semiconductor Singapore Pte Ltd : Process R&D to upgrade water reclaim system
この他多数の企業

(4) 研究開発の人材

シンガポールで研究開発を行う場合の問題は,研究者・技術者が果たして確保できるかどうかである。シンガポールで,それらの人材供給源となっている大学はシンガポール国立大学(Singapore National University)とナンヤン工科大学(Nanyang Technological University)の2つだけである。図表7‐17は1996年時点での研究開発関係に従事する博士・修士・学士等の人数である。総計で研究補助者も含めて15,000人ほどであるから,それでは足りるはずがない。そこで,NSTBの施策として外国籍の研究者・技術者を獲得することを行っている。図表7‐18をみても分かるようにシンガポールとそこでの永住者は84.4%であり,ほかの15.2%は外国籍である。つまり,中国系の人で同じ英語圏のアメリカやイギリスなどで学んで学位を取った人を応募させたり,スカウトするのである。長期的にはシンガポール国内での大卒者の人材供給と併せて海外からも招へいする施策を取っている。しかし,その場合に重要なことは,海外からシンガポールに来てもそれだけの生活環境が保障されなければならないことである。このようなことで今,成功しているのは台湾のシリコンバレーと言われる新竹科学工業圏区(Shinchu Hightech Park)である。ここは,台湾からアメリカに渡ってアメリカの大学で学位を取った人を呼び戻して,アメリカで研究しているのとまったく同様の環境と生活を保障している特別区である。台湾が今,ハイテクパークで成功している理由は,このようなアメリカ帰りの研究者によるイノベーションなのである。NSTBの施策もこのような形を描いているようである。

図表7-17　R&D Manpower by Citizenship (1996)

Occupation	Singaporean & Parmanent Residents	Foreign Citizens	Total
RESEARCHERS	10119	2135	12254
RSE -Ph. D	1607	630	2237
-Masters	2115	503	2618
-Bachelor	4440	858	5298
Non-degree	1957	144	2101
TECHNICIANS	1667	116	1783
SUPPORTING STAFF	1296	86	1382
TOTAL R&D MANPOWER	13082	2337	15419

出所：National Survey of R&D in Singapore 1996.

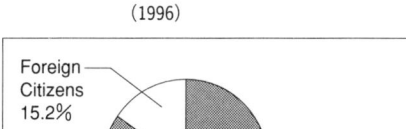

図表7-18　R&D Manpower by Citizenship (1996)

Foreign Citizens 15.2%
Singaporean & Permanent Residents 84.8%

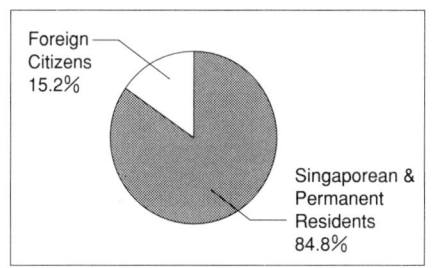

出所：図表7-17に同じ。

(5) **日本企業のケース**

(A) 松下電器産業

(a) コーポレート研究所

現在，同社のコーポレート（本社）に属する海外R&D拠点と言われるところは全世界に11ヵ所ある。その内訳はアメリカ5社［図表7-19のPTI (Panasonic Technologies, Inc.) はR&D拠点の統括会社のこと。したがってPTIはその傘下にある会社］，ヨーロッパ3社（イギリス2社，ドイツ1社），アジア3社（中国，台湾，シンガポール）である。最近，これにプラスしてアメリカ，シリコンバレーに1998年3月「パナソニック・デジタ

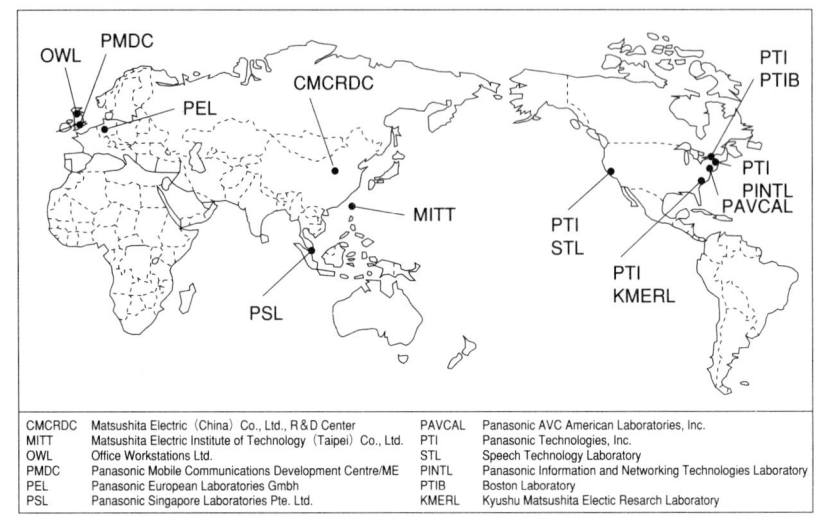

図表7-19　松下電器の海外R&D拠点

CMCRDC	Matsushita Electric (China) Co., Ltd., R&D Center	PAVCAL	Panasonic AVC American Laboratories, Inc.
MITT	Matsushita Electric Institute of Technology (Taipei) Co., Ltd.	PTI	Panasonic Technologies, Inc.
OWL	Office Workstations Ltd.	STL	Speech Technology Laboratory
PMDC	Panasonic Mobile Communications Development Centre/ME	PINTL	Panasonic Information and Networking Technologies Laboratory
PEL	Panasonic European Laboratories Gmbh	PTIB	Boston Laboratory
PSL	Panasonic Singapore Laboratories Pte. Ltd.	KMERL	Kyushu Matsushita Electic Research Laboratory

※98年3月に米シリコンバレーに家庭のデジタルネットワーク化を視野に入れた「パナソニック・デジタル・コンセプトセンター」を新設。

ル・コンセプト・センター」を開設したので，総拠点数では12ヵ所になる。ただ，これらの研究所は本社研究所（Corporate Laboratories）に属するものであり，このほかに各事業部門に属する研究所（Division Laboratories）は全世界に多数設けられている。例えばシンガポールの場合，松下電器産業の生産関係の会社は10社ある。この中の3社（オーディオ関係，半導体関係，生産技術関係）にはおのおのにR&D機能がある。筆者が訪問したのは，コーポレートの研究所の一つであるPSL（Panasonic Singapore Laboratories）である。シンガポールには日本のエレクトロニクスメーカーは生産，販売拠点も含めると多数進出しているが，PSLのような本社研究所に属する形でシンガポールに拠点を置いているところはほかにないのではないか。

PSLはシンガポールの中心地から少し離れた，車で30分ほどのタイセン地区の工業団地の一角にある。ビルのワンフロアーを占有しているが，その半分のところにはPanasonic社員用トレーニングセンターがある。PSLは，

3．アジア―シンガポールを中心に―　　　　　　　　　　159

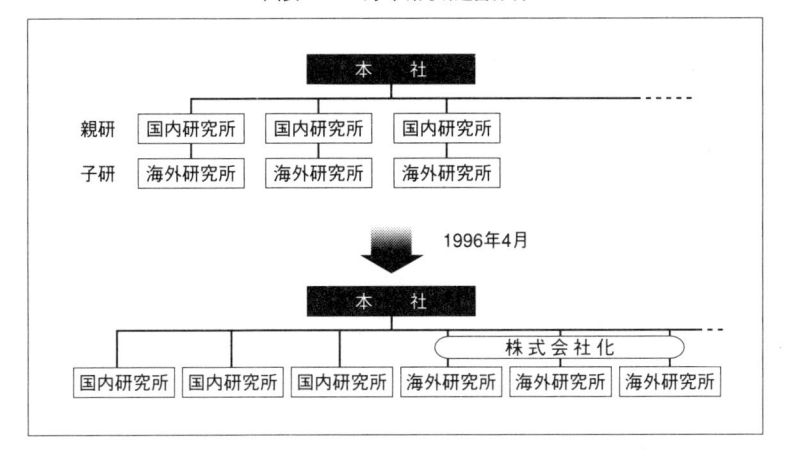

図表7‐20　海外研究所運営体制

```
                        本　社
          ┌──────────┼──────────┐──────
親研   │国内研究所│ │国内研究所│ │国内研究所│
子研   │海外研究所│ │海外研究所│ │海外研究所│

                      ⬇ 1996年4月

                        本　社
     ┌────┬────┬────┬────┬────┬────┐
                                  ╰──株式会社化──╯
  国内研究所 国内研究所 国内研究所 海外研究所 海外研究所 海外研究所
```

1996年4月から独立法人の株式会社組織として運営されることになった。従来は日本国内にある本社研究所の傘下にあったが，今度は全部本社研究所と並列した形で自主責任運営による独立会社になった。（図表7‐20）

　このような独立会社による自主責任経営を運営するために，さまざまな施策がとられている。例えば従来とは異なって1996年4月からは次のような施策がとられた。①年1回の株主総会を実施する。②海外研究所間の連携を深めるためにグローバルR&D会議を年2回実施する。これには主に各研究所の社長，副社長が出席する。2回のうち1回は日本の本社で開催し，ほかの1回は持ち回りで海外研究所のどこかで開催する。③海外研究所での内覧会の実施や，研究所の社長および幹部に向けたマネジメント研修を実施する。自主責任運営による海外研究所のミッションとスローガンは次のように記されている。

　　　ミッション：最適研究環境と最適資源で，グローバル事業ニーズおよび
　　　　　　　　　現地市場ニーズを満たす，新規事業創出と新規製品開発・
　　　　　　　　　商品化を行う
　　　スローガン：オートノミー（自主責任経営）＆ソリダリティー（グロー
　　　　　　　　　バル連携）自由責任運営は研究所長の自由裁量権が大きく

なり，やりがいがある反面，成果の追及も厳しく責任も重く課せられることになった。

(b) グローバルプロジェクトのテーマ

自主運営と言っても，そのファンド（資金）は当面のところ日本本社からの委託研究の形がとられている。将来的には現地での企業や政府からの研究委託による本格的な独立，自主運営を考えているようである。

図表7－19は，本社帰属の海外研究所である。その役割は大きく分けて2つある。一つはグローバルプロジェクトと言われる松下電器産業全体の事業戦略に関するテーマで，各研究所の保有技術を生かして海外研究所間で協力すること，もう一つは地域貢献プロジェクトと言われる各地でのビジネスに貢献するテーマを設定することである。

グローバルプロジェクトと言われるものは，例えば移動体通信，マルチメディア，多言語間通訳，次世代テレビなどの全世界の研究所がおのおのの特色を生かして共通的に取り組まなければならない研究テーマである。また，地域貢献プロジェクトは各地域にある，主に松下電器産業の生産拠点に対する技術的支援や，その地域での特有の研究テーマを見つけだし，それを解決するためのR&D機能である。①マルチ・メディア関連のハードウエアとソフトウエア，②ビデオCD，DVD，③画像認識による自動検査装置

(c) マネジメント体制

シンガポールのPSLは現在41名の陣容で運営されている。41名のうち間接人員は7名，研究者は34名である。社長は本社派遣の日本人であるが，ほかは現地採用の人である。研究者の国籍は多くが中国系の人であるが，その中にはシンガポールの中国人（華人，中国本土からの人，香港人）そしてマレーシア人がいる。34名の研究者のうち博士号の取得者は5名，他に修士，大卒は半々ぐらいである。シンガポールにおける日系企業の最大の悩みはジョブ・ホッピングであり，職務移動が激しいことである。シンガポール全体では確かにそういう局面はあるが，PSLの場合は必ずしもそうではないと言っている。これは，いわゆる最近のアジア経済の混乱の中でシンガポールもその影響を受けており，高成長の時と違ってほかに移ってもそれほど条

件が良くないということも一つの要因としてはある。しかし,重要なことは採用する側のマネジメントもしっかりとしたものを持っていなければならないことである。特に研究者の業績評価を正しく行い,研究意欲をかりたてるためのインセンティブを与えることが必要だということである。シンガポールには日本で言う半期ごとのボーナス制度はないが,毎月の給与のほかに年間1ヵ月のボーナスを支給しなければならないことが法律で決められている。これにプラスして業績を反映したボーナスを支給すことは各社の自由であるが,日系企業の多くはボーナスを支給しているようである。PSLでは1996年の株式会社としての自主運営の後,欧米や日本企業の例を参考にしながら,シンガポール流に人事評価制度を取り入れたとのことである。そこでの人事評価は3つの側面から総合的に評価している。3つの側面とは以下のものである。

①特許の取得,論文発表などのペーパー類,前任者からの技術の引き継ぎ数と内容
②研究者のポテンシャル――将来期待される潜在能力
③さまざまなアトリビュート――協調性,人間性,積極性など

これらを全部点数化してトータルにし,ボーナスや給与に反映する仕組みを採用している。シンガポールの研究者・技術者を日本人と比べた場合に何が優れているかと言えば,小さいときから英語による教育を受けていることもあって考え方が欧米的であることである。研究のアプローチも,システマティックなところやソフト関連の開発能力は優れている。また,少なくとも日本人の英語よりは格段に優れており,グローバルプロジェクトの場合はアメリカ・イギリスの研究所間の連携を取る場合,共通言語が英語なので世界的な場所で自分の考えをプレゼンテーションする技術とか人を説得する技術は優れている。アジアで英語圏のところはシンガポールだけであり,グローバルプロジェクトの研究テーマを追及しそれを共有して掘り下げる場合には,研究者・技術者が英語の理解できるシンガポールが最適の条件を備えているし,人材の確保もほかのアジア諸国よりも良いのではないかと言うことである。

(B) ソニー

(a) ソニーのグローバルR&D体制

海外におけるソニーの研究開発は，1977年にイギリスに放送機器の開発設計を行う拠点を設けたのが最初で，その後これまでにアメリカに6ヵ所，ヨーロッパに3ヵ所，アジアに1ヵ所の研究開発拠点を設け，A/V機器，通信機器，半導体，磁気製品などの分野での活躍を積極的に行ってきた。

(イ) アメリカのR&D組織

Research Laboratories

(設立：1994年4月)

・Research Lab San Jose

  LSIL (LST System Lab): Semi-conductor

  SISL (Sony Intelligent Systems Lab): Signal Processing

  AVRL (Advanced Video Research Lab): Visual Signal Processing

・Research Lab San Diego

  ATC (Advanced TV Technology Center): Advanced TV System

・Research Lab Montvale : Telecommunication

Engineering & Manufacturing Group

14 Centers: Professional A/V, Display, Storage System, Recording media, Telephone etc

(ロ) ヨーロッパのR&D組織

・Stuttgart Technology Center (1985年)

  Advanced TV, Environmental Technology

・Sony Broadcast & Professional Europe (1978年)

  Signal Processing for Professional and Consumer

・Sony Telecom Europe (1990年)

  Communication Technology

・Pencoed Digital Communication Div. (1992年)

  Satelite TV System

(ハ) アジアのR&D組織

・SPEC (Sony Precision Engineering Center) (1987年)
　Software for Production Technology

　これらの拠点の設立の基本的方針は，海外からの技術移転，および現地マーケットに即した製品の開発設計であったが，昨今の技術およびマーケットの状況変化に伴い，現在では以下の項目をその活動目的としている。

㈡　海外 R&D の目的
①各マーケットでの新ビジネス創造の提案
②現在のエンジニアリングリソースの活用
③情報アンテナ
④地域社会への貢献

(b)アジアにおける R&D 機能

　さて，ソニーのアジアにおける事業活動は図表7-21にある通りであり，合計すると47ヵ所になる。これにはアジア NIES, ASEAN, 中国，インド，オセアニアも含まれている。

　そして，それらの中にデザインや開発機能 (Design & Development Facilities) を持っているのはシンガポール，マレーシア，韓国，台湾，インドネシア，インドの会社である。会社名，活動状況を挙げると図表7-21のとおりとなる。

　さて，筆者が1998年5月に訪問したのは，シンガポールの SPEC Component R&D Division である。ここは Sony Precision Engineering Center (Singapore) に付設している。SPEC は，1987年に設立されたキーデバイス関係の工場である。ここでは主に，コンパクトディスクのピックアップ，VTR のシリンダー，ドラム，磁気ヘッドなどのキーデバイスの部品を生産している。ほかに東南アジアにある工場への生産技術，FA の支援関係などを行っている。SPEC は先に述べた松下電器産業の PSL の場合と違ってディビジョン・ラボ (Division Laboratories) である。ソニーは1994年4月よりカンパニー制を採っているが，その中の一つのカンパニーである CPC (Computer Periherals Company) の傘下になるのが SPEC Components R&D Division である。ソニーの場合，アジアには本社所属のコーポ

図表7-21 SONY ASIAN OPERATIONS

Country	Company	Year established	Activities
Singapore	・SPEC Components R&D Division, Sony Precision Engeneering Center (Singapore)	1996	・Design and development for : key components and devices-optical pick-ups and mechanical units ・Next generation optical data storage devices IT and multimedia industries
	・Sony Display Device Design Centre	1996	・Design of cathode ray tubes (CRTs)
	・Semiconductor Design Centre, Sony International (Singapore)	1994	・IC design work with technical support for audio products and CD-ROM drives
	・Asia Design Centre, Sony Marketing International (Singapore)	1993	・Industrial design (products) ・Package graphics design ・Interface computer graphics design
	・Sony Systems Design International	1993	・Multimedia software R&D ・Microchip software development
MALAYSIA	・Sony Mideo (Malaysia)	1994	Video design
	・Asia Design Centre, Sony TV Industries (Malaysia)	1992	Design of derivative models and circuit blocks for new chassis
	・Sony Electronics (Malaysia) ・Sony Mechantronic Products (Malaysia)	1989	Design of radio cassette, discman and hi-fi receiver Design of derivative models of MFDD
KOREA	・Sony Electronics of Corp	1989	Design of compact disc radio cassette tape recorder, and car stereo
TAIWAN	・Sony Video Taiwan	1991	Design & development of video tape recorder, MiniDisc player, video-CD and duplicator (VI-IS)
INDONESIA	・Sony Electronics Indonesia-SEI	1997	Design of audio products
INDIA	・Sony India Software Centre (Bangalore)	1998	・Development, support & maintenance of business application systems ・Development of consumer electronics platform soft-ware for advanced consumer electronics products

レートR&D機能はない。あるのは先に述べた各地にあるデザインや開発センターが主であり，最もR&Dらしい機能を担っているのがシンガポールのSPEC R&D Division である。

(c) マネジメント

SPECのR&D機能は，1996年にスタートした。このような機能を持つに至った背景には次のことが挙げられる。

①コンピュータソフト開発にはシンガポールが適している。これはシンガポールは国を挙げて小さい時からコンピュータ教育を行っており，コンピュータソフトづくりへの若いひとの関心がきわめて高いこと，そのための研究者・技術者が比較的確保しやすいこと。

②将来的には，アジアでも本格的なR&D機能をどこの国かで充実してゆかなければならない必然性があること。

③直接的に，シンガポール政府の科学技術政策のベースにある外国企業に対するR&Dインセンティブを利用できること。

また，NSTBの国際諮問委員会のメンバーにソニー本社の副社長，そしてNSTBのボードメンバーにもシンガポールでの代表者が協力しており，そこからのアドバイスもあったことなど。

現在，SPECのR&Dは光ピックアップの商品設計を主に行っている。これは日本のカンパニー部門であるCPCでも行っているが，そこでは限られた経営資源でもあることから，シンガポールではもう少しじっくりと取り組み日本のCPCへの補助的機能を果たしてゆきたい意向である。また，陣容は総数17名であり，所長は日本からの派遣者，ローカル採用のエンジニアは12名，日本からの派遣者3名，マネジメント1名である。ローカルのエンジニアはほとんどが大学卒でそのうち2人はPh. Dを持っている。人の採用は現地の新聞広告（土曜日は求人広告が多く掲載される）を利用する場合が多いが，NSTBはこの面にも積極的に支援してくれている。SPECの活動は今始まったばかりであり，今後の展望としては

① 日本の技術開発の補完機能を果たしていくこと

② SPECの製造拠点としてRegionalization（シンガポールを核に周辺

諸国を有効に活用していく）を進める中で技術開発の核になることである。

注
1. 小門裕幸『エンジェル・ネットワーク』第2，第3章参照，中央公論社，1996年。
2. JAFCO America Ventures. Inc. 会長，伊牟田均説明の資料。
3. Donald. H. Dalton & Manuel G. Serapio. "Globalizing Industrial Research and Development", US Department of Commerce, 1999.
4. 小門裕幸，前掲書，第3章
5. 清成忠男『ベンチャー・中小企業優位の時代』東洋経済新報社，1996年。
6. 日本興業銀行産業調査部編『米国新成長のビジネス』日本経済新聞社，1996年，186頁。
7. Stanford University, US−Japan Technology Management Center, Director, Richard B. Dasher との会見で説明された資料。
8. Donald, H. Dalton & Manuel G. Serapio, *op. cit.*
9. 日本貿易振興会『進出企業実態調査欧州編―日系製造業の活動状況―』1998年版。
10. Paul Lynch & Mike Sims Williams, "Report on Japanese R&D Success in the UK", Science and Technology Section, British Embassy, Tokyo, Japan, 1996.
11. 英国大使館，科学技術部『英国・ヨーロッパにおけるすぐれた研究開発拠点』1997年。
12. 水田 博「日立ケンブリッジ研究所とケンブリッジ大学の交流」『化学と工業』第52巻第3号，1999年。
    Hitachi Europe "Investing today for brighter tomorrow".
13. "Hitachi : Management Practices of Innovation in Global Industrial Research", *Managing Global Innovation* の第5章 by Gassmann & Zedwitz, Springer, 1999.
14. グラクソ社，アニュアルレポート，1997年。
15. 町田善正「エーザイロンドン研究所」『MEDCHEM News』No. 2, May 1998年。
16. 拙著『国際経営の組織と実際』第2章「アジアにおける地域統括会社」参照，同文舘，1998年。
17. RISC と RDAS については筆者が NSTB を訪問した際に入手した資料を翻訳したもの。

追記
①シリコンバレーの調査は1998年2月15日～22日まで社団法人企業研究会が主催したシリコンバレー研究プロジェクトにコーディネーターとして参加した時の調査レポートである。訪問先でのインタビューに応えていただき，協力してくれた方々は次の通りである。
Fuji Xerox Palo Alto, Laboratory Inc. Chairman 加藤満左夫, President Dr. James D Baker, Chief Financial Officer 岩瀬光之, Cisco Systems, Inc. アジア，オペレーション日本リエゾン・マネジャー HQ セールス，フレッド河本, Canon Research Center America Inc. Vice President Dr. Roger Melon, Director Systems Development Dr. Jerry May, JAFICO America Ventures, Inc. Chairman 伊牟田均, Heidrick & Struggles, Executive Vice President Mr. Tom Firiol, Director, Mr. Mel Commet. Partner, Ms. Kasumi Kohen, Partner, Mr. Mark Lonergan, NEC USA Inc. General Manager. Corporate Strategy Business Development Division 加藤晴洋, IBM Almaden Research Center. Customer Relation Administrator Business Program Research Division, Ms. Carolyn Wallace, Manager, Science and Technology Research Division Dr. Wilfred Lenth, HOYA Holdings Inc. President Hiroshi Suzuki, KPMG Peat Marwick, Partner 大庭正之, 取締役日本関連事業部全米代表パートナー吉原寛章, Stanford University. US−Japan Technology Management

注

Center, Director Dr. Richard B. Dasher. の各氏です。
②イギリスについては，1999年3月22日より29日まで筆者が単独で訪問調査した時の資料である。インタビューに応じていただいた方は次の通りである。
　日立ケンブリッジ研究所長　水田　博，東芝ケンブリッジ研究所長　井草　俊，Mitubishi Electric Europe, Chairman Mr. Tetuji Takeoka, Eizai London Institute, Director Dr. 町田善正, Canon Europe Research Center, President, Dr. M. Otto, Sharp Laboratories of Europe, Managing Director, Dr. Clive Bradley.
③シンガポールについては，1998年4月28日より5月4日まで筆者が単独で訪問調査した時の資料である。インタビューに応えていただいた方は次の通りである。
　NSTB (National Science Technology Board, Managing Director, Dr. Koh How Eng, Component R&D Division, Sony Precision Engineering Center, President, Mr. Kenji Arai, Panasonic Singapore Laboratory President, Ken Yasumoto, Sharp Electoronics Design Center, Director, Mr. Takaaki Hirano, Hitachi Consumer Electoronics Singapore, President, Tadashi Nakajima.

第8章

結語と展望

1. グローバルR&Dネットワークの方向性

　本書では研究開発の国際化問題に関して，まずその問題の研究対象が何であるのか，そして次に内外の研究者による近年の本課題への取り組み状況（第1，2章），そして研究開発の国際化問題を考える海外研究開発の基本的フレームワーク，研究開発活動の集権化，分権化要因，海外研究開発の発展段階（第3章），海外研究開発の目的，研究成果と進展度合の現状（第4章）について述べた。

　そして，次に本書の中心骨格となっている「研究開発の国際化」問題から「グローバルR&Dネットワーク」への視点の変化の中で捉えた「クローズドR&D」と「ネットワークR&D」とのちがいを考察し（第5章），今度はそれをグローバルR&Dネットワークの枠組みとしてどのように構築すべきかの要件の検討，その先進的企業モデルであるIBMの「グローバルR&Dネットワーク」を紹介した（第6章）。最後にはグローバルR&Dネットワーク形成の本拠地である欧米・アジアにおける研究開発拠点の特徴，そしてそれらの地域で活動している日本企業の現況について述べてきた。（第7章）

　このような論旨の流れの中で本書の内容を振り返ると，第1章〜第4章までは研究開発の国際化問題に関する基本的考察の部分，第5章〜第7章までは国際化の進展した経営のグローバリゼーションの中で捉えられるべき「グローバルR&Dネットワーク」の考え方と実際上のフレームワークを捉えてきた。

1. グローバルR＆Dネットワークの方向性

　さて，それでは「グローバルR&Dネットワーク」で考える研究開発の国際化問題は最近になって初めて議論されだした課題なのであろうか。

　第2章でも指摘したが「グローバルR&Dネットワーク」の考え方はすでに，1980年代初期から本課題の今後の方向性としてすでに研究され始めていた。

　イギリスの化学会社であるICI（Imperial Chemical Industries）とアメリカICI（ICI Americas. Inc）の研究開発部門の責任者であるペリノ（Albert C. Perrino）と同社の科学技術部門のマネジャーであるティピング（James W. Tipping）は1985年にコンサルタント会社であるブーズアレンの協力を得て，16社の技術オリエンテットの欧米多国籍企業を事例に，そこに従事する120名に技術のグローバル・マネジメントについていくつかの項目（グローバルなR&D拠点の分布図，R&Dコスト，生産性，コミュニケーション，対外的な技術関係，マーケティング）からインタビュー調査を行った。その中で，IBM，CIBA Geigy，Bayer，ICIのような企業はすでにグローバルなR&D体制をとり，それをうまく結び付けてR&Dの生産性を上げている仕組みを指して技術の"ネットワーク"モデルと呼び，それが今後の多国籍企業の方向であることを結論づけている。このモデルは主要なマーケット——アメリカ，日本，ヨーロッパ——で相互が最大限の影響を与えることのできる技術のコアグループを基礎にしたネットワークから成り立っていることを指摘し，そしてこのような技術の世界的ネットワークを作るためには10～20年，そしてそれ以上費やすが，今後このような方向にゆく企業は明らかに明日の勝利（winning edge）となるだろうと予測している。[注1]

　また，近年になってはキュメールも先に述べた論文の中で「グローバルR&Dネットワーク」について言及している。キュメールの主張するホームベース補強型研究所とホームベース応用型研究所の2つのタイプは別々のものではなく，企業のグローバルR&Dネットワークを構成する諸単位であり，それらは統合された形で結びついていなければならないと指摘する。そして，この事例として，日本の松下電器産業の中央研究所を例にとりながら「グローバルR&Dネットワーク」の仕組みを説明している。同社は15ヵ所

の海外研究所があるが，それらを統括している中央研究所の役割は基本的に海外の研究所を支援するコーディネーター機能である。中央研究所が海外研究所と縦断的・垂直的ネットワークの関係にあるのではなく横断的・水平的ネットワークの視点から中央研究所はそのための研究の方向づけや研究成果の評価，資源配分が主な機能であり，そこでの研究開発担当上級幹部の役割も当然変わってきていることを紹介している。[注2]

また，イギリスのレディング大学のPapanastassiaとPearceの両教授は1989～90年にかけて世界の代表的企業623社に海外研究開発の状況に関する大掛かりなアンケート調査を行った。回答者は本社の技術担当幹部であり，回答企業数は245社（うち31社は日本企業）である。これによると将来の海外研究開発戦略に対し，親会社はどのようにそれを考えているかのアティテュード（姿勢）を調査した結果では図表8-1のように「グローバルR&Dネットワーク」を強化する姿勢であることを指摘している。[注3] このように，「グローバルR&Dネットワーク」の考え方は今，始めて検討されだした課題ではなく，1980年代初期から指摘されていたし，今後の傾向であることは間違いない。

図表8-1 海外研究開発体制の将来展開 （単位：％）

	日　本	アメリカ	イギリス	その他ヨーロッパ	計
・集権化研究を強化する	7.4	18.1	33.3	21.1	20.2
・海外R&Dの自立性を強化する	11.1	8.4	19.4	15.8	12.8
・グローバルR&Dネットワークを強化する	81.5	69.9	41.7	60.5	63.8
・変化なし		3.6	3.6	2.6	3.2
計	100	100	100	100	100

出所：Marina Papanastassia and Robert Pearce, "The Internationalization of R&D by Japanese Enterprise", *R&D Management*, 24. 2. 1994.

2. 日本企業のグローバルR&Dネットワーク

 次に日本企業の「研究開発の国際化」問題の今後の方向性について展望したい。本書でも指摘してきたように，日本企業における研究開発の国際化問題は80年代以降，それも90年代になってから先進的な多国籍企業の間で検討され始めた課題である。これは，多国籍企業の発展段階から見れば海外での生産活動の次のステップとして発生してくる国際的経営活動の必然的な課題である。海外での生産活動がすすめば生産技術に関する技術知識—生産技術のためのR&D活動はもちろんの事，現地市場に適応した製品開発（開発であるDの部分）問題やそれをさらに進化させた形の研究活動（Rの部分）をどのように現地化すべきかが課題となってくる。このような生産活動の次の段階としての開発から研究へのR&D活動の進化はわが国の先進的多国籍企業の間でも現実問題となってきている。

 そして，現在，それらの活動は徐々に発展し，先進的多国籍企業の間では世界的広がりの中で研究開発の国際化問題が議論されるようになった。そして，今日の議論の焦点は世界的な広がりの中での海外研究開発拠点—各々のユニットの自律性を喚起をしながら企業の全体戦略の中にどう統合してゆくかが課題となっている。例えば，キュメールも例として紹介しているように日本の松下電器産業はすでに世界の中での開発拠点（事業部研究所）と研究拠点（コーポレート研究所）を分けてそれらをネットワークした形のグローバルなR&D体制を構築し始めている。（第7章第3節，パナソニック・シンガポール研究所の部分参照），松下電器の他にもNEC，キヤノン，トヨタ自動車のようなわが国を代表する多国籍企業の多くはこのような「グローバルR&Dネットワーク」の構築に向けた実際上の運営を模索し始めている。

 そして，今日問われていることは，「グローバルR&Dネットワーク」の構成ユニットは単に海外に研究開発拠点をつくるということだけでなく，多様な形態でネットワークを組んできていることである。そこには企業間提

携,資本参加,合弁,M&A戦略にみられる外部資源の積極的活用の動きである。例えば,M&Aは近年のわが国企業の海外進出の有力手段として定着し始めたが,この場合には,企業を一括買収する形がとられ,結果として研究所も付随してくるという形である。外部資源の活用には,この他にも研究機関や大学への委託研究,共同研究,提携や合弁会社の設立など研究開発の形態も多様な選択肢を活用した方法へと進化してきている。このような事からみるとそれらの活動を関係づけるネットワークの意義が極めて重要な課題になってくる。これはわれわれが第5章で指摘した「クローズドR&D」ではなく「ネットワークR&D」の視点で考える必要がでてくるし,すでにこの視点にたった捉え方がわが国の先進的多国籍企業の間でも芽生えてきている。

3. ネットワークと知識創造

今,国際化の進展した多国籍企業は「グローバルR&Dネットワーク」を構築することによって企業の研究開発力の強化を計ろうとしている。国際化した企業の経営戦略の源泉が技術革新にあり,その開発をめぐる国際間の競争が激しくなればなる程,研究開発の生産性やスピード化が問われてくる。国際間の競争の激化は企業の国境を越えた地球規模での競争,今日の産業界で言う「メガコンペティション」(地球規模の競争)の時代に入ってきている。今,自動車,電機,化学,銀行,保険をはじめ世界を代表する企業の間で大型の合併,買収,提携が起こっているのはこのようなメガコンペティションの時代に生き残るための地盤固めであり,世界的規模での産業の再編成課題となっている。

さて,このような世界的な大競争時代にあって企業の研究開発戦略は今後,どのように考えたら良いのであろうか。今までのように,わが国企業は自国,自社という限られた経営資源の中での研究開発にこだわり続けて良いのであろうか。

3．ネットワークと知識創造

本書でみてきたことは，少なくともわが国企業の経営活動の「グローバリゼーション」の段階にあってそれは見直すべき課題であり，それに代わる新しい視点としての「グローバルR&Dネットワーク」の捉え方を考察してきた。「グローバルR&Dネットワーク」の構築は国内にある自社の研究開発拠点を始め，海外研究開発拠点，そしてその他の拠点・ユニットとの関係性を結ぶことによって内外の知識を機動的に活用しようとすることである。しからば，この場合の知識とは何を意味するのであろうか。近年，「知識経営」(knowledge management)「知識ワーカー」(knowledge worker)など企業における知識の意義に関する論議が深みを帯びてきている。考えてみれば今日までの文明発展の歴史は人間の英知，知識によって開拓されてきたし，この知識こそがわれわれ人間のみに与えられたかけがえのない資産である。そしてこのことは今後も永遠に変わることはないだろう。知識は情報なのだろうか。情報は今，至るところに氾濫しまたそれを入手しようと思えば近年の革命的とも言える情報通信技術の発達によって世界中どこでもいつでもそれは可能であろう。逆説的に考えると，このようなあまりにも膨大な情報の氾濫があるからこそ，企業経営にとってあるいは研究開発にとって真に必要な情報とは何かが問われ，知識の意義が議論されているのではないだろうか。知識は情報そのものではなく，それを活用してある価値・意味をつくり出す知識創造の部分である。知識創造は人間の頭，体の中にだけ宿るもので，情報通信ネットワークで共有される形式化された情報そのものではない。このように考えると最後に残るものは人間による知識創造であり，これを支援するための仕組みづくりこそがネットワークの意義であると考える。[注4]

注
1．Albert C. Perrino and James W. Tipping, "Global Management of Technology" *Research・Technology Management*, May-June 1989, pp. 12-19.
2．Walter Kuemmerle, "Building effective R&D capabilities abroad", *Harvard Business Review*, Mar.-Apr. 1997, pp. 69-70.
3．Marina Papanastassia and Robert Pearce, "The Internationalization of R&D by Japanese Enterprise", *R&D Management*, 24, Feb. 1994, p. 158.
4．野中郁次郎・竹内弘高『知識創造企業』東洋経済新報社，1996年。本書の358頁で知識につい

て次のように述べている。
　「知識は個人によってのみ創られる。個人を抜きにしては組織は知識を創ることはできない。したがって，組織が個人の知識創造活動を支援し刺激すること，あるいはそれらに適したコンテキストを提供することがきわめて重要である。組織的知識創造は，個人によって創り出される知識を組織的に増幅し，対話，討論，経験の共有，あるいは互いの観察を通じてグループ・レベルで知識に結晶化（クリスタライズ）させるプロセスだと理解すべきである。」。知識は知識そのものではなく知識の創造プロセスこそが重要であり，それは人間（個人）によって創られるかけがえのない唯一の源である。

エピローグ
研究開発のグローバルネットワークの経営学的背景
——社会科学と実践経営論の探化を求めて——

　第1章から第8章まで研究開発の国際化問題の体系的試みを行ってきたが，最後に本論を論述する基本的前提としての経営学の特徴を社会科学との関連性の中で考えてみたい。

　第1節では経営学も包摂される社会科学の性格・特徴について自然科学とのちがい，そしてそれは究極的に何を研究対象とするのかについて考えたい。

　次に第2節では社会科学の中でも経営学は純粋理論科学とちがって企業経営のノウハウを探る実践的な原理・原則を究明しようとするものであることを指摘し，次に経営学の本流はアメリカにあり，その影響のもとでわが国に経営学も発展してきたことを跡づける。そして日本企業の国際化の進展と共に，現在，国際経営論や多国籍企業論へと関心が注がれていることの状況を述べる。

　第3節では近年のわが国における学界・産業界からの国際経営への関心の状況と，国際経営も専門的にいくつかの分野に細分化されている中での研究開発国際化論への流れを跡づけたい。

1. 社会科学の特性

(1) **科学とはなにか**
　まず，経営学あるいは国際経営論とはどのようなことを勉強するのであろ

うか。大学には経営学部のように学部として独立した中で専門的に経営学を勉強するところもあるが，経済学の中に経済学科と経営学科とが分かれて，学科の中で経営学を勉強するところもある。経営学と経済学は学部や学科などからみても，互いに隣接した領域であることは間違いない。経営学も経済学も，いわば文系とよばれる社会科学の領域であることは明らかであり，それは理系とよばれる自然科学の領域とは異なる。そこで，まず社会科学も自然科学も両者に共通する概念は"科学"であるから，科学とはなにかを最初に明らかにしておく必要がある。

"科学"あるいは"科学的に考える"ということは，少なくともそれは単なる人間の思いこみや直感によって物事を洞察するということではなく，一つの筋道を通した論理にもとづいて問題を解明するということである。論理は物事の表面に現れた単純な現象を浅くとらえるのではなく，その中味を深く追及することによって，その根源に潜む共通の現象，つまり一定の"法則"を見い出すことである。このことを別の表現からすれば，科学とは"法則性"であること，あるいは"法則を発見すること"であるということができる。法則 (law) は，その現象の中に貫かれている一定不遍の論理であるから，それは自然科学においても社会科学においても共通していることであり，これまでも幾多の発明・発見が行われ，科学の進歩が遂げられてきた。

これまで科学の進歩・発展と言えば，自然現象や社会現象に貫かれている一定の法則を発見し，その法則をもとにつぎの法則が発見され，その蓄積によって人類の進歩が成し遂げられてきた。

さて，同じ科学といっても——文系に進む人と理系に進む人が将来の目指す方向がちがうように——自然科学と社会科学はその研究対象において根本的なちがいがある。すなわち，自然科学は自然現象を対象とし，社会科学は社会現象を対象とする。社会現象である人間の営みは，個人によってあるいは集団や組織によっていくつかのちがいがあるから，そこから一定の法則としての共通の営みを見い出すことは，自然科学と比べれば甚だ難しいのである。ところが，自然科学は，自然現象であるから，地球上どこへ行っても一定不変の法則がある。その意味では社会科学よりも自然科学のほうが科学の

本来的意味に適している研究領域かも知れない。科学（者）の使命はそれらの中に貫かれている法則を発見することであるから，そのための実験・実証そして様々な研究活動によって一つの法則を発見し，それが人間社会の進歩に貢献する科学的根拠を提供する。

科学はなんのためにあるのかということ，それはわれわれが生きている人間社会をよりよくするためであり，その進歩に貢献するものでなければならない。したがって社会科学の一分野である経営学を勉強するということも，究極的には経営学の対象（後述）である企業体に貫かれている共通の現象を見い出すことによって，何が問題であり，どのようにすればそれが改善されより優れた成果を生み出すことができるかの科学的根拠を発見することである。

(2) 社会科学と自然科学とのちがい

大学の講義科目の中で，自然科学といわれるものの中に，物理学，化学，生物学，医学などがある。また，社会科学といわれるものの中に経済学，法学，政治学，社会学があり，経営学もこの部類に入る。一見してわかることは，この両者の違いは，まず，その名のとおり，自然科学は自然を対象とし，社会科学は社会を対象とする。それらを専攻する立場からいえば，自然科学が厳密で数理的，分析的能力が要求されていることに対して，社会科学は社会現象をくみとって論理を組み立て，仮説をたてる能力，いわば論理構想力が要求されていることがわかる。このことは，おそらく経済学や経営学の専攻の学生には数学は苦手で，社会科学の分野を選んだという興味の度合いからもうなずけるであろう。これに対して，自然科学は物理や化学に代表されるように，そこに貫かれている一つの法則が導かれるゆえんは，さまざまな実験・実証によって明らかにされた究極的結論である。

これに対して社会科学は，そのような実験室はなく，あるとすれば，それを自分の頭に作った仮説を実際の社会へと検証していくプロセスである。この意味では社会科学は人間の経験則にもとづく論理の組み立てであり，別の言い方をすれば，社会科学は，経験の蓄積をベースとした経験科学とも言える。他方，自然科学は自然現象を対象とするのであるから，そこでは，自然

界に共通する現象の中から，いくつかの実験を重ねることによって得た結論を一定の法則として導き出すのである。

　社会科学である経済学，法学，政治学にしても，それは人間社会の織りなす営み，すなわち社会現象を経済的行為，法律的行為，政治的行為の側面から考察したものであり，究極的にはそこに共通しているものは人間の営みの諸側面である。その場合，人間は各個人がそれぞれの意思をもっており，考え方や思考パターンもちがう。だからと言って，人間を実験台においてその個人のもっている考えを自然科学的に分析することはできない。できるとすれば，それらの現象はおおよその人間の営みを外から客観的に捉えるしかない。この意味で社会科学は，自然科学と比べて厳密にしかも絶対的にとらえることはできない特徴をもっている。

　人間の営みと言っても，歴史，文化，伝統がちがえば，それぞれの国，地域によって人間社会の織りなす行為はさまざまである。人間の考えることや行為はすべてが同じことではないにしても，行為全体からみれば人間の行為には一定のパターンがある。社会科学は経済学にしても法学にしても，人間社会の織りなす諸側面を専門的な視点から考察しようとするところにそれぞれの学問領域が生まれる。法学，経済学あるいは経営学にしても，それをとらえるアプローチには人それぞれ多種な見方があり，結果としてそこには百人百様の学説が生まれてくる。それは自然科学が厳密な実験が繰り返された究極の結論として，その法則が導かれるのに対して，社会科学は人間社会を考察する視点，すなわちその接近の仕方が各人によって異なるからである。人間社会という対象は同じであっても，社会科学者の見方はさまざまな結論として現れ，そのことがまた社会科学のユニークさとなっている。

2．経営学の本質

(1) 実践論としての経営学

　社会科学でも自然科学でもこれは絶対に変わらないという基本法則があ

2. 経営学の本質

る。たとえば、自然科学が対象とする重力の法則とか天体の運動や化学反応の方程式は絶対的に変わらない法則である。また、社会科学で言えば、人間社会の基本に貫かれるものの考え方の根拠、いわゆる哲学の範疇や倫理学の領域はそうである。これらの法則は地球が存在する限り、永遠に変わらぬ鉄則であり、その基本はなにびとも変えることができない。

これに対して、自然現象でも社会現象でも、文明の発展段階において歴史的に生まれてくる諸法則がある。たとえば、文明の発展によって生まれた自然現象としての動植物の進化はそうであるし、一方社会科学では産業革命という機械発明によって生まれた生産手段の所有関係、つまり所有者と非所有者、資本家と労働者との関係である。生産手段の私有性を認めた資本主義体制やそれらを国有にした社会主義体制は経済社会の一つの歴史的発展段階で生まれたものである。資本主義体制でも社会主義体制でも一度作りあげた経済体制はそう簡単に変革されるものではなく、さまざまな問題を含みながらも少しずつ変わっていく。それは一度確立された人間社会の強固な仕組としての社会体制であり (Social System)、一つのルールをつくっている。社会主義体制や資本主義体制は歴史の一つの段階でつくられた一つのルールであり、それらの社会に貫かれている人間関係のちがいがすなわち体制のちがいとなっている。

ところがこれに対して、経営学は経済学や法学、政治学のように世界や国家というマクロな活動単位を対象とするものではなく、企業活動というミクロな経済単位を対象とする。しかし、当然、ミクロの経済活動はマクロな経済活動と結びついており、ミクロである企業の諸問題はマクロな経済活動と関連してくる。この諸問題を国家レベルでそれらに内在する諸法則を社会全体からとらえるのではなく、ミクロレベルの問題として企業の日常的行為の中に貫かれている一つの法則を見い出そうとするところに、経営学研究の意義がある。

1960年代初めに日本の経営学会ではドイツの経営経済学を汲む個別資本論と、アメリカのマネジメント論の流れを汲む実践経営学の方法的論争があったが、前者は経済学の領域であり、後者は企業で日々発生する実践論の領域

であるからそれらは本質的に異なった次元の研究を対象にしている。(注)経営学の対象は経済学のようなマクロレベルではなく，企業活動の中に貫かれている一定の原理・原則であるが，しかし，それは絶対不遍の法則(基本的法則あるいは主要法則)とちがって条件が変われば，それに対応した諸原則へと改めるという性格のものである。

　この意味は，経営学はきわめて，われわれの日常生活の中にある実践に近い学問である。下記のように諸法則を分類すると，第三の従属的法則に属するのが経営学領域であり，それは第一や第二の法則と異なって，一度それを確立したら，永遠不変の論理として，変わらないものではなく，企業環境の変化に対応して常に新しい原則（principles of management）に修正されてくるのである。経営学は基本的にこのような性格をもつ実践学としての技術論（art）であることをまず理解する必要がある。

　　第一　基本的法則＝自然法則，絶対的な第一次的法則
　　　　　　　　　社会科学で言えば，哲学，倫理学の範疇
　　第二　主要法則＝歴史的法則＝相対的な第二次的法則
　　　　　　　　　社会科学の特定段階に発生するところの歴史的法則，経済学や法律学の範疇
　　第三　従属的法則（原理・原則）＝相対的な第三次的法則，社会の技術的法則＝経営学の範疇

(2) わが国における経営学

　日本における経営学の発展は戦後の日本の高度経済成長とともに歩んできた比較的新しい分野の学問であることがわかる。大学の専攻分野の中でも，当初はほとんど経済学部の中に経営学科が置かれ，経営学部として独立した学部をもつようになったのは近年である。今日こそ，各大学で経営学専攻の学部，学科が多く設置されているが，戦後初期の頃はほとんどなく，それに近い専門分野としては経済学（部）や法学（部）であった。この背景には，日本において本格的な近代産業の出現やその成長をみたのは戦後十数年経てからであり，その中で企業をいかに経営していくかのために，産業人が競っ

2. 経営学の本質

て学び始めたのが経営学への直接的関心となっている。戦前はドイツからの影響をうけた経営経済学（Betriebswirtschaftslehre）が紹介されていたが，それは経済学に近い純粋理論科学の分野であり，産業界や研究者の間ではあまり関心をよび起こさなかった。

　敗戦を境として，日本の産業の近代化はアメリカからの強い指導によるところが多く，経営学もこのような流れの中で，アメリカの実践的経営論への関心が急速に強くなった。戦後の経済復興の過程の中で，昭和30年代後半から40年代にかけて経済活動も著しく進展し，"高度経済成長"のまっただ中にあった。東京オリンピックの開催は昭和38年であり，東海道新幹線も開通し，経済成長率も十数パーセントと急速な勢いで日本経済は躍進していた。このような中にあって，昭和40年代初めに"経営学ブーム"とよばれる時期があった。この時には，アメリカから紹介された数多くの経営学書やわが国の経営学者が著した経営書が，産業界や研究者，そして大学生の間にも一つのブームとなって読まれた。日本の高度経済成長を支えた中心的担い手は大中小の企業であり，その企業の中には戦前からすでにあったものもあったし，戦後に生まれて著しい発展をとげた企業もあった。このような中で産業界は大規模化した企業組織をいかに効率的に運営するかを実践経営論の発祥の地であるアメリカから学ぼうとした。この時期にアメリカの経営学書の翻訳が相次ぎ，また日本の経営学研究者による出版も数多く行われた。とりわけ，経営学は戦前におけるドイツの商業学の伝統を受け継ぎ，それらを先駆的に研究を行っていた東京商科大学（現一橋大学）が中心となってアメリカの実践経営論を研究し，産業界にその理論・考え方を広めていった。そのような中にあって経営学ブームの火つけ役となったのが，当時ニューヨーク大学の教授であったピーター・F・ドラッカーの「現代の経営」（The Practice of Management）である。この本はわが国の経営学者はもちろん，産業人の間でも広く読まれた。ドラッカーの経営学が日本の経営学界や産業界に与えた影響は非常に大きく，そのことがまた日本の経営学研究の関心をよび起こした契機となったことも見逃せない。

3. 企業の国際化と研究開発

(1) 多国籍企業論と研究開発のグローバルネットワーク論に関して

　経営学の研究対象は企業であるから，経営学の発展は企業とともにあることは言うまでもない。戦前はその対象である企業がまだ成長していなかったし，それ程産業界からの関心をよび起こす土壌はわが国にはまだなかった。そのような中での日本の経営学は先駆的な企業発展を遂げているアメリカにその模範を求めた。

　ところが，近年はどうであろうか。日本の企業は飛躍的な成長を遂げ，その成功要因をめぐって，世界の国々から日本の経営の特徴は何かについて関心がもたれるようになった。とりわけ，自動車，機械，電機業界のようにアセンブリープロダクツと言われる業界は世界の国々から驚異とされるほどのグローバル企業に発展した。

　企業が国内にだけとどまらず，国際的に展開すると，経営学の対象も国内経営の枠を越えた国際経営の視点からの考察が必要になってくる。

　日本企業の海外での経営は戦後，高度経済成長時に輸出の形で積極的に行われ70年代にテレビメーカー，80年代になって電気，精密，自動車の各メーカーが海外生産活動を行い始め，1985年のプラザ合意による急速な円高を契機に企業の海外展開は一気に加速してゆく。このような状況の中で，経営学的視点からの国際経営への関心は研究者の間で少しずつ高まり，多国籍企業の研究も専門的な研究者の立場から行われるようになる。わが国の経営学研究者の中で多国籍企業研究者による専門的な研究組織である多国籍企業研究会が設立されたのは1963年であり，この研究組織は現在でも続いている。また，経営学研究の代表的学会である日本経営学会・組織学会等でも日本企業の国際化との関わりは必須のテーマであり，マーケティング，労務，人事，財務などの視点から若手研究者を中心に活発な研究が行われてきた。1990年には，国際経営を専攻する研究者の組織である国際ビジネス研究学会が設立

され，世界的な国際経営研究の学会である Academy of International Business（AIB）との深い関係の中で年々盛んな研究発表が行われている。

そして，今日，欧米・日本企業の間で経営と言えば，それは海外活動を含めた経営であるし，それ程までに現在の経営は国際的な経営活動――グローバル経営――が実態となっている。また，今，国際経営論や多国籍企業論の分野はさらに細分化され，国際マーケティング・国際人事・国際財務・国際研究開発と言うように各々の専門的な研究領域が形成されようとしている。

本書はこのような経営学の発展の流れにあって国際経営の一分野としての研究開発の国際化問題を取り上げた。本書の第2章では研究開発の国際化問題についてのこれまでの研究の足跡をたどっているが，この分野はわが国で今始まったばかりである。一方の欧米，特にアメリカでは1960年代後半から研究開発の国際化問題はすでに目がつけられ，20数年前から研究が行われ始めている。経営学の発生と発展はアメリカがルーツであるが，研究開発の国際化問題の研究においてもアメリカが先駆的である。本書の主題である研究開発の国際化問題も経営学の一分野としてその学問的な性格をまず認識した上で，研究開発国際論確立の枠組を試みたものである。

注． 本エピローグの第1節，2節は筆者が関東学院大学大学院経済学研究科の修士論文として提出した『経営学方法論に関する一試論』（1968年）の内容に基づいている。修士課程では経済学研究科に所属し，山田一郎教授の指導のもとで経営学を専攻した。当時，わが国の経営学界や産業界はアメリカからの実践的経営論の影響を受け，"経営学ブーム"と言われる程にその分野の関心を集めていた。筆者も学部時代から山田一郎教授のゼミナールに入り，アメリカの実践的経営論に関心をもっていた。しかし，他方で「経営経済学」と称されるアメリカの実践的経営論に批判をもつ批判経営学の著作・論文もいくつかあり，学界でも一つの分派を成していた。批判経営学はマルクスの資本論（Das Kapital）に論拠をおくもので，言わば自由経済体制批判の中に経営学の本質を求めようとする分派である。

　ここに，経営学の本質を一方ではアメリカの実践的経営論に論拠を求めようとするもの，他方では批判経営学である「経営経済学」に論拠を求めようとするものが対立し，それらは互いに主張し合って経営学界でも一時，経営学方法論をめぐって一大論争が繰り広げられた時期もあった。

　このような中で，筆者はまず"経営学ブーム"のバックグラウンドとなっているアメリカの実践的経営論に多大な興味をもちながらも，それを深く追及すればする程，実践的経営論（Principle of Management）の展開内容に空しさを感じ得なかった。どうしてかと言えば，実践的経営論の本質は経営技術・経営ノウハウ論が主流であり，経営管理の原理・原則の究明に主眼がおかれていた。しかし経営技術・経営ノウハウの拠って立つバックグラウンドは何か，それは何のためにあるのか，また社会における企業の目的とは何かの企業の存在意義に関

するより基本的な原理に問題意識をもつようになった。武谷三男(物理学者・立教大学教授)が当時,「技術とは客観的法則性の意識的適応である。」と規定した事に深く感銘を覚え,技術の拠って立つ客観的法則性とは何かを究明する必要がでてきた。このような問題意識の中で企業の本質論に関して正面から取り組んでいたのが経営経済学である。当時,経営経済学の主なる著作には中西寅雄『経営経済学』,馬場克三『個別資本と経営技術』,三戸公『個別資本論序説』,が代表的に読まれていた。また大学院経済学研究科の研究委員長であった社会科学者の高島善哉教授(一橋大学名誉教授・関東学院大学大学院教授)からマルクスの「資本論」の直接的指導を受けたことも批判経営学としての経営経済学にも多大の関心を寄せた。

その後,経営経済学を勉強するうちに,経営経済学は経営学ではなく経済学の領域であり,両者は本質的に研究の次元や対象を異にするものだと思うようになった。事実,中西寅雄教授(当時,東京大学から大阪大学教授に移籍した)も自らが「経営経済学」を著し,経営学界に一石を投じたが,その後経営経済学と実践的経営学とは根本的に異なることを認めている。経営学方法論争の中で古林喜楽教授(当時,神戸大学学長)が主張したのは経営学は(批判経営学が主張する)資本主義社会の様々な課題の矛先に常に批判的な目を向けなければならないが,そのような中でも「企業が日々発生する日常的問題を解決しなければならないところに実践的経営学の意義がある」と主張した。この主張は筆者と全く同様であるが,実践経営論研究の意義は正にこのところにこそ見いだせるのである。山田一郎教授が規定する経営経済学はむしろここでいう第二の主要法則の範疇であり,経営学は第三の従属的法則として捉えることができる。

そして,近年に至っては,経営経済学は経営学界等ではあまり議論されることなく,今日なおわが国の経営学研究のバックグラウンドはアメリカからの影響を多大にうけている状況にあると言っても過言ではない。

参考文献

高島善哉『社会科学入門』岩波書店,1954年。
高島善哉『アダム・スミス』春秋社,1960年。
大塚久雄『社会科学の方法』岩波書店,1972年。
中西寅雄『経営経済学』日本評論社,1931年。
三戸 公『個別資本論序説』森山書店,1970年。
山田一郎『経営学総論』新評論,1972年。
馬場克三『個別資本と経営技術』有斐閣,1957年。
古林喜楽・三戸 公編『経営学本質論』中央経済社,1970年。
古川栄一『経営管理概論』経林書房,1966年。
山城 章『現代の企業』森山書店,1961年。
P. F. Drucker, *The Practice of Management,* Harper & Row, 1970.
T. J. Peter & R. H. Watermans Jr., *In Search of Excellence,* Harper & Row, 1982.

付　表

付表1. インタビュー調査訪問企業名

(アメリカ)
Auto Alliance International (Flat Rock, Michigam), Panasonic Technologies (Secaucus, New Jersey), NEC Research Institute (Princeton, New Jersey), Nissan Research & Development (Farmington Hills, Michigan), Ricoh California Research Cnter (Menlo Park, California), Sony Engineering and Manufacturing of America (San Diego, California), Mazda R&D North America (Am Arbor, Michigan), The Andrew Jergens Company (Cincinati, Ohio), Sumitomo Electric of America (Research and Triangle Park, North Carolina), Fuji Xerox Palo Alto, Laboratory Inc., Cisco Inc., Canon Research Center America Inc., JAFCO America Ventures Inc., Heidrick & Struggles, NEC USA Inc., IBM Almaden Research Center, HOYA Holdings Inc., KPMG Peat Marwick, Stanford University, US-Japan Technology Management Center

(イギリス)
Canon Research Centre Europe Ltd, Mitsubishi Electric Europe B. V. Visual information Laboratory, (The Surrey Research Park, Guildford), Sharp Laboratories of Europe Ltd. (Oxford Science Park, Oxford), Eisai London Research Laboratories Limited. (University College London), Hitachi Europe Ltd.Hitachi Cambridge Laboratory (Cavendish Laboratory,Cambridge), Toshiba Research Europe Ltd. (Cambridge Science Park, Cambridge)

(シンガポール)
National Science & Technology Board, Economic Development Board, Panasonic Singapole Laboratories Ltd.,
Sony Precision Engineering Center Component R&D Division, Sharp Electronics Design Center. Hitachi Consumer Electronics

(日本)
アップジョン筑波総合研究所 (筑波学園研究都市), ヘキスト・ジャパン最先端材料技術研究所 (埼玉県川越市), 日本アイ・ビー・エム, 東京基礎研究所 (神

付表1. インタビュー調査訪問企業名

奈川県大和市), ローム・アンド・ハース, 日本リサーチセンター (埼玉県鷺ノ宮町), ジョンソン研究開発部門 (神奈川県大磯町), ダウ・ケミカル日本製品開発研究所 (静岡県御殿場市), プロクター・アンド・ギャンブル・ファー・イースト・テクニカルセンター (神戸市), 日本オリベッティー研究開発センター (横浜市), 日本チバガイギー (兵庫県宝塚市), ヒューレット・パッカード日本研究所 (川崎市), 日本ゼネラルモーターズ, デルコシャーシー事業部アジアテクニカルセンター (東京都昭島市) 富士ゼロックス総合研究所 (神奈川県海老名市), 住友スリーエム・テクニカルセンター (神奈川県相模原市)

付表2. インタビュー企業研究所一覧（日本企業の

〈アメリカ〉

研究所名	設立年	立地	設立形態
リコー・カリフォルニアリサーチセンター (Ricoh California Research Center)	1987年	カリフォルニア州メンロパーク	リコー本社の100%出資
キヤノン・リサーチセンターアメリカ (Canon Research Center America)	1990年	カリフォルニア州パロアルト	キヤノン本社の100%出資
富士ゼロックス・パロアルト研究所 (FX Palo Alto Laboratory)	1995年	カリフォルニア州パロアルト（ゼロックス社のパロアルト研究所敷地内）	富士ゼロックスの100%出資
アンドリュージャーゲンズ研究所 (The Andrew Jergens)	1988年4月 花王が買収	オハイオ州シンシナティー	花王が390億円で買収，花王の全額出資
ニッサン・リサーチ&ディベロプメント (Nissan Research & Development)	1983年	ミシガン州ファーミントンヒルズ（デトロイト郊外）に開所（1991年）	全額アメリカ日産の出資 （資本金1,615万ドル）
マツダR&D・ノースアメリカ	1988年	ミシガン州フラットロック（デトロイト郊外）	Auto Alliance International（マツダのアメリカ工場）の100%出資
パナソニック・テクノロジー (Panasonic Technologies)	1987年	ニュージャージー州プリンストン	アメリカ松下電器（MECA：Matsushita Electric Corporation of America の出資）
NEC・リサーチインスティテュート	1988年	ニュージャージー州プリンストン	NEC本社の100%出資

付表2．インタビュー企業研究所一覧（日本企業）

アメリカ，ヨーロッパ，アジアでの研究開発拠点）

研究目的・内容	研究所長	研究者数
画像処理からAZの研究	アメリカ人（アメリカの大学で博士）	約20名（Dr. 6名＋コンサルタント＋アシスタント）
文書処理，新世紀に向けてのOCR/データ圧縮技術の研究	アメリカ人（元スタンフォード大学の講師）	25人＋期間契約のコンサルタント
モバイル，マルチメディア，コミュニケーション＆コラボレーションのテーマ	アメリカ人	50人（約42人が研究者，そのうち3〜4人は博士，女性研究者は35%）
・石鹸，シャンプー等の新製品開発 ・基礎研究の充実 （買収以前は正式な研究開発部門はない。花王が買収後，アンドリュージャーゲンズ研究所設立。）	日本人	アンドリュージャーゲンズ社の従業員約600人，そのうちの数十名が研究開発に従事
新車開発のための長期戦略の立案，自動車の試作テストと評価，技術調査及び北米市場向け乗用車，トラックの設計	日本人	350名（日本からの出向者80名）
4ヵ所（フラットロック，アナバー，アーバイン，バタビア）のR&D本部機能，そこでの業務内容は①先向商品の調査及び提案②個別商品の企画③デザイン及びカラー調査開発④安全技術動向の調査分析⑤現地部品の育成⑥商品競争力の評価及び育成⑦生産技術動向調査	日本人	220名（日本からの出向者90名）
新技術の事業化機会の発見，製品化，北米研究活動の調査を行う持株会社（傘下に5社）	アメリカ人	研究統括会社は数人，傘下5社の研究者数は数百人
ヒューマンインテリジェンスモディリング，インフォメーションストラクチャー，ビジュアルインフォメーションプロセッシングなどのC&Cに関する長期的な基礎研究	アメリカ人（前イリノイ大学教授）	約90名（フェロー8人，シニアーリサーチサイエンテスト16人，リサーチサイエンテスト30人，その他）

ソニー・SEMA (Sony Engineering & Manufacturing of America)	1991年	カリフォルニア州サンディエゴ	SEMAはソニーのアメリカ本社であるソニー・オブ・アメリカの一事業部門

〈イギリス〉

日立・ケンブリッジ研究所 (Hitachi Europe, Cambridge Laboratory)	1989年	ケンブリッジ大学キャベンディッシュ研究所内	日立ヨーロッパの100%出資
東芝・欧州研究所 (Toshiba Research Europe, Cambridge Laboratory)	1991年	ケンブリッジ大学サイエンスパーク内	東芝ヨーロッパの100%出資
エーザイ・ロンドン研究所 (Eisai London Research Laboratory)	1992年	ロンドン大学内 University College of London	エーザイ本社の100%出資
キヤノン・リサーチセンターヨーロッパ (Canon Research Center Europe)	1988年	サリー大学サイエンスパーク内	キヤノンヨーロッパとキヤノン本社の出資
シャープ・ラボラトリーヨーロッパ (Sharp Laboratories of Europe)	1990年	オックスフォード大学サイエンスパーク内	シャープ・エレクトロニクス U.K. の80%出資, 他

〈シンガポール〉

パナソニック・シンガポール研究所 (Panasonic Singapore Laboratories)	1996年から独立法人	シンガポールのタイセン工業団地の一角	松下電器産業本社の100%出資
ソニー・プレシジョンエンジニアリング (Sony Precision Engineering Center)	1987年	シンガポールのタイセン工業団地の一角	
日立・コンスーマプロダクツ (Hitachi Consumer Products)	1972年	シンガポールのベッドロック工業団地の一角	日立製作所本社の100%出資

付表2. インタビュー企業研究所一覧(日本企業)

TVビジネスグループのR&D, ディスプレーの開発, テレビのローカル設計, ケーブルテレビ, サテライトテレビの開発	アメリカ人	SEMAの中でのR&D関係従事学者は350人

先端的物理学の研究, 将来の半導体デバイス, エレクトロニクスの新分野に関する基礎的研究	イギリス人	30名
半導体の基礎研究	イギリス人	26名

血液脳関門 (BBB) の制御機構から創薬を目指すもの, 神経細胞死, 特にアポトーシスの機構解明から創薬を目指すものの二つの研究	設立時から6年間はアメリカ人, 現在は日本人	40名(研究者30名, 研究スタッフ10名)
コンピュータ言語, 画像処理, スピーカーの開発	イギリス人	約25名

オプトエレクトロニクスや情報技術などの基礎的研究	イギリス人	65名

・グローバルプロジェクトの研究テーマ (異動体通信, マルチメディア, 多言語間通訳, 次世代テレビ, この他に生産拠点への技術的支持	日本人	41名(研究者34名, 研究スタッフ7名)
・ソニー本社一つの研究所ではなく, カンパニー (Computer Periherals Company) のR&D ・光ピックアップの商品設計が中心	日本人	17名
テレビ, ラジオ, テープレコーダー, 掃除機の製造, 販売。研究開発は現在強化し将来の課題	日本人	会社の総人数は約650名, そのうちの数十人が研究開発に従事

付表3. インタビュー企業研究所一覧

研究所名	設立年	立地	設立形態
ヒューレットパッカード日本研究所 (HP Laboratories Japan) 親会社―アメリカ・カリフォルニア州	1990年4月 (1963年横河ヒューレットパッカード設立)	神奈川県川崎市高津区	HP本社 (アメリカ) の100%出資
アップジョン筑波総合研究所 (Upjohn Pharmaceuticals Limited) 親会社―アメリカ・ミシガン州	1985年, 筑波総合研究所の完成は1988年5月 (1956年日本アップジョン設立)	茨城県筑波研究学園都市	Upjohn本社 (アメリカ) の100%出資
ダウ・ケミカル製品開発研究所 (Dow Chemical. Gotemba Research & Development Laboratory) 親会社―アメリカ・ミシガン州	1976年 (1974年ダウ・ケミカル日本創立)	静岡県御殿場市	ダウ・ケミカル日本の出資
ヘキストジャパン先端材料技術研究所 (Hoechst Japan, Advanced Technology Laboratories) [1] 親会社―ドイツ・フランクフルト	1990年10月 (1956年日本ヘキスト創立)	埼玉県川越市	ヘキストジャパンの出資
プロクター&ギャンブル ファーイーストテクニカルセンター (P & G Far East Technical Center) 親会社―アメリカ・オハイオ州	1993年5月 (10年ほど前からあったが, 1ヵ所に統合した年) (1976年日本P&G創立)	神戸市六甲アイランド (P&Gファーイーストの本社内のビル)	P&Gファーイーストの出資
日本チバガイギー国際科学研究所[2] (Ciba Geigy Japan International Research Laboratories) 親会社―スイス・バーゼル	1986年 (1952年日本チバガイギーの創立)	兵庫県宝塚市	チバガイギー本社 (スイス) の100%出資

付表3．インタビュー企業研究所一覧（欧米企業）

（欧米企業の日本での研究開発拠点）

研究目的・内容	研究所長	研究所員数
・フィジカル・サイエンスである①半導体テスト②フォトニクス③シリコンLSIの研究 ・アジア戦略（特に中国）のためのR&D拠点	日本人	37名（1994年4月時点）
・R&Dの世界三極体制（アップジョン本社―ミシガン州カラマズー，イギリスのクローレー，日本の筑波）の一つに位置づけている ・探索研究，前臨床，臨床などを三位一体で研究	日本人（オーストラリアの大学でPh・D，日本企業の研究担当役員）	約200名 ↓ 1995年ごろまでに400名になる見込み
・エポキシ研究部門，ウレタン研究部門，分析研究部門，プラスチック研究部門，イオン交換樹脂研究部門，新素材研究部門，農薬研究部門	日本人（ダウ・ケミカルとの合弁会社に勤務）	約80名
使命 ・テクノロジー・トランスファー 　　・日本独自の研究開発 　　・ヘキストグループへの貢献 　　・液晶ディスプレーの研究グループ	日本人（アメリカでPh. D）	約40名
・日本市場向けの製品開発 ・アジア・太平洋向けの製品開発のサポート	P&G本社派遣のアメリカ人	約250名
・スイス本社の研究所（3カ所）とイギリス，日本で基礎研究を行なう ・生物有機化学研究部，新素材研究部，分析・研究情報部，合成化学研究部	本社派遣のスイス人	約100名

付表3．インタビュー企業研究所一覧（欧米企業）

日本アイ・ビー・エム東京基礎研究所[*3] (IBM Japan Tokyo Science Institute) 親会社―アメリカ・ニューヨーク州	1984年（1937年日本アイ・ビー・エムの創立）	神奈川県大和市（1994年4月に移転，その前は東京の三番町）	IBM本社（アメリカ）の100％出資
日本オリベッティ研究開発センター (Olivetti Japan. R&D Center) 親会社―イタリア・イブレア）	1992年（1961年日本オリベッティの創立）	神奈川県横浜市港北区港北ニュータウン	日本オリベッティの研究開発部門
富士ゼロックス総合研究所 (Fuji Xerox Corporate Research Laboratory) 親会社―アメリカ・コネティカット州	1982年2月（1962年富士ゼロックスの創立）	神奈川県海老名市	富士ゼロックスの研究開発部門
日本ゼネラルモーターズGMアジア・テクニカル・センター (GM. Japan Asia Technical Center) 親会社―アメリカ・ミシガン州	― (1925年GMジャパン創立)	東京都昭島市	GMの部品グループ（Automotive Components Group）の100％出資
住友スリーエムテクニカルセンター (Sumitomo 3M Technical Center) 親会社―アメリカ・ミネソタ州	1985年テクニカル・センターの完成，1978年に技術部門できる（1960年住友スリーエム創立）	神奈川県相模原市	住友スリーエムの研究開発部門
アプライド マテリアルズ・ジャパン (Applied Materials Japan-Technology Center)	1984年10月	千葉県成田市	アプライド・マテリアルズ・ジャパンの研究開発部門
ジョンソン研究開発部門 (Johnson Research & Development)	1968年の大磯工場の完成後，R&D機能の始まり（1962年ジョンソン㈱創立)	神奈川県大磯町	ジョンソン㈱（ジョンソン本社の100％出資の日本法人）の研究開発部門
ローム・アンド・ハース日本リサーチセンター (Rohm and Haars Japan Research Center)	1993年8月（1976年ローム・アンド・ハース・ジャパン㈱創立)	埼玉県鷲宮町	ローム・アンド・ハース本社（アメリカ）の100％出資の日本法人

*1 この他に，同じ敷地内に医薬総合研究所がある
*2 この他に，同じ敷地内に医薬研究所がある。
*3 この他に，同じ敷地内に製品開発研究所，滋賀県八洲に半導体の研究所がある。

付表3．インタビュー企業研究所一覧（欧米企業）

・コンピュータサイエンス理論 ・並列処理，VLSI，ディスプレー，磁気記録などの先端技術，および日本語処理，マルチメディア，グラフィックス，CIM，テクノロジーなど	日本人（アメリカでPh. D，アメリカ，日本の大学で研究）	約200名
・日本には生産機能がないため，ほとんどは販売活動に伴なうソフトウエアの開発が中心	日本人（日本オリベッティの製品企画本部長が統括）	約350名
・組織は基礎研究所，材料研究所，画像技術研究所，電子技術研究所，生産技術研究所，システムコミュニケーション研究所，プロセス工学研究室，分析センターに分かれている	日本人（専務取締役が総合研究所長）	約540名
・自動車に関する各種の試験・評価 ・エンジン，マネジメントシステム，アンチロックブレーキシステム，電気エネルギー蓄電，マネジメントシステムの応用技術の研究開発	アメリカ人（ACGグループの本社からの派遣）	約140名（エンジニア90名，外国人40名他）
事業部は化学工業製品，イメージングシステムズ，電気・通信製品，磁気製品，反射材製品，自動車産業製品，デコラティブ製品，テープ製品，コマーシャル・コンシューマー製品，繊維材製品がある。過去4年間で売り出した新製品比率は30％目標	日本人（住友スリーエムの研究開発担当役員，副本部長はアメリカでPh. D）	約540名
①研究よりも開発に重点をおいている ②半導体製造装置の研究開発ならびに製造―エッチング，不純物拡散，薄膜形成などの前工程の開発	日本人	―
①一般消費者向け，いわばConsumer productsの研究開発―バスルームケア，エアケア，インセクトケアなど ②業務用（Professional Products）の研究開発，自動車，業務用ワックスなど	日本人（ジョンソン㈱の研究開発担当役員，アメリカでPh. D）	約50名
現在の研究開発部門の領域は次の通り。 ・ポリマー樹脂研究部門　・イオン交換樹脂研究部門 ・バイオサイド研究部門　・農業用薬剤研究部門	アメリカ人（アメリカの大学でPh. D）	約70名

邦語参考文献

有村貞則「日本企業のグローバル研究開発マネジメント―三菱電機のケースを中心に」『国際ビジネス研究学会年報』1995年。
明石芳彦・植田浩史『日本企業の研究開発システム』東京大学出版会, 1995年。
安室憲一『グローバル経営論―日本企業の新しいパラダイム』千倉書房, 1992年。
安部忠彦「新時代を迎える企業の海外R&D活動」『エコノミスト』1991年10月15日。
姉川知史「日本の製薬産業の国際的展開について」『国際ビジネス研究学会年報』1997年。
池島政広『戦略と研究開発の統合メカニズム』白桃書房, 1999年。
石川　昭・堀内正博編『グローバル企業の情報戦略』有斐閣, 1994年。
石田英夫『国際経営とホワイトカラー』中央経済社, 1999年。
――「日本企業の海外基礎研究所におけるマネジメント」『研究開発マネジメント』アーバンプロデュース, 1996年4月号。
今井賢一「伸縮的分業が主役に」日本経済新聞, 1987年12月2日。
――「日本産業の再構築」『ビジネスレビュー』Vol. 35. No. 1, 一橋大学産業経営研究所。
――・金子郁容『ネットワーク組織論』岩波書店, 1988年。
岩田　智『研究開発のグローバル化―外資系企業の事例を中心に―』文眞堂, 1994年。
牛丸　元『日本企業の国際経営行動』同文舘, 1999年。
植之原道行他「新しい技術概念の創出と研究開発のグローバリゼーション」,『Business Research』1987年11月号, (社) 企業研究会。
浦川卓也『市場創造の研究開発マネジメント』ダイヤモンド社, 1997年。
江夏健一編『グローバル競争戦略』誠文堂新光社, 1988年。
岡本義行・法政大学産業情報BS一編『日本企業の技術移転』日本経済評論社, 1998年。
亀井正義「多国籍企業のR&D戦略」『経済経営論集』, Vol. 30, No. 1 龍谷大学, 1990年。
科学技術庁科学技術政策局編『平成8年度：民間企業の研究活動に関する報告』, 1997年。

――『平成9年度：民間企業の研究活動に関する報告』，1998年。
――『平成10年度：民間企業の研究活動に関する報告』，1999年。
科学技術庁科学技術政策研究所第2調査研究グループ，木場隆夫『日本企業の海外における研究開発のパフォーマンスに関する調査』，1996年。
科学技術庁科学技術政策研究所「Foreign Affiliate R&D Activities in the Science and Technology System」―日本における外資系企業の研究開発活動―，研究者 Orland Camago, 1992年7月。
(財) 機械振興協会経済研究所「外資系企業の研究開発の事例研究」1991年4月。
――「外資系企業の研究開発の事例研究」1992年。
――「経営のグローバル化と研究開発戦略」1990年。
――「我が国企業の研究開発の国際化の動向とEC統合」1990年。
経済同友会『昭和61年度 企業白書―ネットワーク戦略の展開と新しい企業組織』(社) 経済同友会，1986年。
国領二郎『オープンネットワーク経営』日本経済新聞社，1995年。
児玉文雄『ハイテク技術のパラダイム』中央公論社，1991年。
小林規威『日本の多国籍企業』中央経済社，1980年。
菰田文男『国際技術移転の理論』有斐閣，1985年。
――・西山賢一・林 倬史『技術パラダイムの経済学』多賀出版，1997年。
今野浩一郎「研究開発マネジメント入門」日経文庫，1993年。
斎藤 優『技術開発論』文眞堂，1988年。
――・伊丹敬之『技術開発の国際戦略』東洋経済新報社，1986年。
佐藤隆三『技術の経済学』PHP研究所，1985年。
榊原清則『日本企業の研究開発マネジメント』千倉書房，1995年。
――・エレノア・ウエストニー「技術戦略の新展開と技術マネジメント」『ビジネスレビュー Vol. 37, No. 2』一橋大学産業経営研究所。
(財) 政策科学研究所『我が国企業の研究開発の国際化の動向とEC統合』1990年。
新エネルギー・産業技術開発機構『国際共同研究に関するニーズ調査』1997年3月。
総合研究開発機構，今井賢一編『21世紀型企業とネットワーク』NTT出版，1992年。
高橋浩夫『研究開発国際化の実際』中央経済社，1997年。
――『国際経営の組織と実際』同文舘，1998年。
――「シンガポールにおける日本企業の研究開発―前編」『研究開発マネジメント』アーバンプロデュース，1998年9月号。
――「シンガポールにおける日本企業の研究開発―後編：松下電器産業とソニー

のケース」『研究開発マネジメント』アーバンプロデュース，1998年10月号。
―――「なぜ，今シリコンバレーなのか。アメリカ・ベンチャービジネスと日本企業への指針」『白鷗ビジネス・レビュー』第8巻第1号，白鷗ビジネス開発研究所，1999年。
―――「イギリスにおける日本企業の研究開発―前編『研究開発マネジメント』アーバンプロデュース，1999年9月号。
―――「イギリスにおける日本企業の研究開発―日立，エーザイ，キヤノンのケース―後編」『研究開発マネジメント』アーバンプロデュース，1999年10月。
―――『企業倫理綱領の制定と実践』産能大学出版部，1998年。
―――他『情報通信の国際提携戦略』中央経済社，1999年。
高垣行男「海外子会社における情報技術利用と組織変革の可能性」1998年度組織学会研究発表大会予稿集。
竹田志郎編著『国際経営論』中央経済社，1994年。
寺本義也他著『日本企業のグローバル・ネットワーク戦略』東洋経済新報社，1990年。
中谷　巌『転換する日本企業』講談社，1987年。
中原秀登『企業の国際開発戦略』千葉大学経済研究叢書2，1998年。
成田英子「日本企業のグローバリゼーション―7つの事例にみる研究開発の国際化」『研究レポート』通巻3号，PHP総合研究所研究本部，1989年。
日本開発銀行『動き始めるわが国企業の海外研究開発』1986年。
日本長期信用銀行経営研究所『R&Dのグローバリゼーション～国内企業から世界企業への道～』1991年。
―――「わが国製造業における国際分業―アジアとの共存に向けて」1995年1月。
(社) 日本機械工業連合会，(財) 日本産業技術振興協会『平成8年度日米間における研究交流活性化に関する調査研究報告書』1997年。
日本製薬工業会『製薬産業の国際化の現状』1993年5月。
根本　孝「日本企業のグローバルR&D戦略」『経営論集』第35巻第2号，明治大学経営学会，1987年。
―――『グローバル技術戦略論』同文舘，1990年。
野口　宏・貫　隆夫・須藤春夫編『電子情報ネットワークと産業社会』中央経済社，1998年。
野口　祐・林　倬史・夏目啓三編『競争と協調の技術戦略』ミネルヴァ書房，1999年。
野中郁次郎・竹内弘高『知識創造企業』東洋経済新報社，1996年。
林紘一郎『ネットワーキングの経済学』NTT出版，1989年。

林　昇一『国際経営の戦略行動』中央経済社，1988年。
林　倬史『多国籍企業と知的所有権─特許と技術支配の経済学』森山書店，1989年。
──「IBMの技術開発分野とグローバル研究開発体制」『立教経済学研究』第50巻第2号，1996年。
広田俊郎「日本企業とアメリカ企業の技術開発」『関西大学商学論集』Vol. 30, No. 6, 1982年。
福井　龍「動き始めたわが国企業の海外研究開発〜多国籍企業化の新たな段階〜」『技術と経済』科学技術と経済の会，1989年。
福井忠興『研究開発部門の人事戦略』日本経済新聞社，1989年。
未来工学研究所「我が国と先進諸国の研究開発投資を伴う国際的研究開発活動に関する調査研究」1985年。
──「研究開発の国際的構造の実態に関する調査研究」第一部，1990年；第二部，1991年。
吉原英樹「R&Dの国際化」『世界経済評論』第37巻4号，1987年。
──編『日本企業の国際経営』同文館，1992年。
吉原英樹，デービット・メセ，岩田　智「海外研究開発の進展と成果」『国民経済学雑誌』第179巻第6号，1999年。
──「海外研究開発の一断面」─シンガポールとマレーシア，ディスカッション・ペーパーシリーズ No. J 25神戸大学経営経済研究所，1995年。
山之内昭夫「経営のグローバリゼーションと研究開発の国際展開」『技術と経済』268号，1989年。
──『企業変革の技術マネジメント』日本経済新聞社，1989年。
──『新・技術経営論』日本経済新聞，1992年。
山倉　健『組織間関係─企業間ネットワークの変革に向けて─』有斐閣，1993年。
山崎　清・林　吉郎『国際テクノ戦略』有斐閣，1984年。
『ビジネス・レビュー』Vol. 47, No. 3, 2000年，一橋大学イノベーション研究センターが「日本の研究開発体制」の特集を組んでいる。

外国語参考文献

Arimura, S., "How Matsushita Electric and Sony Manage Global R&D", *Research Technology Management*, Mar.-Apr. 1999.

Asakawa, K., "External-Internal Linkage and Overseas Autonomy-Control Tension : The Management Dilemma of the Japanese R&D in Europe", *IEEE Transactions on Engineering Management*, Vol. 43, No. 1, Feb. 1996.

――, "A Framework of International Knowledge Management"『慶応経営論集』第14巻1号。

Gangulg, A., *Business-driven-Research & Development*, Macmillian, 1999.

Bartlett, C. A. and Ghoshal, S., *Managing across Boarders : The Transnational Solution*, Harvard Business School Press, 1989.（吉原英樹訳『地球時代の企業戦略』日本経済新聞社，1990年。）

Berhman and Fischer's, *Overseas R&D Activities of Transnational Companies*, Cambrige, Oelgeschlager, 1980.

Behrman, J. N. and Fischer, W. A., "Transnational Corporations : Market Orientations and R&D Abroad", *Colombia Journal of World Business*, Fall 1980.

Brockhoff, K., *Internationalization of Research and Development*, Springer 1998.

Cairncross, D., "The Strategic role of Japanese R&D Centers in the UK", in Cambell, N. C. G. and Barton, F., *Japanese Multinational : Strategies and Management in the Global Kaisha*, Roatledge (forth coming).

Cheng, J. C. & Bolon, D. S., "The management of multinational R&D : A neglected topic in international business research", *Journal of International Business Studies*. Vol. 1. 1993.

Chiesa, V., "Managing the Internationaization of R&D Activities", *IEEE transaction on Engineering Management*, Vol. 43, No. 1. Feb. 1996.

Cremer, D. B., "Overseas Research and Development by United State Multinationals", The Conference Board, 1976.

Dalton, D. H. and Serapino, M. G., "Globalization Industrial Research and Development", U. S. Department of Commerce Office of Technology

Policy Asia-Pacific Technology Program, Oct. 1995. また, 新しいデータを用いた最新の資料が, Sept. 1999に出版されている。

Dymsza, W. A., *The Multinational Business Strategy*, McGraw-Hill, 1972. (小林規威監修, 荒川　孝訳『多国籍企業の経営戦略』日本生産性本部, 1971年。)

Erickson, T., "Worldwide R&D Management Concepts and Applications", *Columbia Journal of World Business*, Winter 1990.

Fareweather, J., *International Management*, McGraw-Hill, 1969. (戸田忠一訳『国際経営論』ダイヤモンド社, 1975年。)

Florida, R., "The globalization of R&D: Results of a survey of foreign affiliated R&D laboratories in the USA". Research Policy 26, 1997.

Franko, L. G., *The European Multinationals*, Harper & Row, 1976.

Graig, S. Galbraith, "High-Technology Location and Development : The Case of Orange County", *California Management Review*, Fall 1985.

Gassmann, O. and Zadtwitz, M., "Organization of industrial R&D on a global scale", *R&D Management*, 28, Mar. 1998.

Ghoshal and Bartlett's, "Creation, Adaption and Diffusion of Innovations by Subsidiaries of Multinational Corporations", *Journal of International Business Studies*, Fall. 1988.

Hakanson, I. L. and Zander, U., "International Management of R&D-The Swedish Experience", *R&D Management*, Vol. 18, No. 3, 1988.

Hayashi, T., "Globalization and Networking of R&D Activities : Analysis Centering Around the Cases of IBM Corp., Philips N. V. and NEC Corp." 『立教経済学研究』Vol. 53, No. 1, 1999.

Hedland, G. and Otterback, L., *The Multinational Corporation*, Kent State University, 1977.

Herbert, E., "Japanese R&D in the United States", *Research Technology Management*, Nov.-Dece. 1989.

Herbert, H. S., *The International Operations of National Firms : A Study of Direct Investment*, The MIT Press, 1976.

Julian, S. and Keller, R., "Multinational R&D Siting-Corporate Strategies for Succes", *Columbia Journal of World Business*, Fall 1991.

Kindeleberger, C. P. (ed), *The International Corporation*, MIT Press, 1967. (藤原武平太・和田　和訳『多国籍企業:その理論と行動』日本生産性本部, 1971年。

Kolde, E. J., *The Multinational Company : Behabioral and Managerial Analy-*

sis, D. C. Heáth and Company, 1974. (天野明弘・中川　功訳『多国籍企業』東洋経済新報社, 1976年。)
Krahmer, F. M., *Globalization of R&D and Technology Markets*, Physica-Verlag Heidelberg, 1999.
Kuenmmerle, W., "Building effective R&D capabilities abroad", *Harvard Business Review*, Mar.-Apr. 1997.
——, "The Drives of Foreign Direct Investment into and Development : An Empirical Investigation", *Journal of International Business Studies*, 30., first quarter 1999.
Lynch, P. and Sims-Williams, "Report on Japanese R&D Success in UK" *British Embassy*, Tokyo, 1996.
Mansfield, F., Teece, D. and Remeo, A., "Overseas Research and Development by US Based Firms", *Economic*, May 1979.
Methe, D. T. & Penner-hahn, J. D., "Globalization of Pharmacetical Research and Development in Japanese Companies", *Japanese Multinationals Abroad*, edited by Schon L. Beechler & Allan Bird, Oxford University Press, 1999.
Miyazaki, K., "Building Technology Competencies in Japanese Firms", *Research Technology Management*, Sept.-Oct. 1999.
De Meyer, A., "Tech Talk : How Managers are Stimulating Global R&D Communication", *Sloan Management Review* 49, Spring 1991.
——, "Management of an international network of industrial R&D laboratories", *R&D Management* 23, Feb. 1993.
——, and Mizushima,"Global R&D Management", *R&D Management*, Vol. 19, No. 2, 1989.
Meyers, P. W. and Wileman, D., "Learning in New Technology Development teams", *Journal of Production Innovation Management*, June, 1989.
Nonaka, I. and Takeuchi, H., *The Knowlege Creating Company : How Japanese Companies Create the Dynamics of Innovation*, Oxford University Press, 1995. (梅本勝博訳『知識創造企業』東洋経済新報社, 1996年。)
Odagiri, H. & Yasuda, H., "The deterninanats of overseas R&D by Japanese firms : an empirical study at the industry and company levels", *Research Policy 25*, 1996.
Papanastassia, M. and Pearce, R. D., "Internationalization of R&D by Japanese Enterprise", *R&D Management* 24, Feb. 1994.
Pearce, R. D., *The internationalization of research and development by*

multinational enterprise, Macmillan, 1989.
Pearson, A., Brockhoff, K. and Boehmer, A., "Decision Paramaters in global R&D management", *R&D Management*, 23, Mar. 1993
Perrino, A. C. and Tipping, J. W., "Global Management of Technology", *Research Technology Management*, May-June 1989.
Robinson, R. E., *International Business Policy*, Holt, Rinehart and Winson, New York, 1964.（小沼　敏訳『国際経営政策』ペリカン社，1969年。）
Romeo, A., "*Overseas Research and Development by U. S. based Firms*, John Wiley & Sons, 1985.
Ronsenbloom, R. S. & Spencer, W. J., *Engines of Innovation*, Harvard Business School Press, 1996.（西村吉雄訳『中央研究所の時代の終焉』日経BP社，1998年。）
Ronstadt, R. C., "International R&D: The establishment and evolution of research and development abroad by seven US multinationals", *Journal of International Business Studies*, Vol. 9. Spring-Summer 1978.
――, *Research and Development abroad by U. S. Multinationals*, New York, Praeger Publishers, 1977.
Saxenian, A., *Regional Advantage-Culture and Competition in Sillicon Valley and Route 128*, Harvard University Press, 1994.（大前研一訳「現代の二都物語」講談社，1994年。）
Serapio, M. G., "Japanese-U. S. direct investments in the electronics industries", Japan Technology Program. Technology Administration U. S. Friendship Commission.
Stobaugh, R. and Wells, L., Jr., *Technology Crossing Boarder*, Harvard Business School Press, 1984.
Stopford, J. M and Wells, L. T., Jr., *Managing the Multinational Enterprise*, Basic Books, 1972.（山崎　清訳『多国籍企業の組織と所有政策』ダイヤモンド社，1976年。）
Teece, D. J., "Foreign investment ande technological development in Silicon Valley", *California Management Review*, Winter 1992.
Terpsta, V., "International Product Policy: The Role of Foreign R&D", *Columbia Journal of World Business*, Winter 1977.
Verson, P., *Sovereignty at Bay*, Basic Books, 1971.（霍見芳浩訳『多国籍企業の新展開』ダイヤモンド社，1973年。）
Westney, D. E., "Research on the global management of technology development," 『Business Review』一橋大学産業経営研究所，Vol. 46, No. 1,

1998年。
―, "Managing technology for global competitiveness big ears and strategic leaders: developing capabilities in global technology management", Industrial Research Institute Inc., USA.
Wong, P., "Singapore High-Tech Firms"『Business Review』一橋大学産業経営研究所, Vol. 46, No. 3, 1998年。

索　引

ア　行

R&D ロードマップ　109
RCA　32
RTP（ノース・カロライナ州のリサーチ・アンド・トライアングル・パーク）　63, 122
INSEAD ビジネス・スクール　35, 77
ILP (Industrial Liason Program)　98
ICI　169
IBM　105
IBM の R&D ネットワーク　113
　——の基礎研究開発体制　110
　——の製品開発体制　108
　——の組織　108
IPD (Integrated Product Development, AIB)　109
アウト・ソーシング　107, 130
青柳武彦　116
明石芳彦　12
Academy of International Business　183
浅川和宏　23
ASEAN　150
アプリコット・コンピューターズ社　141
アムジェン社　47
安室憲一　116
アメリカ商務省　120
アメリカのベンチャービジネス投資　120
有村貞則　23
アルマデン研究所（Almaden Research Center）　110, 111
アンドリュー・ジャーギンス社　51
暗黙知　101, 102, 125
EEC　14
e-business　107
E メール　100
EU　21
　——統合　39
イギリスのサイエンス・パーク　140
イギリス病　133
井草俊　167
石川昭　116
石田英夫　23
委託研究　10, 127
伊丹敬之　12, 48
一括買収　46
一国中心的多国籍企業（モノセントリック・モデル）　74, 75
移動体通信　160
イノベーション・センター　139
今井賢一　80, 83
意味情報　7, 101, 102, 125
医薬品市場　146
岩田智　22, 71
インキュベータ　124
インサイダー　43
インターネット　100
インダストリアルパーク　127
Industrial Research Institute　93
インテル　112, 122
インペディド・ラボラトリーズ　143
ウエストニー（Eleanor Westney）　18, 49, 79, 90
植田浩史　12
植之原道行　34
売上に対する海外研究開発費　69
衛星通信　100
エイムス研究所　124

索 引

エグゼクティブ・スタッフ 106
Executive Research 129
ESPRITプロジェクト 145
NSTB (National Science Technology Board) 118, 152
　──のインセンティブ 152
FASEM 145
MIT (マサチューセッツ工科大学) 63, 79
MNC 13
エリックソン (T. Erickson) 16
エレクトロニクス革命 100
エンジェル 125
欧州医薬品審査庁 (EMEA) 147
応用開発段階 42
応用研究 11, 40
オーディオプログラミング 135
オーバーレシング構造 21
オックスフォード・サイエンス・パーク 141
オッターバック (L. Otterbak) 19
Office of Technology Licencing 128
オプトロニクス 135
親会社に逆移転 68
オラクル 122
オリベッティ社 53

カ 行

海外
　──拠点間の相互交流 73
　──拠点間での販売・生産の相互交流 74
　──研究開発の所有政策 45
　──研究開発の成功・失敗 68
　──研究開発の目的とタイプ 53
　──研究所の現地雇用者の割合 69
　──研究所の設立 30
　──子会社に水平移転 68
　──生産活動 12
　──直接投資の推移 3
　──の大学への研究者の派遣 79
外国
　──企業との共同研究 66
　──企業の日本研究所 32

──研究機関との共同研究 66
──大学との共同研究 66
解雇 (レイ・オフ) 106
開発研究 11, 40
外部
　──経営資源 5
　──資源の活用 98
　──支出研究費 98
科学
　──技術基本計画 9
　──技術庁 8, 11
　──技術庁科学技術政策研究所 66
　──的優位性 61, 96
華人 160
ガスナー・ジュニア (Louis Garsner, Jr.) 106
ガスマン (O. Gassmann) 20, 69
固いネットワーク 101
株式公開 129
亀井正義 22
カリフォルニア大学バークレー校 124
為替変動 5
冠講座 (寄付講座) 98
官僚制的組織構築 82
機械振興協会経済研究所 24
企業
　──家精神 127
　──間ネットワーク 81
　──買収 21
技術
　──移転 10, 30, 31, 61
　──移転拠点 41
　──移転研究所 15
　──移転数 128
　──開発のグローバリゼーション 86
　──開発のグローバルマネジメント 79
　──現地化拠点 41
　──情報の収集 42
　──情報の収集段階 42
　──戦略 79
　──提携 79, 91

索　引

──導入　30, 31, 79, 82
──のシーズ　33
──評価　43
──輸出　32
──立国　9
岸義人　147
基礎研究　11, 40
──ただ乗り論　31
規模と範囲の経済性　35
キャピタル・ゲイン　125
キャベンディッシュ研究所　135, 143
キュメール（Walter Kuemmerle）　17, 59, 105, 169
共同開発志向　52
共同研究　10
清成忠男　166
キンドルバーガー（C. Kindeleberger）　14
口コミ　104
クラスター（Cluster）　49
クレーマー（D. B. Creamer）　15
クリティカル・マス　35, 91
クローズドR&D　72, 87, 88, 172
グローバリゼーション　10, 72
グローバル
──R&Dネットワーク　169
──インテグレーション　115
──技術開発研究　40
──製品開発拠点　41
──プロジェクト　160
クロスボーダー能力　92
──の組織能力　91
クロスライセンス　43
経営経済学　179, 181
経営資源　5
経験科学　177
経済開発庁　151
形式情報　7, 101, 125
ケラー（R. Keller）　17
研究開発
──活動のネットワーク　78
──拠点の設立　84

──グラント　39
──コスト　74
──志向　17
──助成金　152
──投資の推移　8
──投資比率　65
──の「黄金時代」　86
──の現地化　73, 76
──の現地化問題　8
──の現地化要請　40
──の国際化　76, 84
──の国際化度　70
──の資源配分　84
──のスピードアップ　98
──の対象　33
──の目的　33
研究志向　51
研究者の業績評価　161
研究者のポテンシャル　161
研究所のパフォーマンス　67
研究成果（output）　64
研究のインフラ　63
現地
──技術研究所　15
──経営資源　5
──政府のガイドライン　46
──のディストリビュータ　40
ケンブリッジ大学　63
権力のピラミッド型組織　82
コアコンピタンス　91
工業化社会　82
航空宇宙産業　130
公衆データ網　100
公然情報　7
公認会計士（CPA＝Certificate Public Accountant）　128
高付加価値産業　152
合弁　3, 45
国際技術戦略　33
ゴーシャル（S. Sumantra Ghoshal）　17, 19
コーディネーションコスト　91

コーポレートヘッドクオーター 115
コールド（E. J. Kolde） 74, 75
国際
　——化 72
　——技術移転 38
　——経営論 175
　——諮問委員会 153
　——提携 62
　——的連携 68
　——ビジネス研究学会 22, 182
国内志向主義 91
国家科学技術計画 152
固定的分業の古い文脈 83
古林喜楽 184
個別資本論 179
小門裕幸 166
雇用均等法 104
コンサルタント契約 51
コンソーシアム 98
コントロール（Control） 102
紺野登 116
コンピュータ・アプリケーション 52
コンピューター・トモグラフィー（CT） 138
コンピュータネットワーク 80, 100

サ 行

サイエンス・シティー 139
サイエンス・パーク 36, 96, 134
サイエンティフィック・コミュニティー 103
斎藤優 34, 48
榊原清則 23, 49
The Conference Board 15
サッチャー政権 133
サリー大学 134
　——のリサーチ・パーク 141
"3極のトランスナショナル"モデル 91
三大ハイテク地域 122
サンタクララ・バレー 119
サンドヒル・ロード3000番地 126
サンノゼ 119
CEO 106

シーズ 85
CBD（Central Business District） 151
JAFCO 166
シェフィールド大学 142
シエントンウエー（Shenton Way） 151
事業統括会社（OHQ：Operational Head-quarter） 151
市場志向 17, 51
市場のニーズ 33
自然科学 176
実験・技術学習の段階 43
資本
　——参加 3
　——集約型 6
　——集約的産業 59
社会科学 176
社会体制 179
重厚長大型産業 32
集中化と分散化のネットワーク 89
純粋理論科学 175
商社 40
情報
　——化社会 87
　——通信手段 95
　——通信手段の活用 99
　——的経営資源 7
女性のネットワーク 80
シリコン・バレー 37, 62, 96, 122
自律（Autonomy） 102
　——的な運営単位 87
シンガポール
　——国立大学 156
　——日本商工会議所 150
　——貿易産業省 151
新規投資 3
シング（Satwinder Singh） 20
新興経済諸国（NIEs） 38
人材の相互交流 79
新自由主義 133
伸縮的分業の文脈 83
新製品開発の段階 43

新竹科学工業圏区　156
垂直的ネットワーク　72, 83
　　——組織　81, 87
水平的・横断型のネットワーク組織　72
水平的ネットワーク　72, 83
スタンフォード大学　63, 119, 127
須藤春夫　116
ストボウ（Robert Stobaugh）　16
ストック・オプション　131
ストップ・フォード，ウエルズ（John M. Stopford and Louis T. Wells, Jr.）　15
スペンサー（William J. Spencer）　93
清家彰敏　116
生産システム　73
製品
　　——開発研究所　15, 109
　　——事業部　115
　　——のポートフォリオ　109
　　——輸出の段階　76
セールス・エンジニアリング　52
石油危機　4
ゼドヴィッツ（M. Zedtwitz）　20, 69
ゼネラル・マジック　122
セラピオ（Manuel G. Seprapio, Jr.）　18
セルバン・シュレーベル（Servan-Schreiber, Jeun-Jacques）　14
ゼロックス　124
全社的技術開発拠点　42
全社的技術研究所　15
ゼンダー（Zander U.）　19
センター・オブ・エクセレンス　91
総合
　　——研究開発機構　116
　　——デジタル網（ISDN）　100
　　——ネットワークモデル　90
相乗効果　103
装置産業　151
組織学会　182
組織間関係論　81

タ　行

ターマン（Frederik Tarman）　124, 127
大学
　　——研究者との共同研究　37
　　——との共同研究　114
　　——への委託研究　172
高垣行男　116
高島善哉　184
竹内弘高　173
竹田志郎　12
多国間の人事交流　114
多国籍
　　——企業研究会　182
　　——企業の現地化政策　5
　　——企業論　175
多数国中心的多国籍企業　75
単電子素子　145
　　——論理回路　145
単独進出　45
地域
　　——技術本部　92
　　——貢献プロジェクト　160
　　——センター　91
　　——統括本社　151
　　——統括本社制　74
　　——統括本社モデル　90
　　——ベースモデル　90
チェングとボロン（J. G. Cheng & D. S. Bolon）　10
知識
　　——群（Knowledge Cluster）　63
　　——経営　173
　　——集積地　36
　　——創造　95, 173
　　——の外注（outsourcing of knowledge）　128
　　——労働者　36
　　——ワーカー　173
知的財産権　65
知の集積地　89, 95, 96

索引

知のネットワーク 89
中央研究所 84, 85
『中央研究所の時代の終焉』 86
チューリッヒ研究所 110
Zurich Research Laboratory 112
長銀経営研究所 25
直接投資 2
筑波学園都市 63
筑波大学政策科学研究所 25
DRAM 145
TLO（Technology Licensing Organization） 128
ピーターとウォーターマン（T. J. Peter & R. H. Watermans） 184
ディビジョン・ラボ 163
ティッピング（James W. Tipping） 169, 173
ディムザ（W. Dymsza） 14
テキサス・インスツルメンツ 152
テクノ・パーク 139
テクノポール 139
テクノポリス 139
テクノロジー・トランスファー 32
テクノロジーマネジメント 18
テニュオア 128
デファクトスタンダード（事実上の業界標準規格） 122
デマイヤー（De Meyer） 19, 77
テルストラ（V. Terpstre） 15
電子メール 100
東京商科大学 181
Tokyo Research Laboratory 112
統合ポートフォリオ管理 109
投資銀行（Invest Bank） 125
トーリー党 133
独自研究の段階 43
特許の取得 65
ドラッカー（Peter F. Drucker） 181
トランスナショナル企業 17
トリニティーカレッジ・ダブリン 142

ナ 行

中谷巌 93
中西寅雄 184
中原秀登 23, 36, 48
NASA 124
ナショナル企業 34
ナスダック 125
ナンヤン工科大学 156
NIES（新興経済諸国） 150
西村吉雄 93
日本
——アイ・ビー・エム 32
——開発銀行 24
——経営学会 182
——長期信用銀行 24
——電気の基礎研究所 51
——貿易振興会 135
ニュー・レイバー 134
丹羽富士雄 116
貫隆夫 116
ネットワーク
——R&D 72, 87, 88, 172
——社会 80
——組織 80
——の概念 80
根本孝 22, 48
Notes Internet 113
ノーベル（Robert Nobel） 22
ノーベル賞受賞者 138
野口宏 116
野中郁次郎 12, 116, 173

ハ 行

バーキンシャウ（Julian Birkinshaw） 22
パーセプションギャップ 103
バートレット（Christopher A. Bartlett） 17, 19
バーノン（Raymond Vernon） 15
ハーバード大学 147
バーミンガム・サイエンス・パーク 141

索　引

ハイアラリカルな階層関係　83
買収（M&A）　3, 45
ハイテク産業　122
ハイテック・パーク　139
ハイドリック&ストラッグス社　129
バイ・ナショナル・ポリシー　34
Haifa Research Group　112
ハイリスク・ハイリターン　131
ハカンソン（L. Hakanson）　19, 21
博士号の取得者　103
Patent Cooperation Treaty　38
馬場克三　184
パパナタッセ（Marina Papanastassia）　173
林紘一郎　93
林倬史　22, 65, 117
半導体
　——ウエハー　152
　——研究所　119
　——のAsic　52
ピアース（Robert Pearce）　20, 173
PSL（Panasonic Singapore Laboratories）　158
BCG（ビジネス・コンダット・ガイドライン）　116
ヒエラルヒー型の組織　83
ビジネス・スクール　129
日立ケンブリッジ研究所　143
日立ヨーロッパ社　143
非定型的な創造のプロセス　103
ビデオ会議　101
非マスプロ型で産業　83
ヒューマン・ネットワーク　95, 101, 116
ヒューレット・パッカード（HP）　122, 152
ピラミッド型・垂直型組織　72
ピラミッド組織　81
広田俊郎　22
フィッツャー（Fisher, W. A.）　16
ブーズアレン　169
フェアウェザー（John Fareweather）　14, 15, 34
フェースツーフェースのコミュニケーション　101
フェムト秒超高速現象　145
フォートレス・ヨーロッパ　39
付加価値　6
プラグラマティズム　132
プラザ合意　73
フランク（L. G. Frank）　19, 37
ブランチラボ　143
ブランドイメージ　7
プラント輸出や技術指導　32
プリンストン大学　63
ブルーカラーの雇用　36
古川栄一　184
プロジェクト開発チーム　109
プロセス・イノベーション　9
プロダクト・イノベーション　9
プロフェッショナル・マネジャー　129
フロリダ（Richard Florida）　18
分業組織　82
　——の原理　85
分子生物学　135
バーマン（J. Behrman）　16
米大学技術管理協会　128
ヘッド・ハンター　104, 129
ヘドラント（G. Hedland）　19
ペリノ（Albert C. Perrino）　169, 173
弁護士（Law Firm）　128
ベンチャー
　——企業　46
　——キャピタリスト　125
　——キャピタル（VC）　3, 119
ブレスマン（Henrik Bresman）　22
ボイスレコーダー　101
貿易摩擦　4, 5, 40
ポーター（Michael E. Porter）　49
ホーム・ベース応用型研究所　17, 60
ホーム・ベース補強型研究所　17, 60
保護貿易主義　4
ホスト国政府　36
ボランティア・ネットワーク　80
堀内正博　116

ポリセントリックな見方　79
ポリセントリック・モデル（多数国中心的多国籍企業）　74, 75
本国本社と（生産）子会社との交流　73
本社
　——中央研究所　72
　——の企業文化　105
　——の研究開発戦略　84
ポンド危機　133

マ 行

マーケット・リサーチ　42
マーケティング計画　109
マイクロ・エレクトロニクスリサーチ・センター　144
マイクロプロセッサー開発　112
町田善正　166
マネジメント・スタイル　103
マネジメント論　179
マルチメディア　160
水田博　166
三井信雄　116
三戸公　184
宮崎義一　93
未来工学研究所　24
命令と権限のヒエラルヒー的構造　82
メガコンペティション　9, 172
メセ（David Methe）　71
メンロパーク　126
モノセントリックな見方　79
モノセントリック・モデル　74, 75

ヤ 行

山倉健　93
山城章　184
山田一郎　183
柔らかいネットワーク　101
UCLA　124
輸出活動　40
University College London　147
ユニバーシティカレッジ　134

ヨークタウン・ハイツ　110
吉原英樹　23, 68, 71

ラ 行

ライセンシング　32
ライフ・サイエンス　120, 130
リージョナル（Regional）な経営体制　74
リーダーシップ　103
リーダーのビジョン　103
リーダーのリクルート　104
リーランド・スタンフォード　127
リエゾン・オフィス　42
リサーチ
　——・アシスタント　127
　——・パーク　134
　——・ビジネス・パーク　139
Research & Development Assistance Scheme　155
Research Incentive Sheme for Companies　153
リストラクチャリング　106
立地
　——選定　89
　——特益　39
　——場所の選定　61
流通チャンネル　7
ルート128　63, 122
レーザービームプリンター　53
レディング大学　170
レンヌ　63
ロイヤリティー　128
　——収入　128
労働集約型　6
労働集約的産業　59
ローカル・ニーズ　39
ローカル・マーケット　36, 51
ローゼンブルーム（Richard S. Rosenbloom）　93
ロジステックス　15
ロビンソン（Richard D. Robinson）　14
ロメオ（A. Romeo）　16

ロンスタット (R, C. Ronstads) 15, 76
ロンドン大学 147

ワ 行

ワークステーション 113

ワールドワイドリードセンターモデル 90
ワトソン・ジュニア (Thomas Watoson, Jr.) 106
ワトソン研究所 (Watson Research Center) 110, 111

著者紹介

高橋 浩夫
たか はし ひろ お

1968年 関東学院大学大学院経済学研究科修士課程修了
(社) 企業研究会, ニューヨーク大学経営大学院留学を経て, 現在, 白鷗大学経営学部・大学院経営学研究科教授, 白鷗大学ビジネス開発研究所長, (社) 企業研究会参与
専　攻　経営学, 国際経営論, 企業倫理
主要著書・訳書
『グローバル経営の組織戦略』,『国際経営の組織と実際』,『現代企業経営学』(共著) 以上同文舘,『国際事業の企業家精神』(編著),『研究開発国際化の実際』,『情報通信の国際提携戦略』(編著) 以上中央経済社,『倫理綱領の制定と実際』(編著),『企業の成長戦略と経営倫理』(共訳) 以上産能大学出版部,『実行の経営戦略』(共訳) ダイヤモンド社, 他論文・雑誌掲載等多数

研究開発のグローバル・ネットワーク

2000年10月15日　第1版第1刷発行　　　　　　検印省略

著　　者　　高　橋　浩　夫
発　行　者　　前　野　眞太郎
東京都新宿区早稲田鶴巻町 533
発　行　所　　株式会社 文　眞　堂
電　話　０３(３２０２)８４８０
ＦＡＸ　０３(３２０３)２６３８
郵便番号〔162-0041〕振替00120-2-96437番

組版・シナノ印刷　印刷・シナノ印刷　製本・イマヰ製本
©2000
定価はカバー裏に表示してあります
ISBN4-8309-4368-8　C3034